近現代アジアをめぐる思想連鎖

山室信一
Shinichi Yamamuro

アジアの思想史脈

空間思想学の試み

人文書院

はじめに

ここに同時に刊行するシリーズ「近現代アジアをめぐる思想連鎖」は、国内外での講演記録などのうちから、割愛した箇所やもう少し説明を要すると気がかりだった箇所などを補訂したものです。いえ、補訂という以上に、書き下ろしといえるほど全面的に書き改めたものがほとんどです。長年、出し忘れていた宿題を、やっと提出できたような思いですが、これによって「アジアという空間とは何か」「そこにおける思想と人の繋がりとは何だったのか」……といった問題について、皆さまにお考え戴く何らかの契機になればと願ってやみません。

年々歳々、人同じからず。
失ったものの数をかぞえるようになってきた齢《よわい》の中で、やはりどこかで得てきたものの数もかぞえて記憶し、記録しておかなければならないのではないか。そうした思いに駆られて、二冊の本を書き進めるなかで、いつも私の頭の中を巡っていた詩句があります。
それは中原中也の『山羊の歌』に収められた「帰郷」という詩の一節です。

これが私の故里《ふるさと》だ
さやかに風も吹いてゐる

心置きなく泣かれよと
年増婦《としま》の低い声もする
あ、　おまへはなにをして来たのだと……
吹き来る風が私に云ふ

その吹き来る風の問いかけに、私なら、どう答えたら良いのでしょうか？

「おまへは、なにをして来たのか」。それに私が答えられるとすれば……

長い躊躇《ためら》いの後で、こう答えるしかありません。

「ええ、私は私の故里＝原郷を確かめるためだけに、歩いてきて、今ここにいるのです」と。


二冊の本は、些《いささ》かでも、風への答えになっているのでしょうか。

目次

Ⅱ　空間アジアと思想連鎖

アジアの思想史脈——空間思想学の試み

I　思想連鎖への道

第一章　史料に導かれて――連鎖視点への歩み

一　欧米から日本へ、そして大衆演芸へ

国会図書館との出会い

タイトルに「連鎖視点」という耳慣れない言葉を掲げていますが、それがどのような研究対象と視角を意味するのか――それを説明するために私と図書館との係わり方をお話しさせて戴きたいと思います。それは何よりも「連鎖視点」という研究視角が、他の研究者や方法論に示唆されたものではなく、史料そのものが私に、そうした研究へと導いてくれたからに他なりません。

もちろん、小学生のとき以来、図書館には入り浸りに近い状態であったのですが、それは特に変わったものではありませんから、ここでは先ず、私と国会図書館との出会いについて、振り返ってみたいと思います。私は大学を出てすぐに衆議院法制局に入りました。ここは議会の議員による立法、議員立法を補佐する部局です。国会図書館というのは、名前に国会と付いておりますように、重要な職務は国会における立法を補佐する、そのための資料をそろえておくことにあります。国会図書館には、「調立」

と呼ばれる調査及び立法考査局という部署があります。それから衆参両院には常任委員会専門員と調査局が置かれており、様々な観点から立法の必要性や海外の法律の資料等を調査し議員の皆さんに紹介して、それによって適切な立法作業をお手伝いすることを業務としています。法制局でも法律案を作るときに、各国の立法事情を調べるために国会図書館を利用させていただくことになります。

国会図書館東京本館では、議員さんや国会職員用に、皆さんが入られる表の出入口とは別に横に入り口があり、書庫にも自由に入ることが許されており、そこで本を手にとって見ることもできました。衆議院法制局では、国会の休会中も色々なことを調べたりすることが職務でありましたので、私は昼食をとった後、国会議事堂内にある国会分館にもよく出入りしておりました。ここは、国会図書館とは別に、雑誌や新刊本など最新情報が集められていて、議員さんたちもそこに集まって本を読まれたりするところでした。中曽根康弘さんなどが、そこで喋っていらっしゃるのを横で聞いたりもしました。

国会図書館の書庫は、貴重書のところには柵があって厳重に管理されていましたから入れませんでしたが、普通の本は国会職員であれば自由に手にとって読めるという環境にありました。こういう「特権」について吹聴することはよくないのかもしれませんが、国会図書館はそもそも国会での立法作業の便宜を図るために設立されたことは否定できませんので、国会議員の先生方や国会職員にはそういう便宜が図られていました。

そういう中で、私自身は次第に「法律を作るということは、どういうことなのか」と考えるようになりまして、ちょうどその時期に明治期のものなどを見ていたなかで、井上毅《いのうえこわし》という官僚に関心を持ちました。井上は私と同じ熊本の生まれで、出生場所なども身近に知っていて馴染み深い人でもありました。この人は明治憲法を作ったり教育勅語を作ることに参画しました。明治期の、というより、近代日本の法制の根幹を整備することに深く係わった人物といえます。井上毅については、「明治国家の設計者」あるいは「近代日本のグランドデザイナー」「明治の大江広元《おおえのひろもと》（鎌倉幕府ないし武家政治制度の根幹を作った人です）」といった評言がなされているのも御存知かと思います。そういう人に関心を持ちながら関連する本や雑誌を読むという贅沢な時間を過ごさせていただきました。

ところが、ちょうど私が就職した段階でロッキード事件が起きました。このロッキード事件が起きて、衆議院法制局に勤めている人間は何をしたかといいますと、こういった事件が起こらないように再発防止の法律を作るということが課題となりました。そこで私たちは国会図書館に通い、こういうことが起こるのは、情報が公開されていないからではないかと、アメリカの情報公開法などを勉強して、それを元にした法律案を作ったりしました。政治資金規正法の改正案なども作ったりしたのですが、「三木おろし」という自民党内の問題が起こりまして、結局潰れて行ってしまいました。私が勤めていた時の局長は川口頼好さんという方でしたが、三木武夫さんの指示を受けて、再発防止法を作るためのプロジェクト・チームを作られて、自由に法案のアイディアを提示する場を設けられました。結局、議院法制局がある党派だけに肩入れしたということでもあったのでしょうが、「三木おろし」とともに、川口局長も辞職されることになりました。その折、川口局長からしみじみと、「君も宮仕えしている限りは、こうした事態に何度か会うかもしれない。それも貴重な体験かも知れないが、なぜ日本の政治がこういう風になっているかを若い君らがきちんと勉強しておくことは必要ではないか、どう思うか？」と言われまして、私なりに悩んだ末に東京大学の社会科学研究所に助手として移りました。異動などのことを色々考えていたときに、国会図書館に行きました。国会図書館の東京本館に行かれた方はご存知かと思いますけれども、本館の出納台の上には、「真理がわれらを自由にする」という言葉が日本国憲法制定時の担当国務大臣で初代館長であった金森徳次郎《かなもりとくじろう》の筆跡で刻まれています。それを見て、「こういう日本の政治の現状の背景にある真理とは何だろうか。それを少しでも知れば、自分は自由になるのだろうか」などということを考えまして、将来どのようになるのか大いなる不安を抱きながら研究という方向に移っていったわけです。

「国立国会図書館は、真理がわれらを自由にするという確信に立って、憲法の誓約する日本の民主化と世界平和とに寄与することを使命として、ここに設立される」という一節、これは国立国会図書館法の前文ですね。その後に「真理がわれらを自由にする」という言葉は様々な図書館で使われるようになっていきましたが、元々は設立当時の参議院議員で歴史学者としても高名な羽仁五郎という人が、ドイツのフライブルク大学の図書館にあった言葉を彼なりに言い換えて使った言葉だそうです。ただ、これは『新約聖書』の中の「ヨハネによる福音書」に由来するともいわれており、『新約聖書』の言葉を特定の宗教に関わらないはずの国会図書館に掲げていいのかという論争があったことも御承知のことかと思います。いずれにせよ、真理を探究するということについて、羽仁五郎さんが考えたことというのは、戦前の政治というのは国民が真相を知らなかった、あるいは知らされなかったことに実は大きな問題があったのだという認識でした。国民が真理を知っていれば、あの戦争に煽動されて総動員されることもなかったはずだ、だから立法のブレーンになるとともに国民の情報ニーズにも応える図書館を作ることによって国民全体、同時に議員が、真理を知るための手立てを持っておくこと、真理に近づくためのチャンスを国民すべての前に公開しておくことが重要なのだというのです。それによって政治に翻弄されないような私たちの生活というものが保障されるのではないか。それを議員にも要求すべきだということで、この国会図書館が出来たのだと私は理解しております。つまり「真理がわれらを自由にする」

とは、国会図書館の新たな機能に対する警句であるとともに、私たち国民にとりましても、「真理を知るための手立てをちゃんと確保しておきなさい」という訴えでもあったのだろうと、私は思っております。ただ、現実の政治では「数は力」「無知は力」が罷《まか》り通っているように思えるは残念なことです。

明治新聞雑誌文庫と明治期刊行雑誌・翻訳書

東京大学の社会科学研究所に移りまして、そこで井上毅とその時代のことを知りたいと思って通ったのが、明治新聞雑誌文庫（略称、「明治文庫」。現在の正式名称は、「東京大学大学院法学政治学研究科附属・近代日本法政史料センター」）というところです。明治文庫というのは地下になっておりまして、階段を下りて入っていく。この明治文庫を作った人は宮武外骨《みやたけがいこつ》（亀四郎）という人です。後に喜寿のときに、姓があるというのは差別につながるということで、「廃姓外骨」を名乗った人で、様々な趣向をこらしたパロディで権力批判や言論弾圧を告発したジャーナリストとして知られています。そして彼を援助して一五万円の寄付金を出したのが博報堂の創業者である瀬木博尚《せきひろなお》という人です。

何故、明治新聞雑誌文庫が出来たのかといいますと、大正一二年（一九二三）の関東大震災によって、東大の図書館や内務省も焼けてしまいましたので、明治期の新聞雑誌が散逸してしまう危機に直面することになります。そこで翌一九二四年に、大正デモクラシーを指導した吉野作造や幕末・明治の憲政史研究の先駆者である尾佐竹猛《おさたけたけき》といった人たちが「明治初期以来の社会万般の事相を研究し、これを我が国民史の資料として発表する」ために明治文化研究会を結成しました。大正の末年になって、日本の近代というものを歴史的にきちんと捉えなおそうとする動きが、大正デモクラシーのなかで出てくるわけです。この会に宮武も参加しておりまして、明治文化研究会の史料としても新聞雑誌が必要だということを考えまして、友人の瀬木にそのための助成を要請したわけです。宮武と瀬木はどうして友人になったかといいますと、二人とも筆禍で捕まっておりまして獄中で知り合っているのですね。そのため言論統制を打ち破り、官製の資料だけで歴史が書かれることに対抗するためにも民間の生活や風俗の変遷をたどる史料も残そうということで、瀬木は設立基金として一五万円を出し、その後も資金援助を続けました。

宮武は、新聞・雑誌の文庫の付設を東京帝国大学に申し出ましたが、東大の付属図書館はそれを拒絶しました。新聞や雑誌などに学術的価値はなく、それにスペースや経費を支出して文庫を作ることなどあり得ないということだったのでしょうか。他方、吉野作造が籍を置いていた法学部では、それは大変結構なことだと言ってこれを引き受け、明治文庫は東京大学法学部の附置施設になり、現在は近代法政史料センターになっています。吉野作造や、それから法学部の中田薫なども、江戸時代における私法（民法）と文学の関連について研究をしていたこともあって、そのための史料が必要だということで明治文庫を支えます。その後、宮武はリュックを背負い、北は北海道から南は九州・沖縄まで日本各地に残っている新聞・雑誌を集めるわけです。

私たちの時代には明治期を研究するためにはここに行かなければ絶対ダメと言われていましたが、新聞雑誌ばかり読んでいると気が滅入ってきます。そこで、私がここに通っているときに楽しみの一つにしていたのは、絵葉書のコレクションでした。背表紙は全部宮武の字で、様々なテーマに沿ったコレクションが集められていて絵葉書だけで約二万八千枚ありまして、編集したアルバムが三〇五冊あります。これらを分析するだけで一生かかりそうですが、こういうコレクションも、彼は全国を回るなかで集めていったわけです。これらの絵葉書を見ることは、文字資料からは知ることのできない時代の風物や文化を知ることができ、その後史料を読んで時代背景をイメージするうえでも貴重な体験でした。宮武外骨は明治文庫の事務主任になりますが、その後を継いだ文庫掛長が西田長寿《にしだたけとし》さんで、私が通っているころも時々顔を見せていらっしゃいましたし、さらにその後を継がれた北根豊さんから、私は新聞雑誌にアプローチする手ほどきを受けました。これらの方々は、新聞雑誌に深い愛着と百科全書的な知識をお持ちで、例えばどの新聞にどんなことが書いてあるかということまで、ご存知なんですね。こういう生き字引のような方が明治文庫を支えられておりまして、私などはこの方々にどれだけ教えられたかわかりません。北根さんには、複写の便宜などもはかっていただきました。

そういうことをやっていくなかで、どういうことが見えてきたか。

明治期に欧米で学んできた人たちがいます。ドイツ、イギリス、フランス、アメリカなど様々な国に行くわけですけれども、その人たちが帰ってきて自分たちが学んできた国家制度や文化などを日本に継受しようとします。このことは、実は彼らにとっては死活問題なのです。つまり語学から始まって長年かけて学んできたことが、もし日本で取り入れられなければ、その知識は無になってしまいかねません。自分が学んできたことが生かされてこそ官僚や研究者として生きる道もあるし、学んできた知識を生かす道もある。そこで彼らが何をしたかというと、自分たちが学んできたことを一般の国民に知らせるために演説会を開催するわけです。演説会を開催して、自分たちが学んできたイギリスにはこういう良い所があるんだといったことを話す。それと同時に、演説会の成果を雑誌として刊行いたします。その雑誌が、それぞれ自分たちが学んできた国ごとに集まって出来ます。留学生がやろうとしたことは、自分たちがこれから準拠しようとしている国の法制の理論とはどういうものなのかを知らせることですが、そのためには、不定期的で、しかも誰が集まってくるかわからない演説会だけでは困るわけです。建物を備え、必ずそこに人が集まってきて、そして継続的に学んでいくような施設が必要になる。それが大学だったわけですね。イギリスでこういう役割を果たしたのが大学の他にコーヒーハウスやパブでした。自分たちの演説を、集まった人たちに聴かせて、そして参同者を作っていくので、イギリスではコーヒーハウスとかパブのことを"invisible college"――「見えない大学」とも呼びました。これを「見える大学」にしようとするのが、明治期の留学生や官僚たちの試みでした。彼らはそのために雑誌を作り、それから大学を作っていこうとするわけです。

日本の大学というのは他国に類を見ない特異な面があります。国立大学としては、明治二年（一八六九）に「大学」が出来まして、明治一〇年（一八七七）に東京大学、明治一九年（一八八六）に帝国大学になるわけですが、京都帝国大学が出来るまでは帝国大学は一つしか日本にない。それ以外は主として私立の法律学校で、それも各国別の法律を教えるところであったことに特色があります。フランス法を学んだ仏学派は、明治法律学校、現在の明治大学を作ります。また、和仏法律学校は、フランス法を講義する東京法学校とフランス学を普及するための東京仏学校（仏はフランスを指します）が合併したものですが、後に法政大学になります。なお、法政の法は、もちろん法律の意味でしょうがフランスを中国語で書いたときの「法蘭西（Falanxi）」の「法」で、フランス（法国）の政治という意味であるとも解釈できます。それから関西大学も元は関西法律学校で、フランス人法学者・ボアソナードの教えを受けた井上操《いのうえみさお》や小倉久《おぐらひさし》らが創立したフランス法系です。英学派は東京専門学校です。これは小野梓《おのあずさ》らが作りましたが、小野らは共存同衆というイギリスで作った留学生団体を母体に雑誌も刊行していました。英吉利《イギリス》法律学校はそのままの名前ですが、これが現在の中央大学です。さらに米学派としてはアメリカのハーバードやエール大学などで学んだ人たちは、アメリカで人力社などを作りますが、彼らが集まって作ったのが専修学校、現在の専修大学です。それに対抗するために、明治一二年に陸軍参謀本部を作り、陸軍がドイツ式になり法制も「明治十四年政変」以後はドイツ法が主流になっていきますが、それを普及するために作られたのが独逸学協会学校です。これは現在の独協大学、独協医大になっていきます。それから外国法を継受するばかりではなく、日本古来の法制に従って考えるべきだということもいわれ、それで設立されたのが皇典講究所です。これは神職養成所でもあったわけです。皇典は日本の文典・国書ということですが、国学を学ぶために設置されたのが國學院です。また、日本の法律を学ぶために設立されたのが日本法律学校で、これが現在の日本大学になっていきます。また皇學館なども作られていきます。このように、ヨーロッパで学んできたものを、日本の法に垂直的に移していくということが図られていくわけです。

そういうなかで、それぞれの行った人の国ごとに、自発的結社が作られていきます。嚶鳴《おうめい》社とか共存同衆とか、交詢社とか北振社などの結社が作られています。みなさんは、高校等の教科書で日本の自由民権運動でフランス派とイギリス派が競ったというような記述をご覧になったかと思いますが、実はこういう結社が、それぞれに自分たちが望ましいと思うような国家体制や文化を導入するための努力をしていたわけです。ただ、私がそれを知ることができたのは、それぞれの結社が出していた機関誌を明治文庫で読み続けた後のことでした。雑誌の刊行者や寄稿者の名前と私立法律学校関係者の名前とが、つながって見えてきたのです。

もう一方で、私が明治文庫で、先ほどの絵葉書のほかに、息抜きで見ていたのが、明治期に出された速記本です。速記本は国会と非常に関係があります。日本に速記法が入ってくるのは国会で議事録を作るためです。平成一八年（二〇〇六）に廃止されましたが、かつては衆参両院に速記者養成所が設置されていました。そこで速記法を学んで、議会の討論を速記して議事録を作っていくわけです。そういう方法が娯楽の中でも使われるようになりまして、三遊亭円朝や松林柏円《しょうりんはくえん》らの講演の速記が作られていきます。こうした速記本を見ていくと非常に面白いのは、三遊亭円朝にしろ、松林柏円にしろ、先に挙げた自発的結社の人たちが出したヨーロッパの法律の本とかヨーロッパ事情紹介を上手く取り入れながら噺を作っているのです。また、快楽亭ブラックというオーストラリア生まれのイギリス人がいます。日本で最初の「青い目の芸人」と呼ばれていますが、この人はヨーロッパの体制や生活文化がどうなっているかということを、講談や噺の中に入れていくわけです。これも色々な説があるのですが、犯罪小説などで指紋を決め手にするということがありますが、この指紋による犯人特定を探偵小説に最初に採用したのが快楽亭ブラックの『岩出銀行血汐の手形』だとも言われております。

　三遊亭円朝とか松林柏円が試みたことで重要なことに「新聞解話」というのがありました。新聞とはつまりニュースで、解話とはその話題をわかりやすく面白く解説して聴かせるということです。現在のテレビのコメンテーターと同じような機能ですが、ストーリー性をもって楽しませる話芸のジャンルです。今起こっていることにコメントしながら、寄席や釈場（講釈場）に通う人たちに聴かせるわけです。松林柏円という人は、講談の歴史でも重要な人で、『河内山宗俊』ですとか、『安政三組盃』ですとか、『鼠小僧次郎吉』ですとか、その後歌舞伎に入っていくことになるネタの多くは彼が作った講談です。それから三遊亭円朝の場合も、『塩原多助一代記』などで知られますが、これも速記法研究会から刊行された速記本です。円朝は、元々怪談噺で有名な人です。塩原家に幽霊が出ることを取材していく中で、塩原太助という人が裸一貫から身を起こしていくことに興味を抱きます。その中には有名な愛馬との「青の別れ」などの場面があり、三代目河竹新七によって歌舞伎にもなります。この噺は、塩原太助が炭屋に奉公して、落ちていたくず炭を集めて炭団《たどん》にすることを発案し、出世して行くことを通して、資本主義社会で生きていくとはどういうことかを教えていくわけです。塩原太助は「本所には過ぎたるものが二つあり、津軽屋敷に炭屋塩原」とまで歌われ、この話が節倹による立身出世の好例として教科書にも載ったりするわけですが、こういう形で日本が採り入れていくべき欧米の資本主義の在り方を教えていく。円朝の場合は、ほかにも書類に印鑑を押すとはどういうことか、噺のなかで上手く使いまして、そうした形で法律知識を広めていくわけです。

それから講談というのは釈台というのを前に置いて、パンパンパンとハリセンを叩いて調子を取っていくわけですが、松林伯円の場合はテーブルを持ちだしてきて、テーブルに花を添えて、新しい噺のスタイルを持ちこむわけです。この伯円に演説の仕方を学んだのが実は福沢諭吉です。福沢諭吉は三田の演説館などを作りますが、彼らは演説を上手くやるために松林伯円の話し方を学んでいく。加藤弘之《かとうひろゆき》という東京大学総理になった人も講義のモデルとして伯円の講談を聞いています。松林伯円は天皇の前でも御前講談をやったりします。

また、伊藤痴遊《いとうちゆう》という人も自由民権運動のなかで大変重要な演説家であり、彼の影響を受けて快楽亭ブラックが演説家、講談師になっていきますし、白浪庵《はくろうあん》（宮崎）滔天《とうてん》も伊藤痴遊のもとで講談師として、あるいは浪曲師として訓練を受けていく。そうして滔天は孫文の業績と言うものを、「明治国姓爺《こくせんや》」「孫逸仙伝」等さまざまな形で語って行くわけです。日本人が孫文の事績を知ったのはこの白浪庵滔天の講談や浪曲を通じてでした。その当時、孫文は中国でもあまり知られてはいませんでした。滔天は『三十三年之夢』という本に孫文のことを書きますが、これによって中国の人々も孫文という革命家がいることを知ります。日本からの情報によって中国の人々も孫文という存在を知ることになるわけです。

このように、まず水平的に、つまりヨーロッパから日本に継受した思想や制度を、次には大学や自発的結社を通じて、さらには大衆演芸を通じてわかりやすく多くの人々に垂直的につなげて普及していく。こういう様々な思想の流れを、私は思想連鎖や連鎖視点という言い方で捉えているわけです。

以上のような思想連鎖あるいは連鎖視点というものを、明治文庫や東大の図書館で出会った史料から着想していったわけですが、実はここには大きな欠落があったことを次の勤務地であった仙台で思い知らされることになります。

史料の杜の都・仙台

東京大学社会科学研究所での助手任期が終わった私は東北大学に移ることになりましたが、そこではちょうど阿部次郎記念館の整理事業が動き出すところでした。

阿部次郎という人は『三太郎の日記』などの著者で、大正時代の教養主義に大変重要な役割を果たした人として知られる夏目漱石門下の哲学者・美学者です。戦後、日本がどうしてあのような惨めな敗戦に至ったのかを知るために日本の歴史・文化をきちんと知らなければいけないということで、昭和二九年（一九五四）に阿部日本文化研究所を設立します。阿部日本文化研究所は阿部の没後に東北大学に寄贈され、瀟洒《しょうしゃ》な文人たちのサロンといった雰囲気をもって建てられていました。ただ、建物はしっかりしていましたが、あまり使用されなかったこともあって本や資料などが利用しにくい状態でした。それが整理されまして、その後、阿部次郎記念館に改められて現在も利用されております。阿部はスピノザやニーチェなど倫理学の研究者ですが、その蔵書五千冊など一切が東北大学に寄贈され、それを基礎に東北大学文学部附属日本文化研究施設が発足しました。私はここに奉職したのですが、阿部文化研究所は研究施設の米ヶ袋分館となっており、その整理の中で『徳川時代の芸術と社会』という著作にまとめられる様々な資料や文献を見ることができ、江戸時代の思想史へ導かれる機会となりました。研究施設には儒学史の源了圓、朝鮮史の井上秀雄、科学史の吉田忠、文化人類学の杉山晃一、比較文学の佐々木昭夫の諸先生がおられ、その分野についての本や論文などを解説つきで借覧させていただきました。また、ランチを取る食堂が一つしかなく、連日一緒に行っては最新の研究状況や回顧談を聞く耳学問ができ、それぞれ全く未知だった分野についての視界が一挙に広がっていく悦びの連続でした。特に東アジアへの関心はより深まりました。

さて私が東北大学に行きたいと思った一つの理由は、狩野文庫を利用できるためでもありました。東北大学の図書館は、平成二三年（二〇一一）の東日本大震災でもかなり被害を受けましたが、この中に狩野文庫があります。狩野文庫というのは狩野亨吉《かのうこうきち》が作ったものです。彼は東大の理科大学数学科を出たあと哲学科に入ります。中江兆民の言葉に「日本に哲学なし」という断案がありますが、狩野は欧米や中国とは異なった形や質であるとしても日本に哲学はあるのではないか。それを知るためには理数系と人文系の両方を知らなければいけないのではないかとして、自分で学ぶために文科大学哲学科に入り直すわけです。当時、彼はモース（Morse, Edward Sylvester）の進化論にも影響を受けておりました。社会進化論、動物進化論というものを非常に強く意識していました。彼のお父さんは狩野良知《かのうりょうち》という秋田大館藩の儒学者です。儒学者なのでほとんど漢文しか読まないのですが、息子と一緒にエドワード・モースの進化論の講義を聴きに行ったりしています。そういう中で亨吉は哲学と数学を結びつけようとしていきます。亨吉は卒業後、まず金沢の第四高等学校の教授になり、次に熊本の第五高等学校に行きます。第五高等学校に亨吉を招いたのが夏目漱石です。夏目漱石とは東大英文科在学中に親しくなって以来、深い付き合いであり、漱石が亡くなった時に友人代表として弔辞を読んだのがこの狩野亨吉です。亨吉は三四歳で一高、現在の東京大学駒場の教養学部などの前身に当たりますが、その当時の高校のトップレベルであった第一高等学校の校長になります。そして、四二歳で京都帝国大学の文科大学（現在の文学部。当時は文科大学や法科大学などに分かれていた）の総長になります。そこで、京大に新しい学風を作ろうとして、幸田露伴という文学者、内藤湖南という当時朝日新聞社に勤めていた東洋史研究者を招こうとします。この二人は大学卒といった学歴がありません。ほとんど独学で学問を修めた人ですが、狩野は、学歴は問題ではない、その人の持っている特異な学力・学風をここに移し替えるのだといって、強い反対を押し切って二人を京都帝大に招くわけです。この内藤湖南を中心にしていわゆる京大支那学が作られていきます。幸田露伴はその後京都帝大を立ち去ってしまいますが、結局こうした人事問題をめぐって文部省と対立したこともあって、狩野は京都帝大を二年間で去らざるを得なくなりました。四四歳のときです。それから七八歳で生涯を閉じるまで、狩野は「明鑑社」という店を開いて書画や刀剣の鑑定をしながら、ひたすら全国各地を回って古書や浮世絵・春画などを蒐集するわけです。

何故、彼はそういうことをしようとしたか。日本の近代というものが模倣で生まれたとするならば、それ以前の日本には全く何も思想や哲学はなかったのか。日本に真の創造性はなかったのか。こういうことを知るために、彼は前近代の日本や中国に関する様々な書籍を、全部自費で——書画などの鑑定によって得たお金を使って——集めていくわけです。彼は一生独身でありました。史料だけを集めていくという信念をもって七八年を生き、晩年は窮乏のうちに病没しました。彼自身は一冊も本を書いておりません。ただ、いくつかの論文は書いております。そのいくつかの論文がまさに珠玉の論文であります。その一つが志筑忠雄《しづきただお》に関するものです。

この人はオランダの通詞で、オランダ語ができたことから蘭学者となり、物理学や天文学などの研究に励みます。志筑によってニュートン力学などが日本に紹介されます。また、翻訳を進める中で現在も使われております「重力」「弾力」「求心力」「遠心力」「加速」などの様々な術語を作っていきます。その志筑を研究する中で、一七九六年にラプラスが体系化した星雲説——惑星は星雲状のガス塊が自転しつつ冷えて収縮するにつれて環《リング》となり、それが固まって惑星になるという説、もともとはカントが唱えたもので、カント・ラプラス説といいますが——がヨーロッパで作られていくのにやや先んじて志筑忠雄が、「星気説」という言葉で、同様の理論を作って行ったことを狩野は発見するわけです。また志筑忠雄は、ケンペルの『日本誌』という本を、「鎖国論」として抄訳します。「鎖国」という言葉ができたのはこのときです。このように、様々な思想史的な意義をもった志筑を狩野は発掘します。さらにもっと重要なのは安藤昌益を見い出したことです。医師であり農民指導者であった安藤昌益という人の『自然真営道』ですとか『統道真伝』とか、それまで全く知られていなかったものを、彼は稿本、つまり手書きの原本で集めて様々なものと照合して一つの本として体系化していくわけです。それによって安藤昌益という極めて独創的な思想家が江戸時代に生まれていたことを証明していくわけです。

狩野は、基本的に自分で説を立てるというよりは、人がどういう議論をしたのかということを再構成しながら、そこに独創性を掘り出していきました。久野収さんという、一九九二年に亡くなられた哲学者がおりますが、久野さんは晩年の狩野と付き合いがあり、狩野のやり方を「真理の迂回戦法」だと評されています。つまり、真理というものを「これだ」と決め付けるのではなくて、それがいかに自然との関係で接合できるか、様々な証拠を出しながら真理を見つけ出していくという方法を取ったのだと述べられています。そして、一〇万点以上の貴重な本や資料が狩野文庫として収められたのですが、こうした狩野の研究法それ自体が狩野文庫を形作っているわけです。狩野文庫の概要については、一九三七年に出た『狩野文庫概説』などに書かれています。私がいたころは柵が作られておりまして、直接入って見られないようになっていましたが、ここには様々な稿本がありました。私が一番びっくりしたのは、中村正直が手がけたジョン・スチュアート・ミル（Mill, John Stuart）の *"On liberty"* の翻訳『自由之理』の翻訳稿本を見つけることができたことです。こうした稿本史料に接しますと、活字になったものとは違う翻訳に伴う思想的葛藤の熱気に触れるような臨場感があります。

私は、それぞれの学会や結社がどういう翻訳書や雑誌を出したのかに関心をもって史料収集を続けてきました。大学や公私立の図書館や文庫などを訪ねてはカードをめくって所在を確認するわけですが、雑誌類はほとんどカードがありませんでした。結局、書庫の中に入って行って薄暗い所で埃を払いながら一冊一冊探して行くという作業をしました。そうして雑誌を一号から刊行されているものを可能な限り揃えるということを試み、それをナダ書房からマイクロフィルムにしてもらいました。

仙台でも東北や北海道などを回って調査を続けましたが、各地の自発的結社の機関誌と東京で刊行された雑誌との関係が浮かび上がってきました。東京ではイギリス系の『共存雑誌』、フランス系の『嚶鳴雑誌』、『欧米政理叢談』などが刊行されていました。そのうち『欧米政理叢談』は仏学塾すなわち中江兆民が主催していたフランス語の私塾で、西園寺公望なども中江兆民と一緒にフランス留学していた関係から支援して行きます。西園寺は中江兆民が出す『東洋自由新聞』の主任になっています。『東洋自由新聞』には天皇制批判という風に受けとれる記事が載って、そのために発行停止にも追い込まれるのですが、これを発掘したのも宮武です。さらにフランス人権宣言、市民宣言なども紹介しています。この仏学塾との人的ネットワークの中で仙台では、『仙台義会雑誌』という雑誌が出されており、フランスの政治思想を広めようとしていた事実などがわかってきました。

明治期には私擬憲法といいまして、明治憲法が出来る前に民間で様々な憲法草案が作られています。そういう憲法案が現在六〇以上確認されていますが、何故全国各地でそういうものができたかといえば、各地でこのような雑誌が発行され、さらに多くの翻訳書が各地に広がって行き、回読や講義などがおこなわれたことによって、階層的にも、法政書などを読める人々だけでなくて、「目に一丁字だに無き人々」にも伝わっていったからです。読める人が読むだけではなく、読む機会のない人たちに対しても、「解話」をおこなって読み聞かせ、本が読めない人にも同時に伝わって行く。こういう形で欧米の法政思想が広がって行ったということを東北でも確認できました。

このように、欧米から東京へ、東京から日本各地へ、欧米留学生や官僚から大学や大衆演芸を通して国民各層へ、という思想連鎖が、実はもっと違った回路を通じて東アジア各地へと連鎖していくことに気づく機会が訪れました。つまり自発的結社や大学などで刊行された著作や論説が、さらに今度は中国や韓国やベトナムなどからやってきた留学生が自分たちの言葉で翻訳するのです。そして中国や韓国における国家形成、あるいは国民形成のために使われていくことになります。つまり、私の言う「思想連鎖」とは、欧米から継受したものが日本で普及し、さらに、日本を中心として中国、朝鮮、ベトナム、タイ、ビルマなどにも広がって行く思想の流れを指すことになります。

ただし、私は、最初の本である『法制官僚の時代』（木鐸社）を書いていたときは、中国や朝鮮などに思想がつながっていくということをほとんど意識しておりませんでした。たまたま、東京大学経済学部の地下書庫内の未整理資料を見に通っていて写真に掲げたような漢訳本（図1）を見つけ出しました。『共和原理民約論』というものです。中江兆民の『民約訳解』の重刊本で、そもそもルソーの『社会契

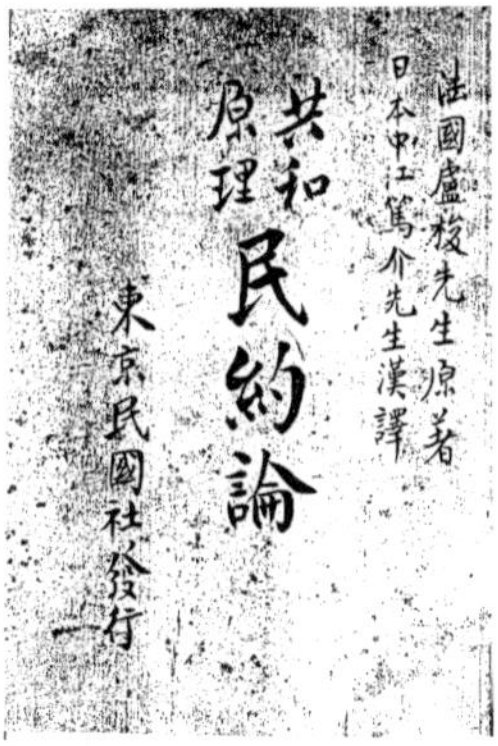

図1『共和原理　民約論』

約論』の漢訳なのですが、それを中国の人々にルソーの思想を伝えようとしたのが中国湖北出身で日本に留学して孫文らと中国同盟会を設立した田桐《でんとう》という人でした。それで自分の本の注記に中国人もこういう翻訳活動をおこなっていたとちょっとだけ書いたのですが、これをご覧になった、当時は京都大学を退職されていました中国思想研究者の島田虔次先生が手紙をくださいました。「そんなものがあるとは夢にも思っていなかった、どこにあるのか」と尋ねられたので、コピーをお送りしました。そして、島田先生とのやり取りの中で私が自覚していなかった中国と日本との間で進んでいた翻訳を通じての思想の相互啓発作用を調べる必要を痛感しました。

　同時に、私が東北大学にいた頃に決定的に重要だったのが、その後に東京大学に移られた佐藤慎一先生との出会いでした。佐藤先生は中国政治思想史がご専門ですが、東アジア世界における近代化にとって進化論、社会進化論が重要な意味を持っていることで意見が一致しました。そこで、日本の進化論が朝鮮や中国とどのように違うかを比較・検討するというジョイント・セミナーを始めました。そのとき、佐藤先生が私に見せてくださった多くの資料のなかにあったのが、『清議報』『新民叢報』という梁啓超《りょうけいちょう》が日本で出していた雑誌です。この『新民叢報』が非常に印象的だったのは、中国の国境が赤く塗ってあることでした。それまで、中国は自らを天下＝世界だと思っておりましたから、周辺の夷民族を文明化して拡張していくはずであり、国境線など意識する必要もありませんでした。「天下」や「王朝」という概念しかなく、「国家」や「国民」と言う概念が意識されてこなかった。そのようなかに、国境を持った「国家」があり、そのなかに「国民」がおり、その「国民」こそが「国家」を作って行くのだという「国民国家」の理論を梁啓超は訴えていくわけです。つまり、そうした国際法体系の中にある世界で国民国家を支える新たな国民＝「新民」を創出することを目的として刊行されたのが『新民叢報』でした。この『新民叢報』を見ていきますと、日本で発行されたものの翻訳をしていることがわかります。また福沢諭吉や西郷隆盛らの肖像も載っています。そうして西郷隆盛らの伝記が中国や朝鮮で出されていきます。この『新民叢報』を出していた梁啓超や、彼の師匠にあたる康有為は、明治維新にならって変法維新運動というのを推進します。「変法」と言うのは単に法律を変えるだけでなくて国家体制そのものを変えることです。その意味で維新なのですけれども、その維新のモデルは何かといえば日本なのですね。そしてその日本において、維新の人として、吉田松陰ですとか藤田東湖がこの雑誌で紹介されていきます。写真がありませんので絵なのですが、こういう形で、中国において、日本の明治維新が、どういう人々のいかなる思想によって作られていったのかが理解されていくことになります。

こうして日本の明治維新から中国の変法維新運動が起こり、さらにこの変法維新運動の対抗として出てくるのが孫文らの中国革命です。そして中国革命が起きると、中国革命の影響を受けて日本では大正維新が起きます。それがうまくいかず、昭和維新が起こってくる。つまり維新が日本で起こり、中国で革命になり、その影響が日本にかえってきて連鎖して行くわけです。その後、佐藤先生から紹介された中国の留学生や亡命政客などが刊行した雑誌や著作を調べていくと日本を結節環として欧米から日本へ、そして日本から東アジアへという思想連鎖があったことに気づかされることになりました。

しかし、実はこの段階でもまだそれとは違って欧米から中国を経て日本へとつながってくる「もう一つの思想連鎖の回路」があることにはあまり注意を払ってはいませんでした。

二　日本からアジアへ、そして思想の環へ

アメリカ東海岸からみるアジア

そういう思想連鎖を研究課題として意識するようになった頃、中国の本や雑誌を日本で最も多く架蔵する京都大学人文科学研究所に移ることができました。そして、進化論の思想連鎖について研究を進めるためにアメリカのハーバード燕京《イエンチン》研究所に行くことになりました。ハーバード燕京研究所というのは、ハーバード大学の敷地内にあって、研究所内にハーバード燕京図書館があります。「燕京」は北京の古い雅名です。ここで何が私を一番びっくりさせたかといいますと、中国の図書だけではなくて、日本や朝鮮、ベトナムなど東アジア諸民族の様々な書籍約一一五万冊を一堂に集めていることでした。これは、アメリカでは議会図書館のアジア・コレクションに次ぐもので、スタンフォード大などと並んで、米国内で二、三位に位置するものです。ここに行きますと、日本の新刊雑誌や新聞も置いてあります。私はこういう充実した施設があることがアメリカの底力であると感じました。と同時に、日本でもこういう施設があるといいなあと思いました。もちろん、日本にも東京に東洋文庫がありますし、東京大学に東洋文化研究所があり、京都大学の人文科学研究所にも中国図書はかなりあります。しかし朝鮮やベトナムなどの資料はそれほど整ってはいないのではないかと思われます。この点で私は国立国会図書館関西館に大変に感謝しています。日本に欲しかったと思っていた施設が、今この関西館のアジア情報室においてやっと実現したように思われます。

ハーバード大学には大小さまざまな九〇を越える図書館があるそうですが、そのなかで最も有名なの

館です）、蔵書が三二〇万冊もあります。その棚の長さは九二キロにも達します。ここに入りますと、道がわからなくなってしまって、出てくるのが大変なんです。私がいたころは入り組んだ狭い通路で建物がつながっていて一度泣きたくなったことがあります。携帯電話もない時代ですから、本当に出られなくなりまして……。それで仕方が無いので、やっと捜し出した人に聞いてみますと、その人も「どうして出ていいのかわからないから、自分もここに昨日から座っている」と言っていたのですが、本当にそのような広さなのです。そういうところで、私は進化論関係のものを一生懸命集めました。実際、かなり集めたんですけれども、とにかく多過ぎて今も処理できないでおります。このワイドナー図書館のエピソードを申しますと、ワイドナー夫人が寄付して作った図書館です。なぜ作ったかと言いますと、彼女の息子のハリー・ワイドナーがタイタニック号事件で亡くなってしまいます。このハリー・ワイドナーという人は稀覯書を探すのが趣味で、その帰りにタイタニック号に乗っていました。沈没しかけの船から、いったんボートに乗り移ったのですが、手に入れた本がやはり欲しくなって取りに戻ります。ところが彼は泳げなかったために、そこで死んでしまいました。そこで彼を記念して作られたのがこの図書館でした。ワイドナー夫人は設立にあたって二つ条件を付けました。一つは設計を任せるということです。中に入ると宮殿のように大きな階段が見上げるようにあって、その奥にハリー・ワイドナーの像が飾られ、そこに彼が集めた本が置いてありました。一目見て彼を記念するものであるということがわかるようになっているわけです。それから、もう一つの条件は、ハーバード大学の入試に水泳を入れさせたということだそうです。息子が死んだのは水泳が出来なかったからだと。これは噂なので真相はわからないのですが、それでは学力以外で差別をつけることになるというような理由で中止になったそうです。そうした話も行ったときに聞きました。

それから、進化論に関する資料を集めに行ったのですから、ボストンから北に車で三〇分くらい行ったところにあるセイラムをたびたび訪ねました。ここは、一七世紀に魔女裁判が起こった魔女の町として有名です。魔女博物館もあり、魔女グッズなども売られています。私も集めてきたのですが、やはり気持が悪いので捨ててしまいました。そこにあるのがピーボディ博物館でした。その後、一九九二年にエセックス研究所と合併してピーボディ・エセックス博物館となっています。ここは、施設に“*East India Marine Hall*”と書いてあるように、もとは東インド海員協会の建物だったようです。パナマ運河がなかった時代に協会の会員はホーン岬や喜望峰より先で収集した天然および人工の珍しい物品の寄贈が義務づけられ、ここに集めるための会館だったわけです。私が行っていたときの博物館のホールは、エドワード・モースがいたときの建物と同じものでした。ここにはセイラムを出航して長崎で貿易をおこなったアメリカ船籍についての資料もありますし、モースが集めた民具等が残っておりました。現在はモダンな建物に変わっています。大森貝塚の発見で知られるモースはここの館長になりまして、日本だけでなく朝鮮で集めた民具をかなり入れました。朝鮮の人も訪れております。そのなかの一人が福沢諭吉の『西洋事情』などに依りながら『西遊見聞』という本を書いた兪吉濬《ゆきつしゅん》で、一八八一年に朝鮮から日本にやってきた留学生です。慶應義塾に入り、福沢諭吉、そして進化論の影響を受けた人です。『西遊見聞』も慶應義塾と縁が深い交詢社から出しているわけですが、彼はモースにセイラムで会い、進化論を学んでいます。そうして朝鮮に進化論を紹介することになるわけです。ちょっと話がずれてしまいましたが、モースは東京大学のお雇い教授として日本で初めてダーウィンの進化論を体系的に紹介し、一般市民に向けて進化論の講演を英語でしており、その講演会の入場券も残っています。これを若い日の狩野亨吉がお父さんと聞いていたわけです。そして、これも余計なことですが、モースは大森貝塚の発見で有名ですが、実は「大森」貝塚は、現在の大田区大森にではなく、大井町（現在の品川区）にありました。モースは動物学者であって考古学について詳しくはなく、地質のことはわからなかったので、場所がずれていたようです。

もう一つ、私がアメリカ滞在中によく行ったのが、フェアヘブンという場所です。ここは中浜（ジョン）万次郎が捕鯨船に助けられて行った町です。ボストンから車で一時間ほど南にあります。彼が、天文学とか測量術とか航海術を学んだ学校があって、今は別の建物になっておりますが、近くに万次郎の記念碑が建っています。万次郎関係の書物を集めた図書館がミリセント図書館です。ミリセントという富豪が、若くして亡くなった娘さんを記念して作った図書館ですが、ここには訪問者の記帳のノートがあり、この記帳のなかには今上天皇ご夫妻のお名前もあります。このように、ミリセント図書館にも日本関係の図書があります。それから、ホイットフィールドという船長と、ジョン万次郎のフレンドシップハウスというのがありまして、今ここでは、日米交流事業をやっておりますが、ここで出しているニューズレターが「トモダチ」といいます。

セイラムやフェアヘブンの港はとても美しいところで、港に座っていると、大西洋がずっと日本までつながっていくのだなあということが実感され、海は人や思想を距てるのではなく、つなぐものだという思いがいよいよ強まっていきました。

さて、思想連鎖に関して、もう一つ重要な出会いだったのが、ハーバード大学における講義でした。私は当然に日本史とか中国史というテーマで講義を聴くのだろうと思っていましたが、そうではありませんでした。ハーバードの講義は"East Asian Civilization"なのです。「東アジア文明」なんです。そのなかで日本も中国も朝鮮も対象として扱われます。ですから大学院生は少なくとも二つ以上のアジアの言語を習得するわけです。こういう視点が日本にないということが、講義を聴いてやっとわかりました。日本だけでしかものが見えていなかったんだな、ということを反省させられました。そこで出会ったのがジョシュア・フォーゲル先生です。フォーゲル先生は、中江丑吉や内藤湖南など、日本の中国研究者に関する多くの研究がある大変な有名な方です。主宰されるゼミでは、日本人が書いた中国の歴史に関する論文を、中国語に訳して、さらに英語に訳すことで一つの事象が三つの言語でどのように違ってみえてくるかを検討していくのですが、これも思想連鎖を考えるうえで貴重な体験となりました。さらに、中国や韓国からの留学生や研究者と東アジアにおける留学史について議論を重ねたことから、東アジア域内での留学制度についても調査を進めることになりました。

翻訳法政書・講義録を求めて

こうして、東アジア文明史という視圏をもつ必要性、翻訳によって逆に照射される文化的・社会的背景の相違への注視、そして東アジア域内での留学と欧米への留学との関連性の解明などを課題として持ち帰ったことから、また関連する史料をあちこちで探すことになりました。翻訳については、東京都立図書館にあります実藤恵秀《さねとうけいしゅう》文庫ですとか、井上哲次郎文庫はその点で宝庫でした。

日本にやってきた留学生を受け入れるために嘉納治五郎《かのうじごろう》が設けた弘文学院（宏文学院）などの教育機関が日本で作られていきます。弘文学院は魯迅《ろじん》が学んだことで有名ですが、留学生は様々な目的をもって訪日しており、その分析も必要となります。ただ、大量の留学生が押し寄せるようになったのは、中国で、一九〇四年から〇五年にかけて科挙が廃止されたことが重要な契機となります。科挙が廃止されると官僚に任用するための資格をどうやって認定するかが必要になります。そのときに一番簡単だったのが、大学や高校の学歴に従って官位を与えることです。そのために、日本が一番近かったこともあり、また漢字も通じるということで、中国から続々と留学生がやってきます。一九〇四年から〇五年にかけての中国の留学生は、一万二〇〇〇人から一万八〇〇〇人に達したと言われています。当時の日本の人口が四四〇〇万人程度ですから、大変な比率でした。こういう大量の留学生が神田あたりに集まって、変法維新運動や革命運動に連なっていきました。そして、留学生たちが通った早稲田や法政、明治大学などの教育機関では、漢文の講義録も刊行されました。

そこで重要だったのは、変則教育です。つまり、日本語を最初からやっていたのではなかなか専門的な分野まで行けないわけですから、そこで日本語がわかる中国人留学生に講義を中国語に翻訳して喋ってもらう教授方法が採られます。語学を学ばなくても、これによって速成教育、非常に短時間で教育をすることが出来ることになります。

漢文の講義録にどういうものがあったかといいますと、早稲田の政法理財科の講義録は、日本人の先生として誰が講義し、中国人の誰が翻訳したかが書いてあります。そこに名前の出ている中のひとり林長民という人は、中野正剛《なかのせいごう》と仲の良い人でした。多くの場合、東京帝国大学の先生が講義をして漢文に翻訳するのですが、こういう講義録は日本だけではなかなか探せないので、上海や台湾の図書館でもずっと探し続けております。同時に、重要なことは、留学生自身が講義録を自分で咀嚼して、今度は自分の故郷の人に伝えるためにまた雑誌を刊行したことです。日本の留学生が明治期に欧米の知識を伝えるために自発的結社を組織して雑誌を刊行したように、中国留学生も中国で同じように結社を設立し雑誌を発行して行きます。浙江、四川、湖北のように、最初は省ごとの結社が多かったのですが、次第に

「国民」というものを基盤にした雑誌ができるようになっていきます。

さらに大変な事業として当時日本で出されておりました最新の法律を全部翻訳します。その数全八一巻。それを中国に伝えて、中国の様々な法律――出版法にせよ官吏法にせよ、ほとんどの法律――が、これに従って作られていくわけです。そして、留学生が日本に訪れるだけではなく、日本から、中国や朝鮮やモンゴル、タイなどにも日本人の教師が行きます。そうして日本の国民国家形成について教えていきます。清朝には東文学堂という日本語の学校もありました。

女子留学生もおりました。女子留学生を最初に引き受けたのが実践女学校の下田歌子でした。そのなかから秋瑾という革命家も生まれてきます。

中国だけでなく、朝鮮の留学生たちが、『大韓留学生会学報』『大韓興学報』などの雑誌を日本で発行して、釜山や仁川から一週間前後で朝鮮全土に回って行きます。それがどういうところで印刷されたのかもわかります。ハングルの活字が日本ではなかなかないので、持っているところを探して雑誌を作るわけです。これらの雑誌は韓国で復刻版も出ています。

こういう史料を調べるのに一番重要だったのは、実は旧制の高等商業学校でした。私はほとんど意識していなかったのですが、旧制の高等商業学校にも中国、朝鮮からの留学生のための特設学科というのが設けられていまして、漢文の講義録がありました。それで、小樽とか山口とか長崎とか彦根などで調査しました。漢文講義録というのは分類の仕方が不明なために箱詰めで埃だらけだったこともありますが、倉庫の中に大量の漢文講義録シリーズが見つかることもありました。

中国・台湾そして韓国で

こうした史料を調べるにはやはり日本国内だけでは限界がありますから、中国に行って調べました。一番多く行ったのは中国国家図書館です。私が最初に行った一九八九年の頃は北京図書館という名称でした。当時は天安門事件の直後だったこともあってカードをめくってやっと探しても、思想関係の翻訳書などはなかなか閲覧させてもらえませんでした。「没有《めいよう》、没有」と言われるだけでした。その後中国が資本主義化したことによって、写真を撮ってフロッピーディスク化して利用できるようになりました。また、留学関係史料や翻訳書については北京大学や南開大学や復旦大学などの他に、各地の外国語大学の図書館に架蔵されていることもあって知巳の方に複写して戴いたり、写真も撮れない場合は筆写したりしました。なお、天津図書館にも日本関係の史料が大量に架蔵されています。満洲国のことを研究出来たのも、中国の改革開放のおかげだと思います。

私にとって重要なのが上海にある上海図書館です。ここで法政大学の漢文講義録なども発見できました。以前の上海図書館は日本が作りました上海科学技術研究所の二階にありまして、非常に狭くて、カードをめくると、カードがボロボロに崩れるような状態でしたが、現在ではインターネットで検索できるようなシステムになっております。

それから、台湾を調べるときには三カ所、台南・台中・台北と調べなければなりません。台湾大学図書館には旧台北帝大を引き継いで日本でも見られない戦前の本なども架蔵しています。次に利用するのは台湾の国家図書館です。中正記念公園の近くにありますが、これとともに、台湾には国立中央図書館の台湾分館というのがありました。中国全土の中央図書館があって、台湾に分館をもっているという意識だったのでしょうが、二〇一三年から国立図書館と改称されました。ここには「台湾研究中心」があって台湾総督府が所有していた文献や史料の写本など貴重な資料が集められています。台湾では、中央研究院の近代史研究所などの図書館や国史館に収められた史料を逸することはできません。

韓国の場合は、各大学の図書館の他に、中央図書館と一億一六〇〇万件のデジタルコンテンツを提供する国立デジタル図書館があります。デジタル図書館ができてから複写も容易にできるようになり、日本統治時代の文献も収集できるようになりました。韓国では、デジタルライブラリーの意味だと思いますが、ディブラリー（dibrary）という言葉を使っているようです。

国民国家形成の思想連鎖

このように進めてきた研究に大きな欠陥があったことに、また気がつくようになりました。というのは、私も含めて、日本の近代を研究した人は、あくまでも日本は、欧米からの知識を元にして、例えば江戸時代であれば蘭学や洋学の知識をもとにして近代国家を作ってきたように考えているわけですが、そうではないとわかってきました。それは何かというと、中国を経由した学問で、西学と呼ばれるものです。『海国図志』ですとか『瀛環志略《えいかんしりゃく》』ですとか、これらはヨーロッパの歴史や国情を書いてある本です。これらをもとにして日本の国際認識や国制についての理解が作られていくことになります。具体例でいいますと、明治の最初に作られた憲法は「政体書」と言われるもので、最初に三権分立を規定したものですが、これは、ブリッジメンという宣教師が中国で出した『連邦志略』、つまりアメリカについての紹介書や福沢諭吉の『西洋事情』などを参照して作成されたものなのです。つまり大統領制にしたがって三権分立を理解して、中国経由で理解したもので日本の憲法、政体を作ろうとしたわけです。ちなみに、同志社の創立者である新島襄《にいじまじょう》は『連邦志略』を読んで「頭から脳髄がとろけ出るほど驚いた」としてアメリカ渡航を企てることになります。

このような事態を考慮に入れますと、思想連鎖を考える場合、先ほどからいっておりますように、欧米から日本へ、日本各地へ、そして大衆へ、というルートだけでなくて、欧米から中国に入り、中国から日本や朝鮮に来て、日本からもう一度アジアに行くという流れを無視できなくなるのは当然です。こういう還流のシステムを思想連鎖として再構成していく必要があります。

そのなかで重要になってくるのは言葉の問題です。例えば共産主義、憲法、政府、政党、などの政治用語のほとんどは、明治の日本人が鋳造した翻訳語です。もちろん、それ以前に中国で宣教師が作った様々な英華・華英辞典（字典）があります（図2）。日本人はこれらの辞典を使いながら独自の文化的背景と語感をもって翻訳語を作るわけです。どういう翻訳語が作られていったのか、そのプロセスに御関心がある方は拙著『思想課題としてのアジア』（岩波書店、二〇〇一年）四六八〜四八一頁に一覧表を掲げてありますので、ご覧いただければ幸いです。ベトナムが一九四五年に「ベトナム国は自由および独立する権利を持つ」として独立宣言を出しましたがその「自由」という言葉も「独立」という言葉も、元は日本から入って行った漢語でした。そういうものによって新しい国家体制が作られていくことになります。こういう言葉を私は「漢訳日語」と呼んでいますが、日本からこういう言葉を中国に伝えるためには新しい辞典が必要です。そうして出来たのが『東中大辞典』です。「東」というのは日本のことで、「中」は中国を指します。上海の作新社という出版社から刊行されますが、これも下田歌子が関係しています。そして類似の辞書が次々と作られます。

しかし、言葉や字には、それぞれの社会や文化など、密接に関連していますから、その背景が異なると理解が困難になります。吉野作造は天津にありました法政学堂で教習（教師）として教えた経験があ

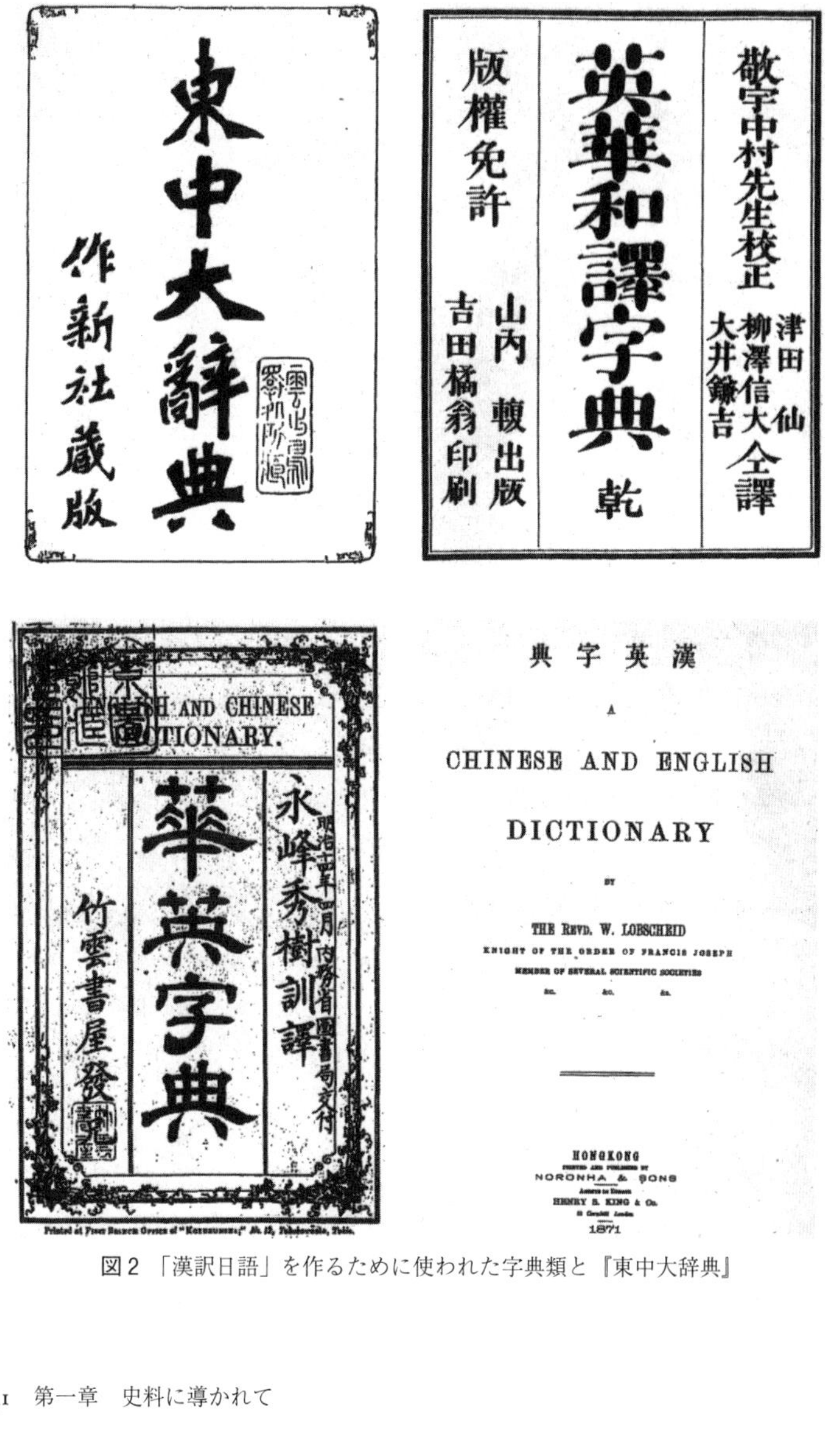

図2 「漢訳日語」を作るために使われた字典類と『東中大辞典』

りますが、その時に「社会」と「会社」という概念の違いを了解してもらうのに苦労したと記しています。現在の私たちは、その違いに困惑することはありませんが、「社」と「会」が何故くっつくのか。入れ替わったら何故こんなに意味合いが違うのか、ほとんどの中国人には理解不能だったようです。中国にも「社」や「会」という言葉はあります。しかし、ソサイアティが「社会」で、それがひっくり返って何故カンパニーの意味になるのか、了解しにくかったようです。もっとわからないのは、「手続」などという言葉です。中国人は「手続」の漢字だけをみれば、手がいっぱい繋がっている状態と思うし、「小切手」は手を小さく切ることや小さな「切手」などと理解した人もあったようです。そういう風に漢字だけではわからない言葉をどうしていくかが問題になっていきます。

そのため、汪栄宝《おうえいほう》という早稲田大学の留学生だった人が新名詞としての漢訳日本語を説明するために『新爾雅』などの本を出しますし、ほとんどの人にとってわからない言葉について彭文祖《ほうぶんそ》という人が『盲人瞎馬之新名詞《もうじんかつばのしんめいし》』といった本を著します。つまり誰が読んでもわからない言葉についての解説書なのですが、「取締」「取消」「引渡」などを挙げて、日本ではこういっているが中国で採用すべきか、あるいはどのように改めたらよいか、紹介していきます。

思想の環のつながり

こういう問題などを調べていますと意外なところで思いがけないつながりが見えてきます。先ほど井上毅のことを申し上げましたが、井上毅の伝記稿本を残した古城貞吉という漢学者は、上海で、梁啓超らが発行していた『時務報』などの雑誌に「東文報訳」として、日本の新聞・雑誌の翻訳を載せて行きます。古城が最初に書いた本が『支那文学史』という本です。当時まだ「支那」とか「中国」という概念がまだほとんどなく、ましてそれを文学「通史」として著わすということもありませんでした。その通史を初めて日本人が書きましたので「日人代庖」とも評されました。日本人が代わりに包丁を振って料理したというわけです。さらに中国の歴史を、日本人が漢文で書いた本などが出されます。そのなかの一つに狩野良知という人の『支那教学史略』というのがあります。この狩野は、先ほど言いました狩野亨吉のお父さんです。良知の本は、中華民国が出来ましてから教科書として使われたようですが、中国における儒教がどういう機能を持ったのかを分析しています。そして、この狩野良知を追っていくと面白いことに、「宇内平和策」という論文を書いていることがわかりました。「宇内」とは世界という意味です。カントの世界平和論にも匹敵するような平和論を書いています。最終的には国際連盟的なものに行くのですが、明治三〇年前後にこういう発想をしております。私は、憲法九条の思想水脈をずっと追っておりますが、こういうところからもまた、つながりが見えてきます。新しい平和思想がみえてくる。彼は同じように「東邦平和策」なども書いております。狩野良知の平和論の思想的背景に何があるのかは、今後解明していくべき興味深いテーマだと思われます。

ちなみに、平和思想の連鎖という問題に関連して、私が関心をもっているのが、小牧近江《こまきおうみ》という人です。第一次世界大戦をパリで経験した小牧はバルビュス（Barbusse, Henri）というフランスの文学者の影響を受けて、クラルテ運動という非戦運動を日本で起こしますが、その一環として発行したのが『種撒く人』です。『種撒く人』という、プロレタリア文学運動の発火点になる雑誌も、こうした非戦思想から生まれてきます。そして、クラルテ運動の影響を受けて小樽でプロレタリア文学作家として知られる小林多喜二らが同人雑誌『クラルテ』を発行します。さらにこのクラルテ運動は、留学生によって朝鮮にも広がっていきました。人間の世界ですから、様々なつながりがありますし、断ち切られたものもありますが、思想の面白さ、歴史の面白さというのは、こうした思いもかけないところからつながり新たな動きが生まれてくることにあるように思われます。

三　関西館とアジア情報の収集・発信

さて、ここでもう一度、図書館と史料収集のことに触れたいと思います。

国会図書館の機能のなかに、「集める、残す、作りだす」という標語があります。「集める、残す」ということ自体が、言論の自由と民主化、そして世界平和のためにいかに重要だったのかということを、多少なりとも、おわかりいただけたかと思います。何故、宮武が、あれほど本を集め、雑誌を集め、新聞を集めることに執念を燃やしたのか。狩野は何故、一冊も自分の本を書かずに、本を集めることだけに一生を費やしたのか。集めること、残すことが、新たな真理を生みだすための土台になる、礎になると考えたからに違いありません。

宮武は、官吏侮辱罪や秩序壊乱罪で入獄四回、それから罰金刑一五回、発行禁止・停止一四回、そういうなかで奇人とも言われ、「風俗壊乱」の非国民ともいわれながら、しかしその「風俗壊乱」こそが、つまり人々の性風俗を含めたものが日本の文化を作ってきたのだということを非常に強調していくわけです。宮武の著作に『アリンス国辞彙』という本があります。これは、吉原でどういう言葉が使われていたのかということを、丹念に、雑誌やかわら版から集めていったものです。性風俗というものが、いかに日本の文化を豊かにしてきたのか。宮武は、こういう言葉を集めながら訴えていくわけです。その考え方が正しいかどうかは別といたしまして、彼は奇人変人と言われながらも、誰も注目しない、注目しないどころか汚らわしい、恥ずべき社会の文化にも目を向け、ひたすら「集め、残す」ことだけに専心したわけです。

また、狩野亨吉は日本人の思想に独創性があるのかどうか、創造性があるとすればいったい何なのかを追求しようとしました。狩野が発見した安藤昌益は、自分で耕しもしない武士が農民を搾取するのは間違った世の中だと訴えます。人間の本来のあり方としては、人々が自分で働いて自分で食べて行く、そして誰も搾取しない、誰も抑圧しない社会であるべきだとして、これを「自然世」といい、武力や権力によって差別や抑圧が当然のごとく正当化される社会を「法世」といいます。そして、その社会を実現するために「直耕」を訴えます。そして、「直耕」は天地自然の運行とともに「互性」をなすものとして捉えられ、自然との共生を訴えるエコロジー運動となります。自分が自分の手で自然の循環系を乱すことなく生きてこそ、人間は自由になれるのだということを昌益は江戸時代に主張したわけですからそうした思想を隠された地層から取りだすことに、狩野は執念を燃やし続けたわけです。

狩野は安藤昌益の次の言葉を常に繰り返したといいます。

「我道に争いなし、吾は兵を語らず、吾は戦わず」

しかし、安藤昌益ほど、あるいは狩野ほど戦った人はいませんでした。それはどういうことかといいますと、まさに逆説なのですけれども、戦うということは武力で戦うことではなく、言葉で戦うことです。そして自分の思想をより一歩でも真理に近づけること、その真理というものによって、社会の人々が、いくらかでも、動くような社会になれば、それこそが真理を求める戦いの道であるということです。

それが、先ほど言いました「真理の迂回戦法」ということですね。だからこそ、昌益や狩野はある意味で社会から自分の存在を消し去ろうとしました。自分が、これが真理だということを、いわば声高に人に押しつけるのではなく、埋もれたもの、あるいは当該の時代や社会で排斥され、否定されたものを先ずはアプリオリに評価するのではなく、探り出して、残していく、そうすれば、いつか誰かが見い出すかもしれない。しかし、それは確実ではないかもしれない。ただ、不確実であれ、いつかはそこにたどり着く人のために残しておくことが、真理の到達方法ではないかということだったのではないか、そのように私は理解しています。ちなみに狩野亨吉は春画のコレクターとしても有名です。

しかし、もちろん、情報環境は大きく変わりました。現在では居ながらにして世界中の図書館にアクセスし、デジタル化した史料にアクセスできるようになりました。そこからコピーを取ることもできます。大変ありがたいことであります。私は、明治期のものを見るために全国各地を歩き回りましたが、現在では、明治だけでなく大正期までは、国会図書館の近代デジタルライブラリーを使って自宅で読めます。明治の学術雑誌や翻訳書のマイクロフィルム版を作ったときは、担当の方が重いカメラを担いでマイクロフィルムを一枚一枚撮って歩かれたのですが、当時は全国に一冊しかないような本や雑誌もたくさんありました。そういうものも今、国会図書館には集まっています。何と素晴らしい研究環境になったのでしょうか。

これは甲斐無き繰り言に過ぎないかもしれませんが、私がもし、現在のような研究状況、情報環境で研究ができたならば、もう少しは意味のある研究ができたのではないだろうかと時々想像し、空しくなることもあります。あまりにも多くの時間を史料の収集に費やしてしまいました。しかし、人生とは一度きりですから、こうも思い直します。史料に基づかない概念や理論は、それがいかに華麗でもてはやされようと所詮は空中楼閣であり、一時の徒花として消え去っていくしかないのではないか。愚鈍な自分は、やはり史料に導かれていくしかないのだ、と。そして、三つのカンによるしかないのではないかと、近頃は諦観しております。

結婚式の祝詞のようで恐縮ですが、三つのカンとは何か。

関心を持つこと、そしてそこに感動を得ること、同時に最後にそうした機会を与えてくれた方々に感謝の心を持つことだ、と思っています。当然、私が研究するなかにおいても、明治文庫、狩野文庫がなければ、何らの研究もできなかったでしょう。研究ができたのは、宮武外骨や狩野亨吉らが、あれだけ一生を費やして、史料を集めてくれたおかげです。そして、国会図書館をはじめとして様々な図書館の方々が集め、残し、利用できるようにと努力していただいているからに他なりません。それらの史料に導かれて、自分では思いもかけなかった地平へと誘われてきて、ちょっとだけ遠くを見ることができたのかもしれません。若い世代の人は、もっと自由に、もっと広く、遠くを見て、二一世紀のアジア、そうして二一世紀の世界のことを構想し、新たな世界の見方を「作りだし」ていただきたいと希望しております。

第二章　満洲国が語りかけるもの

一　「アジア」とのめぐり合い

ここで「史料に導かれて—連鎖視点への歩み」において、触れることができなかった側面について少し補足させていただきたいと思います。それは、そもそもなぜアジアとりわけ満洲国に関心をもつようになったかということです。

私は熊本市の生まれで、一九五八年、七歳のときにフランキー堺主演のテレビドラマ「私は貝になりたい」を見ました。この作品は、自らもBC級戦犯の容疑者であった加藤哲太郎の創作手記「狂える戦犯死刑囚」の遺言部分をもとに、橋本忍の脚本で制作されました。「ドラマのTBS」の礎となった作品で、理髪店を営む一人の男が入隊し、戦時中にアメリカ兵捕虜を殺害しようとした罪を復員したのちの裁判で問われ、戦犯として死刑に処されるストーリーでした。その当時は白黒テレビが普及し始めた頃で、近所のおばさんやおじさん十数人が集まってテレビに見入ったものです。ドラマがすすむうちに、腹からしぼりだす泣き声が広がり、「いつもこぎゃんたい（いつもこのようなものだ）、戦争というのは、いつも弱か者が一番苦しか目にあう」と訴えていました。そしてシベリア抑留者や満洲からの引き揚げの人たちが、口々に自分の体験を話されました。私は日本以外の地で日本人が動いていた地域があったことを知って強烈な印象を受けたのです。

そして、「シベリア帰り」「満洲帰り」「引き揚げ」と呼ばれる人が、一種の恐怖感や警戒感をもって見られ、やや敬して遠ざけるような雰囲気があることを意味はわからないままに感じ取っていました。それは、思想的にというよりは、苦難に打ち克って故里《くに》に帰ってきた人の生命力に対する畏怖の念が屈折した形で現れていたのかもしれません。

また、近くに今考えれば認知症だったかもしれませんが、かつて唐行《からゆき》さんだった女性がいて、和服のすそを引きずって道を歩きながら「赤い花なら　曼珠沙華《まんじゅしゃげ》　阿蘭陀《オランダ》屋敷に雨が降る　濡れて泣いてる　じゃがたらお春　未練な出船の　あゝ鐘が鳴る　ララ鐘が鳴る」と「長崎物語」を口ずさんでいました。そこには恐いような、それでいて大変に蠱惑《こわく》的な雰囲気が漂っていました。また、家事の手伝いに来られている「岡本のおばちゃん」と呼んでいた女性がいつも口ずさんでおられたのが「流れ流れて落ち行く先は　北はシベリヤ　南はジャバよ　いずこの土地を　墓所と定め　いずこの土地の　土と終わらん」という「流浪の旅」の歌で私も子守唄のように覚えていました。唐行さんは東南アジアだけでなくシベリアにも出稼ぎに行ったことに気づきました。

その後、ボルネオなどで日本人墓地を調査したことがありますが、荒れ果てた墓地とおぼしき草むらの中で「大日本熊本県天草」と判読できる苔むした墓石を見つけた時は、どんな想いでこの人はここに眠っているのだろうかと胸がつまりました。

二　共同研究の恩恵

満洲国については東京大学に入学してすぐに、長尾龍一先生から示された『笠木良明遺芳録』を読み、強い衝撃を受けました。笠木は満洲で大雄峯会を組織して満洲国建国に奔走したアジア主義者ですが、この書物には、理想に燃えた時代への衿持《きょうじ》を追慕し、一転挫折し追放されたことへの憤りと憂傷がどの頁からも噴き出していました。私は満洲国から立ち上る毒気にたじろぎながらも、ここまで人々に強烈な感情を抱かせる満州国という国家とは何だろうかと、まるで魔物に魅入られたかのように資料を少しずつ集めていきました。

そして、一九八七年に京都大学人文科学研究所（人文研）の共同研究として山本有造教授が「『満洲国』の研究」を始められることになり、いよいよ満洲国と直面することになりました。山本教授のお父上である安次郎氏は、満洲国の最高学府だった建国大学の教授でシベリア抑留の辛酸を嘗められました。ちょうど中国でも改革開放で資料が出始めたことも研究の進展にプラスしました。研究には人との出会いやタイミング（運）があるように思いました。

もともと戦前に対中国文化事業の一環として設立された人文研は、漢籍の研究とともに、戦後は桑原武夫に始まる共同研究がトレードマークになりました。私は、隔週に一回開かれ、三～五年かける人文研の共同研究の恩恵を多大に受け続けています。私自身は政治思想や法制度からしかアプローチできないのですが、文学や経済や音楽史など多分野の人たちと研究することによって、ほとんど見えなかった人のつながりや事実の因果関係を発見する驚きがあります。視野が広がるのが刺激になります。また、教授であれ助教であれ、この場ではそれぞれの分野の専門家として尊重し、みんな対等です。「さん」づけの議論です。スペシャリストであるだけでなくジェネラリストになる場でもあります。また、共同研究ごとにさまざまな分野から資料が集まって、知的遺産となっています。私は人文研に世界各地の専門家がたくさん集まられるのにも日々恩恵を受けてきました。

二〇〇七年からは第一次世界大戦を二〇世紀の起点と位置づけ、共同研究をおこない、それに続けて非ヨーロッパ圏までを視野に入れて、この出来事の「世界」的な射程や「現代」へのインパクトを明らかにし、さらに、そこで「人文学」なるものがいかなる存在理由をもつのかと考えるプロジェクトに取り組んできました。

なお、満洲国研究においても思想連鎖ないし連鎖視点が不可欠であることを、その法制史を調べていく中で確信するに至りました。どういうことかと申しますと、中国で辛亥革命（一九一一年）がおきて中華民国が成立しますが、革命がおきても法律は一朝一夕には変わりません。法典の整備には長い時間がかかるからです。そのため、中華民国という共和政体となっても「従前の法に従う」として帝制時代の清朝の法律が残るものなのです。それら清朝の法令の多くは、まさに清末新政（光緒新政）の中で日本法を継受し、準拠して制定された法律が少なくないのです。その後、中華民国の法律は徐々に変わっていきますが、中華民国から分離・独立したとされる満洲国の建国時の法律には、中華民国成立当初の法律が残っているのです。欧米から輸入した明治の法制度は中華民国を経由し、満洲国へと準用されていったのです。こうして法政思想の連鎖からも満洲国を見る視点がでてきました。

三　満洲国と戦後日本

では、満洲国の研究と現代との関連はどんなところにあるのでしょうか。

一九九一年にソ連が消滅して冷戦構造が崩壊し、民族自決の声が大きくなってきました。そうすると、多民族複合国家がどういう意味をもつのか、日本では神話的に単一民族国家が語られてきましたが、単一民族国家ではない体験を日本人はどう内面化したのかを満洲国をとおして考えたいと思いました。満洲国では民族自決主義に対抗するために、漢・満・蒙・日・朝の「五族協和」（実際は三十数民族）というスローガンを掲げました。そのなかで日本人は指導民族としてトップに位置づけられていました。研究にあたってはたくさんの人にインタビューをしましたが、「一所懸命、ほかの民族とともに生きようとしたんだが、関東軍に妨害された」という思いをもっている人が多いのです。裏付けがとれた場合は別ですが、基本的に私は、論文ではインタビューをそのままでは使っていません。人間は記憶をつくりかえたり、自分を正当化して相手に責任を転嫁してしまう傾向があるからです。この問題はオーラルヒストリーという手法とも係わって、慎重な判断が必要でしょう。しかし、当時を生きた人々の実感は大切にしたいと考えています。

満洲といえば、かならず思いうかべる詩があります。安西冬衛の「てふてふが一匹　韃靼《だったん》海峡を渡って行った」という「春」と題する一行詩です。

この蝶と広壮な海とを一枚の絵に収めたような詩が生まれた背景には、果てしなく続く地平線の彼方に深紅の太陽が沈んでいくような、満洲がもっている空間の広がりがあるように思います。小さな一匹の蝶は、北海道からユーラシア大陸に向けて飛んで行くのか、逆にユーラシア大陸から飛び発つのか不明ですが、私にはこの蝶が満洲から日本に向かっていると思えます。というのは、満洲国の地図は蝶々にも見えるからです。満洲が空間を飛んでいくイメージがあります。ちなみに、この安西の詩とともに思いうかべるのは画家・三岸好太郎《みぎしこうたろう》の「海を渡る蝶」です。三岸の「美シイ海洋ヲ渡ル蝶　ソレハ習性デハナイ　海ノエロチシズムハ　開放的デアル　幾万ノ蝶ガ海ヲ渡ル」という詩句とともに描かれた絵には、日本人の空間心性を解く一つの鍵がひそんでいるようです。私にとって満洲国研究は、こうした空間感覚や空間心性にアプローチするために重要な意味をもっています。これまでの人文・社会科学は、時間軸だけで見てきたきらいがあり、空間感覚や空間心性のもつ意義がとらえきれていないと思います。

満洲国をめぐる人間群像の一端についても少し触れておきましょう。満洲から引き揚げた安部公房は、国家はいつでも壊滅するというだけにとどまらず、国家や民族から切り離された人間の彷徨を描いています。『砂の女』などではどこまでいっても逃れられない世界を描いています。同じく山田洋次監督は「(故郷であるが)知らなかった日本」を探しながら寅さんの世界を造形していると思います。国家崩壊と故郷喪失が不可分に結びついているのです。この二人の場合も、さきほど述べた空間心性をどうとらえるかが作品に絡みあっています。

関東軍の参謀で満洲国のプランナーであった石原莞爾《いしわらかんじ》については、満洲国についての二つの評価、侵略国家か理想国家かがオーバーラップしています。石原は満洲事変を策動し、満洲国建国に至ったということで知謀の人として英雄視されました。しかし、石原が先例をつくった独断専行型の軍事的決着のつけ方が、日本陸軍のみならず日本の進路を誤らせたことはまちがいありません。ただ、満洲国の現状に失望していくなかで、石原は日中関係正常化のために東亜連盟思想をもって各々のナショナリズムをしれません。

克服する思想運動に尽力します。戦後のことはあまり研究されていませんが、彼は平和運動を推進していきます。一方で「攻撃してしまえ」とゲタばきで飛行機にのって爆弾をおとすような軍人としての粗暴な暴力性があるのに、奥さんにあてた手紙などからは、文学青年のような繊細な心遣いがうかがわれる双面的な性格なのです。こうした日本人離れした人物は、あるいは満洲国が生んだ徒花《あだばな》と言えるかもしれません。

巣鴨プリズンから出て自由民主党の中心となった岸信介（満洲国産業部次長、総務庁次長）の権力を支えたのは、満洲国以来の人脈と金脈であったろうと推測できます。BC級戦犯が死刑になっていく一方で、最高責任者は免責されていきます。戦後日本の軋み、ねじれで、A級戦犯容疑者として訴追された人が首相になるのは、無責任体制の原型かもしれません。

岸は満洲国の産業界について、「まるで白紙のキャンバスに描くようにしてつくった私の作品だ」と述べています。おそらくそう言うことで、自分が政治的実力をもっているという効果をねらったのでしょう。六〇年安保では「悪人面」として評判が悪かったのですが、私は政治家としては再評価が必要だと思っています。安保条約の改定にあたっては、最初に東南アジアを歴訪したうえで、アメリカとの交渉に入りました。対米従属一辺倒ではなく、アジアを代表するというスタンスです。そのアジアを代表するときに、「自分が満洲国をつくった」ことを盾に取ることで、強く言えるのです。四十歳代で一つの国家の運営に参与し、日本とも「外交」交渉した体験がなせるわざでしょう。しかし、私が再評価が必要というのは、「昭和の妖怪」と言われるに至った原点である満洲国で果たして本当にどれだけの業績があったかを明らかにすべきだということです。これまでは、あまりにも本人の弁をうのみにしてしまっているように思われます。「岸は、東京だけを満洲で見ていた」という証言を何人もの人から聞きました。「岸神話」の内実を明らかにすることは、戦後政治の権力構造のカラクリを解明するためにも不可欠の課題ではないでしょうか。

四　近代日本と空間アジア

南満洲鉄道株式会社（満鉄）の初代総裁の後藤新平は、植民地経営の総合調査機関として満鉄調査部を設置しました。一八九五年、日清戦争後の講和条約である下関条約で、関税自主権を回復していなかった日本が、台湾を領有します。国家としてはまだ完全な主権を確立していない段階で、日本は植民地をもつ帝国になったのです。日本が国民国家として成長していく過程は、国民帝国として拡張していく過程でもあったのです。この台湾の民政長官が後藤新平です。後藤のブレーンとして京都帝国大学教授の岡松参太郎と織田萬《おだよろず》が台湾の法慣行を調査しました。後藤と岡松（満鉄理事を兼任）は、台湾での異民族統治体験を満洲にもちこみます。民情を知らないと植民地経営にコストがかかり過ぎると考えていたのです。しかし、岡松や同じく台湾の旧慣調査に携わった石坂音四郎らには、単に統治コストだけには還元できない学究としての責任感があったことも見落とすことはできないと思われます。この点については、拙著『アジアびとの風姿』（人文書院、二〇一七年）の第二章で検討してみました。

ところで、近代日本とアジアという問題を考えるとき、先に述べた空間心性の問題とも関連しますが、空間範域をどのように名づけて認識したかという視点が重要だと思われます。

満蒙という言葉のもとは満鮮でした。満洲と朝鮮を一体として扱わないと支配できないとする「満鮮一体論」は、一九一五年の「対華二一カ条の要求」で内モンゴル（内蒙古）東部を領有することで「満蒙一体論」に変わり、満洲族と蒙古族と朝鮮族と日本人が同一民族であるとされ、この四民族は漢族とは違うとされました。

日本の場合、主権線と利益線という言葉がよく使われます。主権線は国境線、その主権を守るには利益線にまで進出しないと危ういとする考えです。主権線の対馬を守るために、朝鮮が利益線になります。朝鮮を併合すると、満蒙が利益線という広がり方をします。こうして、ずるずる広がる空間認識が、帝国としての拡張とその尖兵としての軍部の暴走の歯止めをきかなくしてしまうのです。

アジアについて、一方には梅棹忠夫のように「日本はアジアではない」とする認識があります。他方では、明治以来のアジア主義があります。戦後では中国の「抵抗の近代」を高く評価する竹内好が中国の核実験の成功（一九六五年）に「感情の点では、よくやった」と感動を述べました。そして、竹内とは政治的立場が逆で、「大東亜戦争肯定論」を執筆中の林房雄も、同じ感想を述べました。

アジアというのは、ヨーロッパ人が名づけた地域名です。そのためアジアにある、アジアである、アジアになる、などさまざまなアジア認識がでてきます。今後は、連帯と侵略の二つの正反対の側面が絡み合うアジア主義の双貌ともいえるような歴史的意義を明らかにしたいと思っています。アジア主義は欧米に対抗する面と、自分たちがまとまっていく面などさまざまな双面性をもっていますが、開かれた地域主義に立つ、これからのアジアの共同体を考えるときの基礎作業になると思います。

梅棹の「文明の生態史観」にはちょっと不思議なところがあって、生態学的な見方だと言いながら、日本と中国が違うのは封建性があったか否かなどの歴史的な要因に原因を求めています。むつかしいのは、空間性だけでは世界地図を捉えられないことなのです。反対に時間性だけでも捉えられません。竹内は欧米（そして日本）への対抗がアジアの近代だとする見方です。「中国の近代と日本の近代」では日本は欧米にならった「ドレイの近代化」だった、中国の場合は近代＝欧米ではない、アジアとしての近代をもっていると評価するわけです。アジアと欧米の関係でこのほかに着目したい人物が平凡社を創立した下中弥三郎です。下中は戦前においては国家主義的な大アジア主義者でしたが、戦後は平和運動・世界連邦建設運動に尽力します。

現在のアジア共同体論は、経済的なつながりだけを議論していますが、ＥＵ創立者の一人ジャン・モネ（Monnet, Jean O. M. G.）は、「（経済的なものよりも）文化的なものからつくるべきだった」と言っています。文化的なアジア（主義）とは何か、の解明は人文・社会科学の課題です。同時に私は解答は出せないかもしれませんが、不戦共同体としてのアジアを考え続けていきたいと期しています。憲法第九条とアジア、自衛隊とアジアがどう係わっていくのか、という問題は政治的な課題であるとともに優れて学問的な課題だと思うからです。

Ⅱ　空間アジアと思想連鎖

第三章　夢の世に、夢を追って——宮崎滔天『三十三年の夢』の思想史脈

一　落花の歌——「挫折」と「懺悔」

宮崎滔天（一八七一〜一九二二）は、熊本県玉名郡荒尾村（現在の荒尾市）に生まれ、兄の民蔵・弥蔵とともに中国革命を支援しつづけました。その波瀾に富む半生を描いた『三十三年の夢』は、『二六新報』という新聞の第一面に、明治三五年（一九〇二）一月三〇日から六月一四日まで一二三回にわたって連載されたものをまとめて、同年八月に刊行されたものです。この本によれば、明治三年に生まれた滔天は、中学を「脱走」し、徳富蘇峰の大江義塾に入って自由民権思想に心酔するも、すぐに離れて上京してキリスト教に接近し、フィリピンやタイに渡って移民事業などに従事します。そして、最終的に兄・弥蔵とともに中国の「言語風俗に習熟して内地に潜入し、自ら支那人として事に従わんと擬した」が、すべてが「意の如くなる能《あた》わざりし」ゆえに浪曲師になるに至ります。当然に、それから一〇年を待たずして中国革命が成功することなど誰一人として予想もできなかった時点で書かれたものです。

著者の宮崎滔天という人の容貌は、連載が終わったところで『二六新報』に紹介されています（図

1）。この肖像では髪をうしろで束ねていて、ポマードででも固めたようになっていますが、普通は総髪で、肩のあたりまで垂らしているような髪型ですから、「大陸浪人」といったイメージが強いのです。『三十三年の夢』には金一（金松岑《きんしょうしん》）による漢訳本があって、『三十三年落花夢』（上海国学社、一九〇四年）と訳されています。この「落花夢」というタイトルは、本文に掲げられた「歌わんかな落花の歌」というフレーズが出てくる歌から取られています。このように「落ちた花」というイメージで流布していったために、この本は「落魄」「失意」の書、あるいは「挫折」の書だといわれてきました。た

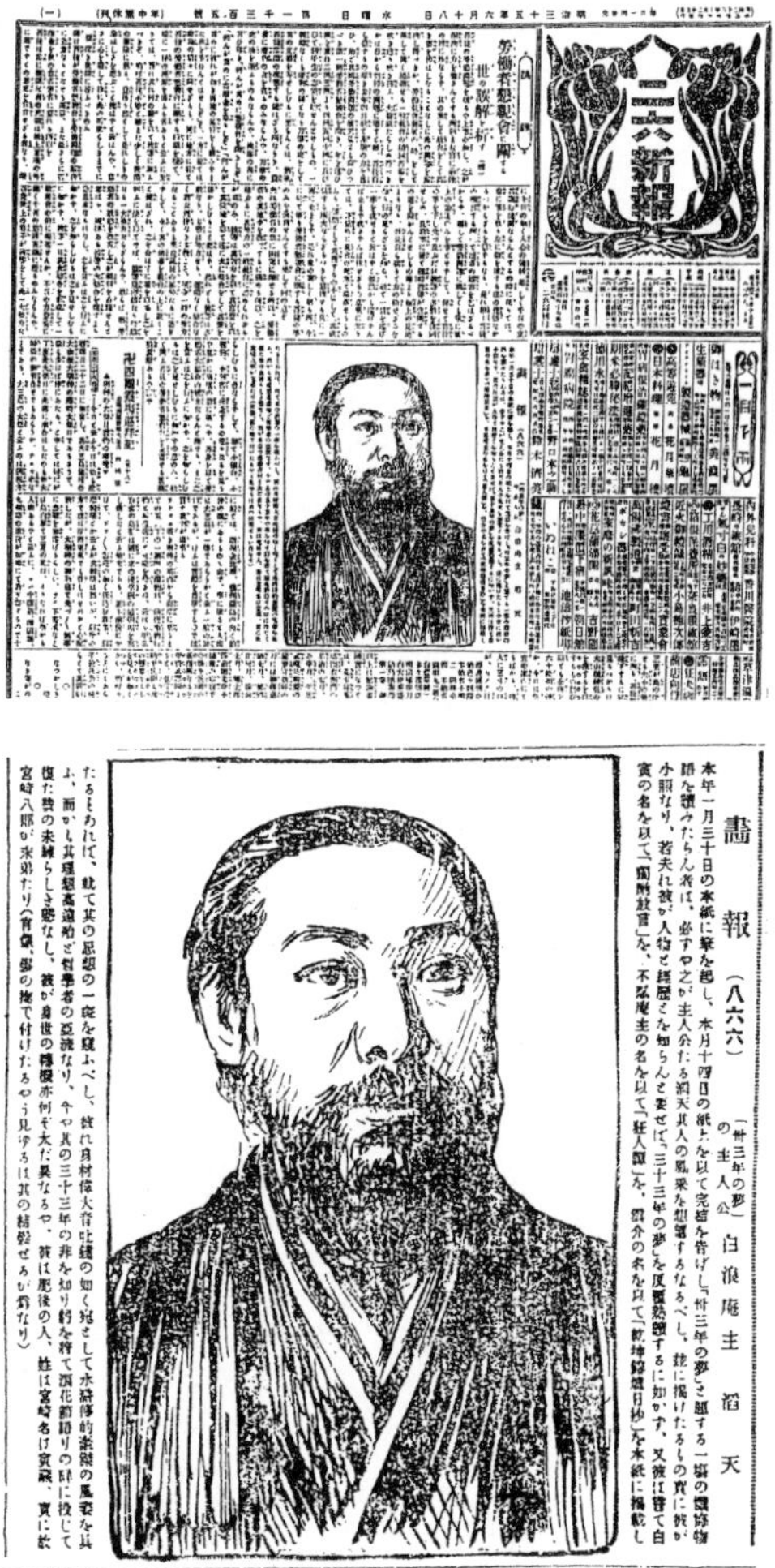

書報（八六六）　（卅三年の夢）の主人公　白浪庵主　滔天

本年一月三十日の本紙に筆を起し、本月十四日の紙上を以て完結を告げし「卅三年の夢」と題する一場の懺悔物語を讀みたらん者は、必ずや之が主人公たる滔天其人の風采を想望するなるべし、此に掲げたるもの實に彼が小照なり、若夫れ彼が人物と経歴とを知らんと要せば「三十三年の夢」を反覆熟讀するに如かず、又彼は曾て白實の名を以て「獨酌放言」を、不忍庵主の名を以て「狂人譚」を、羽介の名を以て「乾坤鎔爐日抄」を本紙に掲載したることあれば、就て其の思想の一斑を窺ふべし、彼れ身材偉大音吐鐘の如く豁として水滸傳的豪傑の風姿を具ふ、而かも其理想高遠殆ど哲學者の亞流なり、今や其の三十三年の非を知り鋏を將て浪花節語りの群に投じて復た世の未練らしき態なし、彼が身世の轉變亦何ぞ太だ異なるや、彼は肥後の人、姓は宮崎名は寅藏、實に故宮崎八郎が末弟たり（肖像、髪の撫で付けたるやう見ゆるは其の結髪せるが爲なり）

図1

とえばダダイスト詩人の辻潤《つじじゅん》は、一八歳から一九歳のころに滔天に会って、人間的にもたいへんに感銘を受けているのですが、昭和二年（一九二七）に発表した「宮崎滔天を憶《おも》う」というエッセイでは『三十三年の夢』について「苦い失敗の記録である」と表現しています。後世から見れば、そういう評価になるのですが、では宮崎滔天の生前に本書がどう見られていたかといえば、『二六新報』の連載が終わったあとに「一場の懺悔物語」と評されていました。あるいは、「その理想広遠、ほとんど哲学者の亜流なり」として、高い理想を追い求めた「哲学」の書だというような見方もされていたようです。

しかし、滔天みずからの認識では「挫折」の書に他なりませんでした。それは、本書を書く原因となったのが、明治三三年（一九〇〇）に中国の革命家・孫文《そんぶん》が恵州というところで起こした蜂起が失敗したことにあるからです（↓九〇頁）。その失敗の責任はじつは日本側にあって、その責めを負って滔天は一時、革命運動から身を退くのですが、そのあと滔天は桃中軒雲右衛門《とうちゅうけんくもえもん》という人の弟子として浪花節語りになってしまうのです。桃中軒雲右衛門というのは、当時たいへんな人気のあった浪花節語りで、「一声千両」といわれて、二千名を収容する国技館を一週間ぶっつづけて満員にしたという話も残っています。滔天は、その雲右衛門のもとで桃中軒牛右衛門として浪花節語りになるのですが、それまでのいきさつを書いたのが『三十三年の夢』なのです。ですから、「挫折」の書であり、「韜晦《とうかい》」の書であり、「懺悔」の書であるというのは、ある意味ではそのとおりなのです。

同時に、革命というものにおいて同志とか兄弟、また家庭がどういう影響を与えたのか、どういう役割を果たしたのかということについても隠し立てすることなく書かれており、滔天の思想的あるいは宗教的な変遷をたどった思想史脈の著作でもあります。また滔天という人は非常な艶福家で、女性のところに転がり込んで養ってもらうということや借金の無心を、何度も何度もくりかえしているのです。そうした女性遍暦についても赤裸々に書かれており、奥さんのツチ（槌子）も当然に読むことを考えますと、「懺悔」の書であるといわれるのは、じつはそれを妻や女性たちに「懺悔」しているというようにも印象づけられているのだと思います。

一般的に、自らを飾り立てたり、美化することが通例である日本の自伝のなかでも特殊なものが二つあります。ひとつは大杉栄の『自叙伝』で、それからこの宮崎滔天の『三十三年の夢』なのですが、ともに自分の女性遍暦や借金のことなどを非常に率直に描いています。自由恋愛を主張した大杉栄の『自叙伝』には神近市子《かみちかいちこ》や伊藤野枝《いとうのえ》との恋愛事件などもすべて書かれてありますが、そういう隠し立てしない告白文学としても、宮崎滔天の『三十三年の夢』は特異なものなのです。そして、何よりも滔天が浪花節語りでもあったように、きわめてリズミカルな文章でつづられています。島田虔次・近藤秀樹校注の岩波文庫版『三十三年の夢』は、原文よりさらに読みやすくなっていますが、原文についても吉野作造が「数奇風流の運命に身をまかせた人だけに、著者三十年の行事そのものが既に非常に面白い。それにその文章がすてきだ。単純な読みものとしても人をして巻を措《お》く能はざらしむるだけの魅力があることは私にも保証ができる」（吉野「『三十三年の夢』解題」福永書店、一九二六年復刻版所収）と賞讃したものだったのです。

二　孫文と宮崎滔天――「東亜の珍宝」と「抱負凡ならず」

日本で『三十三年の夢』が刊行されると、すぐに中国で翻訳が出されているのですが、じつはそれが中国革命に重要な影響を与えることになります。革命運動には、かならず「パンフレッチャー」が登場します。つまり、革命運動を鼓吹するためには長い緻密な著作よりも革命の思想を、なるべく短い文章で訴え、人を動かす喚起力をもった「パンフレット（小冊子）」を書けるような人物が必要になってきます。たとえばフランス革命前夜には、シエイエス（Sieyès, Emmanuel Joseph）という人がいて、『第三身分とは何か』という有名なパンフレットを著して影響を与えています。

中国革命つまり辛亥革命におきましては、鄒容《すうよう》の『革命軍』や陳天華《ちんてんか》の『猛回頭』と『警世鐘』など、中国革命を鼓吹した重要なパンフレットとなります。そして、この二人については滔天や萱野長知《かやのながとも》らが創刊した『革命評論』という雑誌に紹介文が出されて日本人にも知られることになります（図2）。そして、もうひとつ重要な革命パンフレットとなるのが黄中黄《こうちゅうこう》（章士釗《しょうししょう》）の『大革命家孫逸仙』という本です（図3）。黄中黄の本は、中国ではじめて孫文《そんぶん》の言動を紹介したものなのですが、「日本人白浪庵滔天」という人が著した『三十三年の夢』を訳したものだと記されています。つまり、滔天の『三十三年の夢』のなかから孫文にかかわるところだけを抜き出して翻訳したものなのです。さきに挙げた『三十三年落花夢』も全訳ではないのですが、いずれにしても、このふたつの翻訳が、『三十三年の夢』の刊行と同年ないし翌年には中国で出されているのです。孫文は早い時期からハワイに住んだりイギリスなどの外国に渡っていた期間が長かったこともあって、中国国内で知る人はほとんどいませんでした。中国の人たちは、この黄中黄のパンフレットによって、はじめて孫文という革命家がいることを知るのです。もちろん、この本は清朝によって禁書となりますが、ひそかに、そして広く流布していったのです。

図4をごらん下さい。これは、私の中国の友人が使っていた「高級中学課本」です。「課本」というのは「教科書」という意味です。つぎに「中国近代現代史」の上冊とあって、その横に「必修」とあります。つまりこれは、中国の高級中学生（日本の高校生に相当）がかならず学ばなければならない近現

明治四十年一月一日（毎月二回）　革命評論　第七號　（第三種郵便物認可）（七）

支那革命殉難者小傳

陳天華號は思黃、湖南省新化縣の人、幼にして家貧し。曾て山に登りて縱覽し、慨然として局族を顧盼し、天下を澄清するの志あり。常に一聯を路傍に書して曰く、「莫謂草廬無俊傑、須知山澤起英雄」と。見る者驚いて却走した。

明治三十六年日本に留學せり。時に滿洲事件に因りて、日露將に戰端を開かんとし、此釁、又た支那を分割せんとすとの說傳へらる、彼狂するか如く、友人を見れば、則ち潸然として泣を墮れたのである。

日露の戰端又た急なるに及んで、單身故國に還り。日に革命主義を鼓吹し、「猛回頭」及び「最近政見之評決」を著し、翌年三月再び日本に渡り、「警世鐘」の一書を著し、彼の文名は益々高く、革命主義者の間に傳つた。

六月再び故國に返り、各地を周遊して、綠林の豪傑を總納した。時に湖南の志士同地の獨立を圖る者あり、彼之に參畫したが、事發露して同志の士四散した。彼乃ち歸して日本に來り、「支那最後之方針」及び「國民必讀」等の書を著した。

此歲四五月より十一月に亙りて、留學生取締の問題が起つた。彼痛憤禁せず、遺書萬餘言を著はし。遂に十二月十二日大森の海中に投じて死せり。

彼の死後、諸友相謀りて、遺骸を迎へて故鄉に葬れり。嗚呼岳麓の山蒼々、湘湘の水洪々、彼の風や山高く水長し。

陳天華

鄒容字は威丹、四川省巴の人。年十七にして日本に留學した。會々江南武備學生監督姚某姦淫の事あり、彼同學十餘人と、其の邸內に突入して之れを髡つたが。事發覺し微行して上海に歸つたのである。

時に章太炎愛國學社に在り、彼章と始めて相識り。革命軍の一書を之に示し、其敍錄を得て出版した。而して章等に排滿革命を唱ふので、清政府二人を目して叛逆となし、英租界の巡捕に依賴して章を捕へ、之を獄に投した。

彼章の獄に繫がるゝを聞き、徒步獄に赴きて曰く。我は鄒容なりと、巡捕曰く、爾五尺の豎子、寧そ能く「革命軍」を作らんや。速に去れと。彼曰く試に「革命軍」を取り來れ、吾之を講說せんと。巡捕乃ち鐵鎖を開ひて之を入れた。

明年獄決して、章を三年、彼を二年の禁錮に處した。此間獄卒の虐狀は言語に盡す所ではない。章自ら思ふに、我死せば容は寬假せられんと。因つて餓死を圖り、絕食七日に及んだ事もあつたと云ふ。

明年二月彼偵悉務に病をなし、越へて二十日病猶ほ甚だし。此夕嶺隙開かす、天寒く雨猶ふ。雞初めて鳴く頃、彼れ溘然として獄中に卒した。慘痛慘憤之に過ぐるものはあるまい。

彼が絕命の詞に曰く「願力能生千猛士、相率來必復亡羊」と。嗚呼此詞を誦して、誰か感憤興起せざる者やある。

鄒容

図2

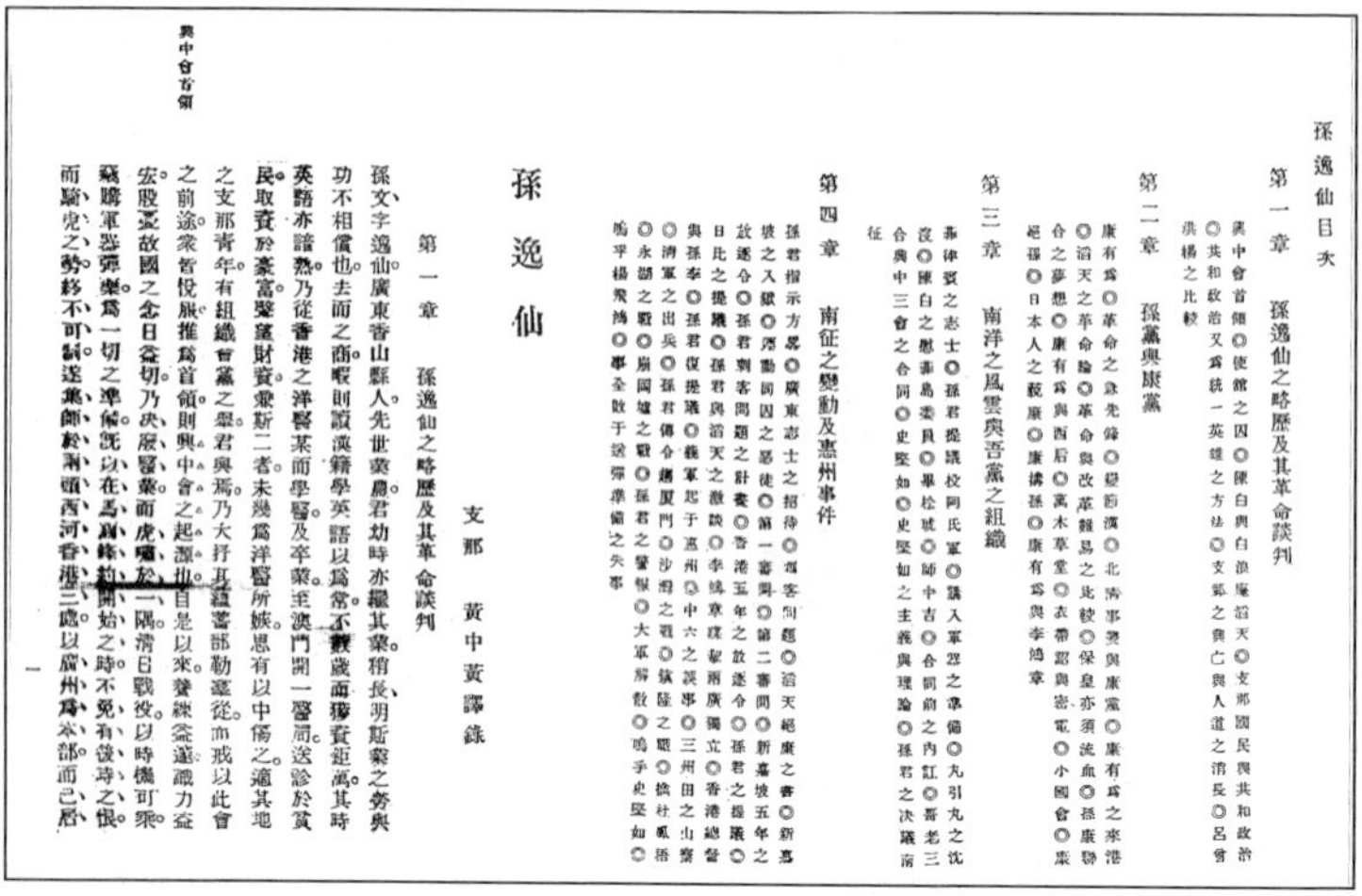

孫逸仙目次

第一章　孫逸仙之略歴及其革命談判
興中會首領◎使館之囚◎陳白與白浪庵滔天◎支那國民與共和政治◎共和政治又爲統一英雄之方法◎支那之興亡與人道之消長◎呂宋與楊之比較

第二章　孫黨與康黨
康有爲◎革命之急先鋒◎變節漢◎北清事變與康黨◎康有爲之來港◎滔天之革命論◎革命與改革難易之比較◎保皇亦須流血◎孫康聯合之夢想◎康有爲與西后◎萬木草堂◎衣帶詔與密電◎小國會◎棄絶孫◎日本人之薮康◎康講孫◎康有爲與李鴻章

第三章　南洋之風雲與吾黨之組織
靠俾賓之志士◎孫君提議校阿氏軍◎議入軍習之準備◎丸引丸之沈沒◎陳白之懸事島委員◎畢松城◎師中吉◎合同前之内訌◎哥老三合興中三會之合同◎史堅如◎史堅如之主義與理論◎孫君之決議南征

第四章　南征之變動及惠州事件
孫君指示方畧◎廣東志士之招待◎劉客問題◎滔天絶康之書◎新嘉坡之入獄◎摩動因之惡徒◎第一審問◎第二審問◎新嘉坡五年之放逐令◎孫君刺客問題之計畫◎香港五年之放逐令◎孫君之提議◎日比之提議◎孫君與滔天之激論◎李鴻章與黎兩廣獨立◎香港總督與孫李◎孫君復提議◎義軍起于惠州◎中六之誤事◎三州田之山寨◎清軍之出兵◎孫君傳令攻厦門◎沙灣之戰◎鎮隆之戰◎永湖之戰◎崩岡墟之戰◎孫君之警報◎大軍解散◎嗚乎史堅如◎嗚乎楊飛鴻◎事全敗于發彈準備之失事

孫逸仙

支那　黄中黄譯錄

第一章　孫逸仙之略歴及其革命談判

孫文、字逸仙。廣東香山縣人。先世業農。君幼時亦操其業。稍長、明斯業之勞與功不相償也。去而之商。暇則讀漢籍學英語以爲常。不數歳而獲貲鉅萬。其時英語亦諳熟。乃從香港之洋醫某而學醫。及卒業。至澳門開一醫局。送診於貧民。取貲於豪富。聚蓄財資。衆斯二者。未幾爲洋醫所嫉。思有以中傷之。適其地之支那青年。有組織會黨之舉。君與焉。乃大抒其蘊蓄部勒羣從。而戒以此會之前途。衆皆悅服推爲首領。則興中會之起源也。自是以來。發緣益遂識力益宏。股憂故國之念日益切。乃決廢醫業。而虎嘯於一隅。清日戰役。以時機可乘。竊購軍器彈藥。爲一切之準備。既以在馬尼峰約開始之時。不免有後時之恨。而驕兜之勢。終不可制。遂集師於兩頭西河香港三處。以廣州爲本部。而己居

興中會首領

一

図3

代史の教科書だったのですが、そこに宮崎滔天のことが「日本九州熊本県人」として紹介されていたのです(図4)。孫文については、「孫逸仙《そんいっせん》」の他に、「孫中《そんちゅう》山《ざん》」とも記されますが、「中山」というのは孫文の号です。孫文が日本にいたころ、明治天皇の外祖父・中山忠能の邸宅があり、その表札にあった中山から日本での変名を中山《なかやま》 樵《きこり》と称し、号を中山として用いるようになったものです。現在でも中国や台湾には「中山大学」や「中山路」、「中山広場」などがありますね。つまり、それほどまでに孫文と日本との関わりは現在にまで及んでいるわけです。その中国の教科書には何が書かれているかを簡単に紹介しますと、孫中山が一八九五年に広州での蜂起に失敗し、イギリスのロンドンで大使館に監禁されたりしたあと、日本人の友人、宮崎滔天と出会って同志の交わりを結んだ。滔天はその後、終始、孫中山の革命事業を積極的に援助した人である。滔天は、孫中山の革命運動を非常に尊敬していて、次のように記している。孫中山の思想はなんと高尚で、その見識はなんと卓越していて、その抱負は

なんと遠大で、情感はいかに懇切で行きわたっていたことか。彼こそまさに「東洋の珍宝である」と書いてあるのです。

じつは、この一節は、滔天と孫文が初めて会った時の印象として『三十三年の夢』に書かれた文章に拠っています。滔天が孫文に会ったところ、自分は東洋的な観相学からして東洋古来の豪傑を予想して

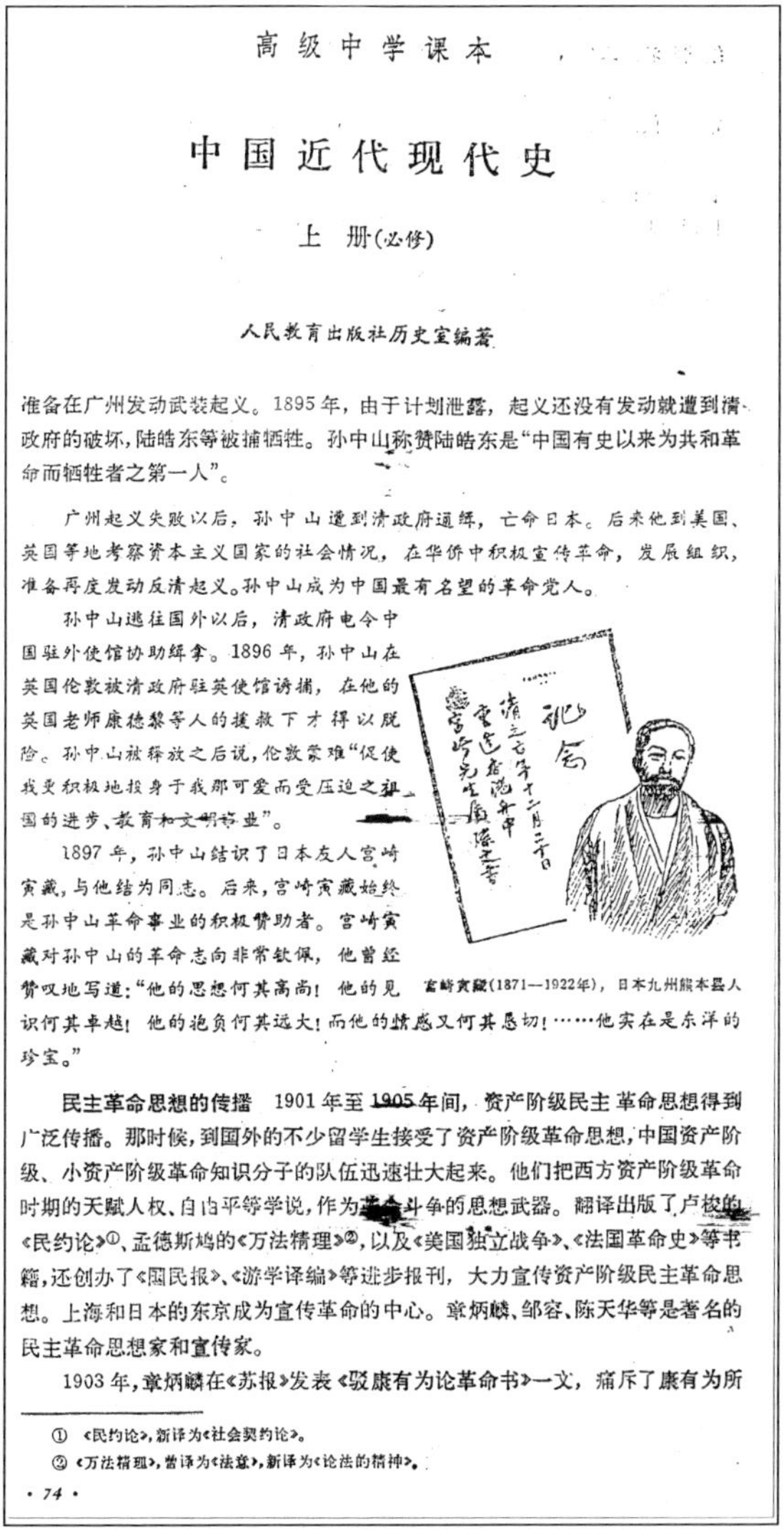

高级中学课本

中国近代现代史

上册（必修）

人民教育出版社历史室编著

准备在广州发动武装起义。1895年，由于计划泄露，起义还没有发动就遭到清政府的破坏，陆皓东等被捕牺牲。孙中山称赞陆皓东是"中国有史以来为共和革命而牺牲者之第一人"。

广州起义失败以后，孙中山遭到清政府通缉，亡命日本。后来他到美国、英国等地考察资本主义国家的社会情况，在华侨中积极宣传革命，发展组织，准备再度发动反清起义。孙中山成为中国最有名望的革命党人。

孙中山逃往国外以后，清政府电令中国驻外使馆协助缉拿。1896年，孙中山在英国伦敦被清政府驻英使馆诱捕，在他的英国老师康德黎等人的援救下才得以脱险。孙中山被释放之后说，伦敦蒙难"促使我更积极地投身于我那可爱而受压迫之祖国的进步、教育和文明事业"。

1897年，孙中山结识了日本友人宫崎寅藏，与他结为同志。后来，宫崎寅藏始终是孙中山革命事业的积极赞助者。宫崎寅藏对孙中山的革命志向非常钦佩，他曾经赞叹地写道："他的思想何其高尚！他的见识何其卓越！他的抱负何其远大！而他的情感又何其恳切！……他实在是东洋的珍宝。"

宫崎寅藏（1871—1922年），日本九州熊本县人

民主革命思想的传播 1901年至1905年间，资产阶级民主革命思想得到广泛传播。那时候，到国外的不少留学生接受了资产阶级革命思想，中国资产阶级、小资产阶级革命知识分子的队伍迅速壮大起来。他们把西方资产阶级革命时期的天赋人权、自由平等学说，作为革命斗争的思想武器。翻译出版了卢梭的《民约论》①、孟德斯鸠的《万法精理》②，以及《美国独立战争》、《法国革命史》等书籍，还创办了《国民报》、《游学译编》等进步报刊，大力宣传资产阶级民主革命思想。上海和日本的东京成为宣传革命的中心。章炳麟、邹容、陈天华等是著名的民主革命思想家和宣传家。

1903年，章炳麟在《苏报》发表《驳康有为论革命书》一文，痛斥了康有为所

① 《民约论》，新译为《社会契约论》。
② 《万法精理》，曾译为《法意》，新译为《论法的精神》。

· 74 ·

図4

いたが、非常に小柄でスマートな、飄々とした人物が出てきたので失望した。しかし話をしているうちに、彼がどれほどすばらしい人物であるかということがわかって、自分はこれからこの孫文を助けていこうと決心したと書いてあるのです。岩波文庫版で引きますと、「孫逸仙の如きは、実にすでに天真の境に近きものなり。彼、何ぞその思想の高尚なる、彼、何ぞその識見の卓抜なる、彼、何ぞその抱負の遠大なる、しかして彼、何ぞその情念の切実なる。我が国人士《じんし》中、彼の如きもの果して幾人ある、誠にこれ東亜の珍宝なり、と。余は実にこの時を以って彼に許せり」とあるところです。じつは、孫文は日本語がわからないし滔天も中国語はわからないわけですから、二人の会話は筆談で交わしていて、筆談した紙片も多く残されているのですが、筆談をとおして正確に思想の理解や評価ができたかどうかはともかく、このときにそういうイメージを滔天は孫文に対してもったということです。他方、孫文は滔天を「識見高遠、抱負凡ならず。仁を懐《おも》い義を慕うの心を具《そな》え、危きを拯《すく》い、傾けるを扶《たす》くるの志」をもつ「今の俠客なり」と評しています。

このように互いを信認し合った滔天は、孫文こそが中国革命の重要な担い手だということを『三十三年の夢』によって日本に知らしめたのですが、同時にまた翻訳によって、中国の人々にも「革命家孫文」の存在が知られることになります。ただ、滔天はそれ以前に孫文の政治活動を日本人に伝えるべくロンドンの清国公使館に監禁された経緯を記した Sun Yat Sen（孫逸仙）Kidnapped in London, 1897. を「幽囚録」として明治三一年（一八九八）に『九州日報』に訳載していました。この時、滔天という筆名を用い、以後は号としました。「幽囚録」は孫文の動向を日本で紹介した最初期のものであり、中国で Kidnapped in London が甘作霖による漢訳本『倫敦蒙難記』（上海商務印書館）として出されたのは一九一二年のことになります。そして滔天と孫文の関係は、現在の中国や台湾でも知られています。ところが、日本の教科書には、宮崎滔天という名前はまったく出てこないようです。これは中国の人の特性なのかもしれませんが、水を飲むたびに井戸を掘ってくれた人の恩義を忘れないという表現があるように、その史実を伝えていこうとする姿勢があるようです。日本の場合には、たまたま滔天という人物が大陸浪人的なイメージで語られていったがために、戦後も長いあいだ、一方では孫文を支援したという紹介はされますが、アジア主義者も結局は本人の意図を離れて侵略の片棒を担いだにすぎないのではないかという評価もあって、ストレートに教科書には取り上げにくかったということなのでしょう。近年、日中間の歴史認識の溝が問題となっていますが、対立や抗争という局面だけでなく、こうした日中間の交わりの局面についても目を向けていくことも必要なのではないでしょうか。

滔天と中国との関わりについて、もう一点だけ加えておきますと、一九一七年四月、毛沢東が湖南師範学校の学生であった時代に、黄興の葬儀に列席するために中国に赴いた宮崎滔天に講演依頼の書簡を書いているのです。ですから宮崎滔天は、毛沢東のような一八九〇年代生まれの世代の中国人にとっても、かなり重要な人物として位置づけられていたことがわかります。

三　宮崎八郎――「自由は天真」

『三十三年の夢』に戻りますと、その前半部分で主要なテーマとなっているのは滔天に与えた家族の思想的影響です。宮崎滔天（虎蔵・寅蔵）には多くの兄弟姉妹がいまして、滔天は一一人目の子供で五男なのですが、滔天にとっていちばん重要な意味をもつのは、長兄の八郎の存在です。宮崎八郎（一八五一～七七）は真郷《まさと》と号して、政府の外交・内政を激しく批判した『評論新聞』などでも重要な役割を果たした人で、自由民権運動において中江兆民とも早い時期から親交がありました。八郎は自ら開いた植木学校でルソーなどの天職人権論を講じています。中江兆民の門下生に、のちに東京市長になった安藤謙介という人物がいますが、安藤によると、八郎は東京で、元老院に務めていた兆民と政府転覆を志したことがあるとのことです。

その八郎の思想を示すものとして「読民約論（民約論を読む）」という漢詩があります。『民約論』というのは、フランスのルソー（Rousseau, Jean-Jacques）の『社会契約論』を中江兆民が漢文訳したもので、明治一五年（一八八二）に『民約訳解』という名で刊行され、中国でも翻刻版が出されました。八郎が、いつ兆民の『民約論』を読んだのか正確な時期は不明ですが、すでに明治七年には兆民による『民約論』の和文訳草稿はできていたといわれますので、それを兆民から贈られたのでしょうか、八郎は一気に読んで詩をつくったのだと思います。

天下朦朧皆夢魂　天下朦朧として皆《み》な夢魂
危言独欲貫乾坤　危言《きげん》　独《ひと》り乾坤《けんこん》を貫かんと欲す
誰知凄月悲風底　誰か知る　凄月《せいげつ》悲風《ひふう》の底《てい》を
泣読盧騒民約論　泣いて読む　盧騒《ルソー》の民約論

八郎がこうした慷慨《こうがい》の詩を書いた当時、佐賀の乱・秋月の乱・萩の乱などの士族反乱が各地で起こり、熊本でも学校党と実学党の党争があり、神風連の乱も起きます。維新政府内でも征韓論をめぐって衝突が生じ、下野した板垣退助ら八名が藩閥有司専制政治に反対して民撰議員設立建白書を提出して天賦人権思想を基に自由民権運動が全国に波及していく時代でした。このような激動する社会情勢の中で、見通しのきかない国家の方向性に迷いながら、ただ一人でも何か行動を起こさざるをえないという八郎の悲憤と焦慮が最後の「泣いて読むルソーの民約論」にみごとに凝縮されています。この一節は当時の青年たちに膾炙《かいしゃ》し、自由民権運動に参加する人々を鼓舞したのですが、ルソーの『民約論』を泣きながら読んで、それによって自由民権運動に入っていった人々の心象風景が鮮やかに蘇ってくるようです。

宮崎八郎は明治一〇年、西郷隆盛の西南戦争において協同隊を組織して、八代《やつしろ》の荻原堤というところで討ち死にするのですが、これが出陣時の錦絵です（図5・上）。左が宮崎八郎で、「宮崎真郷」と書いてあります。真中に「池辺吉十郎」という人物がいますが、この池辺吉十郎の子供が池辺吉太郎すなわち、徳富蘇峰《とくとみそほう》、陸羯南《くがかつなん》と並んで「明治の三大記者」といわれた池辺三山《いけべさんざん》です。三山と同じく熊本出身の鳥居素川とともに、夏目漱石を朝日新聞社に招いて漱石は作家生活に入ることになります。

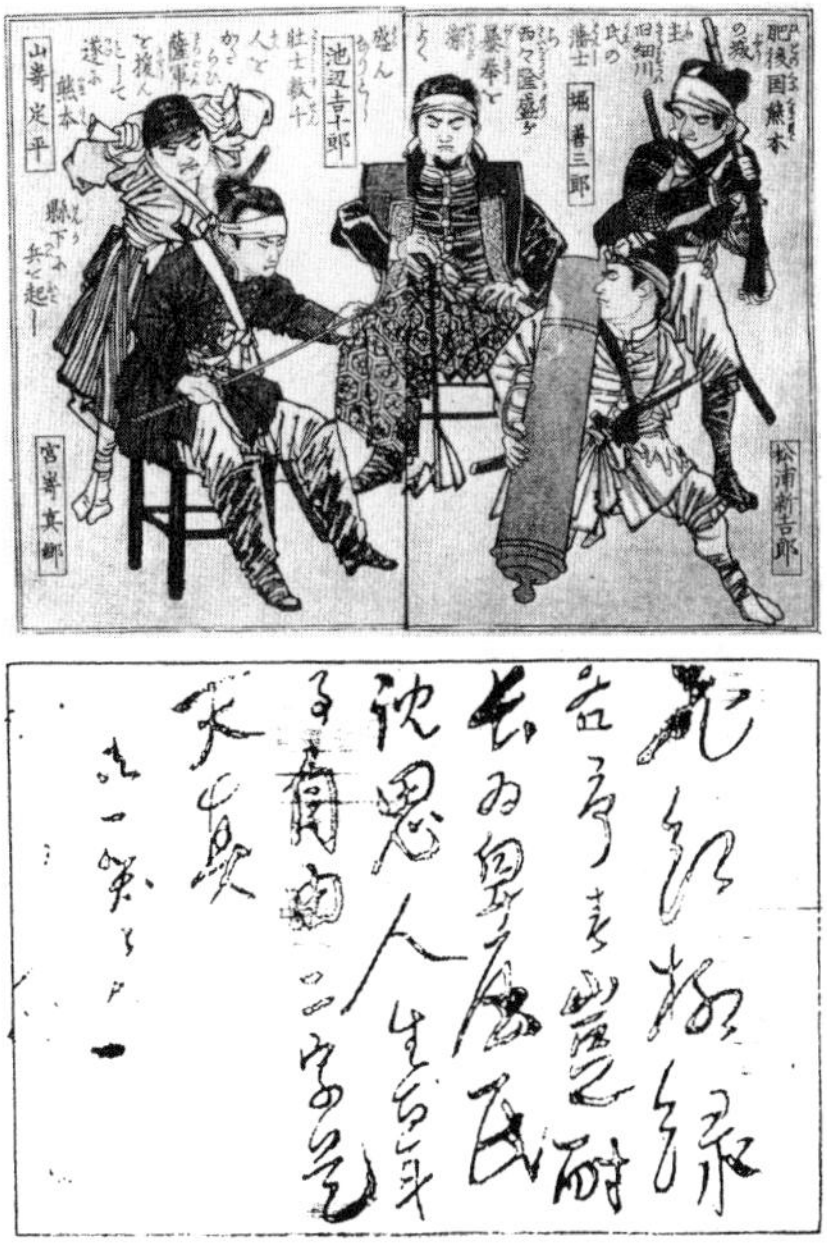

図5

さて、これは本当のことなのかどうか確証はないのですが、滔天が書いた「熊本協同隊」という文章によれば、西南戦争が起きると中江兆民が心配して熊本にやってきて、西郷隆盛は決して自由民権論者ではないから共に決起するのは止めろと八郎を説得したというのです。それに対して八郎は、西郷にもう一度天下を取らせて、うまく行かなかったら、また謀反《むほん》するのだといって、「復た謀反するも快《かい》ならずや」、それも愉快ではないかと答えたというのです。しかし、「今度はとにかくやりそこのうた」、「君〔＝兆民〕は早く東京に帰るべし」といって、「強いて去らしめたり」と書いています。もし、この記述が事実であれば、八郎は戦死する以前に、西郷軍に参加したことは間違いであったと悟っていたことになります。しかし、いったん義によって蜂起した以上、殉ぜざるは人間の義に反するということで敢えて死を選んだということでしょう。

この八郎の事蹟に関することが、『三十三年の夢』のなかで最も強調されているところなのです。つまり、父親をはじめ親類たちからも村人たちからも、滔天は「八郎兄様のようになりなさい」といわれながら、また母親からは「畳の上で死ぬのは男の恥である」といわれて育てられたというのです。滔天の文章のリズムのもつ快さは声に出して読まなければ味わえないのですが、岩波文庫版の三六頁に、「しかし余が親類縁者や村中の老爺《ろうや》、老婆《ろうば》らは、みな言葉をきわめて兄様《あにさま》のようになりなさいと煽《あお》りたり。兄様とは、明治の初年に自由民権論を主張して四方に標浪《ひょうろう》し、十年、西郷《さいごう》の乱に与《くみ》し戦死したる長兄八郎のことなり」と書かれています。ほんとうは八郎は長兄ではないのですが、長男の武平が早逝したので「長兄八郎のことなり」といっているのです。つづいて、「されば余は、大将豪傑の何者なるや知らずして大将豪傑たらんことを望み、自由民権の何物なるを知らずして自由民権を善きことと思い、また官軍や官員やすべて官のつく人間は泥棒悪人の類《るい》にして、賊軍とか謀叛《むほん》とかいうことは大将豪傑のなすべきことと心得いたり」と記しています。つまり、自分は「反官」の反権力・反権威をもって一生貫くのだ、それこそが英雄豪傑のすることなのだと自得し、何かは明らかではないものの、それが八郎がめざした「自由民権」につながるものとして追求していくことを決心したというのです。

じつはこの「自由」という言葉こそ、宮崎兄弟において、そしてそののちには孫文の中国をふくめて、東アジアにおける民主化運動や革命運動にとって重要な意味をもつ鍵概念になるのです。もちろん「自由」というのは、日本で「フリーダム」や「リバティー」の翻訳語としてつくられた言葉なのですが、中国、さらに東アジアに広がって思想史脈を作り出すことになります。

これに関連して、もう一つ宮崎八郎が詠んだ漢詩を挙げておきます（図5・下）。

花紅柳緑各争春　花は紅にして柳は緑　各《それぞれ》に春を争う
豈耐長為卑屈民　豈《あ》に耐えんや　卑屈の民として長からんことを
沈思人生百年事　人生百年のことを沈思す
自由二字是天真　自由の二字　是《こ》れ天真

花は紅、柳は緑となって春を競うように、すべての人間はそれぞれの個性ある人生を大きく花開かせようとしているのであって、誰も「卑屈の民」でありつづけることには耐えられないはずである。そして、「自由」という言葉は天が与えた真《まこと》のものであって、天が与えたものである以上、すべての人が享受すべきものであるといっていると解釈できるでしょう。こうした誰もが、いかなる権威や圧力にも屈してはならないとする八郎の思想は、滔天ら兄弟の血肉にもなっていったことは、その言動が如実に物語っているように思えます。そして、八郎が「読民約論」で「天下朦朧」として全てが「夢魂」であるとしながら、たとえたった一人でも「危言」を貫くとしたように、兄弟たちもまた夢の中にある魂や夢を見ている人の魂をけっして片時も忘れることなく、夢の世に夢を追い続けていったのです。

四　宮崎民蔵と弥蔵――「百姓の使者」と「革命の羅針盤」

八郎が心底から希求した「自由」そして「平等」ということを、いかに追求していくかということが、八郎亡き後の宮崎兄弟の課題になります。そして、あらゆる権力や権威からの「自由」を追求したのが宮崎滔天であるとすれば、「平等」を追求したのが、滔天が「一兄」とよんだ宮崎民蔵（一八六五～一九二八）となるはずです（図6）。民蔵は「巡耕」と号したのですが、この写真は民蔵が横浜にあった大同学校、つまり中国人華僑のための学校の先生をしていたときのもので、後列の左端が民蔵です。前列の右端にいるのは河原操子《かわはらみさこ》という人で、この人は上海に設けられた務本女学堂の教習（教師）を務めた後、下田歌子の推薦によってモンゴル・カラチン王府の女学校の教師になっています。モンゴルの女子教育を興したのは日本女性なのですが、そのひとりがこの河原操子です。

宮崎民蔵は中江兆民の仏学塾にも学び、土地単税論を唱えたアメリカのヘンリー・ジョージ（George, Henry）やイギリスのスペンサー（Spencer, Herbert）の「社会平権論」に傾倒して、土地復権運動をおこなった人です。もともと大地は天が与えたもので、すべての人間に平等に与えられたものなのであって個人が所有すべきではなく、誰にも平均して分かち与えられるべきだと主張したのです。民蔵に『土地均享・人類の大権』（新進書局、一九〇六年）と題した本があります。天造物である土地というのは誰もが均《ひと》しく享受すべきものであって、それは人類の大権であり、誰にも犯すことのできない人間の権利なのだと説くものです。自由民権運動は、天賦人権論に基づくものでしたが、民蔵の主張は天賦地権論ということもできます。この土地復権運動はイギリスなどにもあって、それらの運動とも連携すべく民

図6

蔵は「百姓の使者」と名乗ってアメリカ、イギリス、フランスなどを回り、帰国後には土地復権同志会を組織します。そして、全国各地の農村を巡回しては土地享有を議会に請願するように呼びかけ、賛同の論を広げていきました。しかし、一九一〇年の大逆事件に際し、熊本の同志である松尾卯一太と新美卯一郎が死刑に処せられたことから弾圧を受けて土地復権同志会も自然消滅の道をたどってしまいます。民蔵は、中華民国革命が成立したときにも、中国の議会に対して土地復権ということを憲法の条文の一項に入れることを要請しているのですが、またロシアのトルストイとも相互に思想的影響を与え合っています。さらに、民蔵の土地均享主義は孫文の三民主義にも影響を与えます。孫文は荒尾の宮崎家を訪れた際に、架蔵されていた本に読みふけり、去る時には「ここにある本は皆好きな本ばかりだ」として柳行李いっぱいに詰めていったということですが、その中にはヘンリー・ジョージの『進歩と貧困』などの土地問題に関連する著作が含まれていたはずです。

孫文の革命旗は井型の模様、つまり「井」という文字です。もともと中国には「井田《せいでん》思想《しそう》」というのがあるのです

図7

が、この革命旗の「井」は、土地はすべて人民に均しく分けようということを意味しているのです。孫文の革命思想のいちばん重要なポイントは「中華革命」ということで、漢民族が異民族である満洲族から政権を奪い返して共和制国家を作るということなのですが、それを支える思想が「三民主義」でした。三民主義とは、「民族主義」「民権主義」「民生主義」の実現をめざすもので、そのうち「民生主義」というのは「社会主義」を意味します。では、何が「社会主義」なのかというと、土地を人民に分けるという土地社会主義なのです。つまり、毛沢東の革命によってはじめて中国は土地共有に変わったわけですが、土地を均しく分けるということは孫文のころから追求されていて、その思想の淵源のひとつには宮崎民蔵の土地均享主義があるのです。

そして、滔天を中国革命を結びつけるうえで最も重要な役割を果たしたのは「二兄」、つまり二番目の兄と滔天がよんでいる弥蔵（一八六七～九六）です。この写真ではわかりにくいかもしれませんが、中国服を着て頭を辮髪《べんぱつ》にしています（図7）。この弥蔵について滔天は「二兄は余がために暗中の燈台たりしのみならず、またわが一生の進路を指示する羅針盤となれり」といっているのです。つまり、滔天に中国に革命を起こして共和国とし、そこを根拠地として白人による帝国主義を打倒することを説いたのは、この弥蔵に他なりません。弥蔵は、横浜の中国商館に菅仲甫《かんちゅうほ》と名乗って住み込みます。そして、中国語を学んで中国に渡り、英雄を捜し出して革命を支援する、それができなかったら自分自身が革命をおこなうとの考えをもっていましたが、その弥蔵に従って滔天も中国革命運動に入っていくのです。しかし、残念ながら病魔におかされた弥蔵は、ついに自ら中国の土を踏むことができないままに二九歳で逝きました。死の床から見つかった遺書には、次のような歌が書きとめてありました。

大丈夫《ますらお》の真心こめし梓弓《あずさゆみ》放たで死することのくやしさ

この二兄が放つことができないままに終った中国革命という梓弓を放つことが滔天のその後の使命となります。弥蔵の「くやしさ」を胸に刻んで。そして、この「二人を助けて飯炊きをする覚悟を決めた」のが滔天の妻・ツチでした。また、弥蔵亡き後、滔天と民蔵を支えたのが民蔵の妻・ミイです。この民蔵とミイの子が世民と世龍で、ともに中国と深いかかわりをもつことになります。

五　ツチと龍介――「救って行く義務」

このように『三十三年の夢』の主人公は、滔天の兄弟たちなのですが、さらに重要だったのは滔天の妻子です。滔天の中国革命運動を支えたのは家族でした。

図8の写真の左側の女性がツチ（槌、一八七一～一九四二）、滔天の奥さんです。ツチは前田案山子《まえだかがし》という人の三女で、右側に写っているのは次女のツナ（卓、一八六八～一九三八）です。夏目漱石の『草枕』で、主人公の画工が「那古井温泉」というところへ行って、そこで「那美さん」というヒロインに出会います。その那美のモデルとなったのが、ツナであったといわれています。ツナは、一九〇五年に

図8

孫文らが東京で組織した中国同盟会の機関誌『民報』の発行所に住み込んで中国人革命家を支え、「民報おばさん」として献身的に働きました。一説にはツチのほうが那美のモデルであったともいわれるのですが、真偽はともかく漱石が前田家の別荘に滞在したことは事実です。前田案山子というのは第一回衆議院議員になった人で、金峰山《きんぼうざん》の麓の、いまは熊本県玉名郡天水町《てんすいまち》となっている小天《おあま》村の名士で自由民権運動でも活躍しました。前田家は、熊本城下まで一二キロの道を他人の土地を一歩も踏まずに行くことができたといわれるほどの、たいへんな資産家だったのです。

しかしツチは、滔天が中国革命に入れ込んだがために、たいへんな苦労をさせられることになります。「革命のためにお金を使うが、妻子を養う金はない。お前はお前でどうにかしておけ」と言うだけで、滔天は借金生活を続けることを意に介しません。ツチは下宿屋をしたり石炭屋をしたり、海から貝殻を掘ってきて、それを焼いて石灰にして売ったり、牛乳屋を営んだりして、滔天の中国革命運動を支えました。ツチ自身も、一二歳のときに、岸田俊子という女権拡張論者の前で「学問ヲ勧ム」という演説をしたほどに政治的にもかなり早熟な人だったといわれています。田中正造の足尾鉱毒事件のときには、苦しいなかから家計を切り詰めて援助を与えるなど田中正造を支えた人でもあったのです。

このツチと滔天の長男が、佐佐木信綱の門弟で「筑紫の女王」と称された柳原白蓮《やなぎはらびゃくれん》（燁子《あきこ》）の駆け落ちの相手として知られる宮崎龍介です。柳原白蓮は、柳原前光《さきみつ》伯爵の次女で、大正天皇とはいとこにあたります。白蓮は、二五歳年上の伊藤伝右衛門という筑豊の炭鉱主と再婚して嫁いでいったのですが、大正一〇年（一九二一）の一〇月に伊藤伝右衛門に対する絶縁状を『朝日新聞』に発表して年下の宮崎龍介と駆け落ちをするという、有名な「白蓮事件」の主人公になるのです。この時、龍介は「僕によって生きて行こうとするならば救って行くのが僕の義務です」と新聞談話を出しましたが、この考えはツチの滔天に対する考えと通じるものでした。

　龍介も、子供のときから弟の震作と一緒に革命軍用の砲弾を大八車やコートに隠して運ばされたりしているのです。危険きわまりないのですが、子供なら怪しまれないだろうということだったのでしょう。こうしてみますと、滔天一家がいかに中国革命に関わったかが、おわかりになるかと思います。龍介は東大に入ると新人会に参加していますが、日中戦争中には和平工作にも係わり、戦後は労働運動などでも尽力して、昭和四六年に亡くなりました。この東大の新人会を背後から支えていたのが大正デモクラシー運動で知られる民本主義者・吉野作造なのですが、じつは吉野作造は明治文化研究会の主宰者でもあり、加藤繁とともに中国革命史に関する著作『支那革命史』（内外出版、一九二二年）を公刊していた専門研究者でもあったのです。その吉野をして、「私はここに隠す所なく告白する。私は本書に由て啻《ただ》に支那革命初期の史実を織ったばかりでなく、又実に支那革命の真精神を味ふを得たことを」と賛嘆せしめたのが、『三十三年の夢』であり「明治文化研究上の参考文献として実に大なる価値を有すると信ずる」として大正一五年（一九二六）に、復刻したのです。それによって『三十三年の夢』はふたたび日本人に注目されるようになります。

ただ、思想史脈というものの機微あるいは興趣といえるのかもしれませんが、吉野は自分で『三十三年の夢』を知っていたのでもなく、また子息の龍介から教えられたのでもありませんでした。吉野に『三十三年の夢』の歴史的意義と面白さを教えたのは、日本に滞在していた中国人の戴李陶《たいきとう》（天仇）と殷汝耕《いんじょこう》でした。つまり、初版から十たびほど版を重ねたものの、『三十三年の夢』の流布本は少なく、同時代を生きた吉野さえ書名も知らないほどに埋もれていたのです。他方、戴李陶らから「支那革命初期の事実を知るに最もいい参考書」と教えられた吉野が漢訳本を入手すべく上海の内山完造に依頼したところ、一九二六年当時にも新たな漢訳本が出されており、内山書店の中国人ボーイも非常に面白いと現に読んでいるとのことでした。『三十三年落花夢』は、一九三四年五月まで一六版が出されており、日本と中国における『三十三年の夢』の歩んだ道は興味深い対比を示しています。

六　「民権」と「国権」そして「奇」と「怪」

さて、滔天は幼時から、あらゆる音曲が好きな人で、『三十三年の夢』も文章がリズミカルな自伝文学だと思うのですが、それだけに思想的背景など忘れて読んでしまいがちです。そこで、その思想的な意味合について、すこし確認していきたいと思います。それはひとつには、明治初期の思想的に疾風怒濤の時代、つまり「シュトルム・ウント・ドランク」の時代に遅れて現れた宮崎滔天のような人々の思想世界は、どういうものであったかということが、この本には書かれているということです。

これまで自由民権運動に触れてきましたが、この運動は明治十年代半ばに、国会開設や憲法制定という目標を達成したことや松方財政によるデフレ政策によって下火になっていったとみなされています。

自由民権運動というのは、結局、「たとえシビルは不自由でも、ポリティカルさえ自由なら」といっているように、「シビル」つまり民権、私権、個人の権利ということを軽視して、政治的参加の自由だけを要求したために挫折せざるをえなかったという批判もあります。それも一面の真実でした。しかし、それでは、自由民権運動が下火になった後に来た人たちは、いったいどういう思想世界を生きたのでしょうか。それが『三十三年の夢』に描かれているのです。

滔天は明治一八年（一八八五）、一五歳で徳富蘇峰の大江義塾に入っています。徳富蘇峰（猪一郎）はまさしく自由民権運動の申し子のように出てきた人で、二〇歳過ぎの若さで論壇に登場します。そして昭和三〇年代まで九〇年近い生涯を、論壇あるいはジャーナリズムの世界で明治・大正・昭和の三代にわたって重要な意味をもちつづける存在として生きた人です。その徳富蘇峰が若き日に開いた大江義塾が、いかに自由民権の思想に満ちたものであったかということが『三十三年の夢』のなかに書かれています。そして滔天は、自らを「先天的自由民権家」と任じ、天性の自由民権運動家であったといっているのです。しかし、さきほども触れましたように「兄様のようになりなさい」といわれた、その兄の八郎が死んだときには滔天はまだ六歳前後ですから、自由民権家とは何かということを自分の思想として身に付けていたわけではありません。滔天にとって自由民権は、あくまでも大人から与えられた思想であったわけです。そのため、「自由民権の新天地」であったはずの大江義塾で滔天は違和感を感じるようになり、「師の猪一郎さんさえ蔑視せり。猪一郎さんのみならず、天下の有志家、古今の英雄豪傑まで軽視せり」という状況に至ります。

ところで、これまでの日本思想史研究では、自由民権運動の行方について「民権」と「国権」に分離していった。その典型的な例が玄洋社だといった説明がされてきました。この「国権」論にも条約改正問題や欧米・アジア政策などで対立がありますが、国家の独立と維持を第一義とし、天皇を戴いて国民統合を図るという点では一致するものでした。平岡浩太郎や頭山満らが福岡につくった玄洋社の主張は、明治一九年前後に自由「民権」から「国権」に変わるのです。それまで、日本の国民国家が形成されていく段階では、天賦人権説に依って「民権」と「国権」は共存できたわけです。

この明治一九年とはどういう年かといいますと、清国長崎水兵事件が起きた年です。当時、清国では、李鴻章《りこうしょう》のもとで洋務運動を進め定遠や鎮遠というような「東洋一の堅艦」と称された装甲艦を保有していました。そして李鴻章は、この軍艦を中心とする北洋艦隊を当事対立していたロシアを威嚇するために朝鮮東岸に派遣し、その帰路、定遠など四隻の軍艦が長崎に寄港します。そして、五〇〇人近い清国軍水兵が勝手に上陸し、商店や遊郭でトラブルを起こしたことから警察官と斬り合いとなり、日清双方に死傷者が出るという大事件に発展しました。この事件が背景にあって、玄洋社は、個人の自由や平等を守るためにも「民権」より「国権」を守って日本の独立を図ることこそが先決問題だとする主張に転じていくのです。つまり、この明治一九年を境にして、日本は清国との交戦を想定した敵対関係に入っていきます。そのため明治天皇が下賜金を与えるなど国民的な建艦運動が起こるのですが、それまで圧倒的な優位にあった清国に対して、日本は建艦運動を進めて清国海軍に対抗できる階段で起こったのが日清戦争なのです。

そして、このような方向に「国権」が行こうとしていたとき、「民権」の思想史脈は、徳富蘇峰の平民主義や幸徳秋水らの社会主義に向かうことになります。民蔵の土地均享運動も孫文の「民生主義」と通底するように、社会主義的志向をもつものでした。民蔵は社会改革を志向するとは「不正なる貧富の懸隔を打破して貧民を救出する」ことであり、「非道戦争なる帝国主義を撲滅して自由平等博愛、人類同視、男女同権なる人道の大儀を実現する」ことであると主張していたのです（「社会派の分派を痛む」『熊本評論』一三号、一九〇七年一二月五日）。

自由民権運動以降の思潮を大まかに俯瞰すれば以上のようなことになるのですが、もちろん現実の人間の思想は、そう簡単に図式的に整理できるものではありません。しかし、徳富蘇峰の平民主義にも同調できず、清国との交戦が想定されるような思想潮流の中に滔天は投げ込まれます。『三十三年の夢』には、そういう状況にあったさまざまな人々の精神的葛藤が描かれているのです。たとえば、そのひとつとして製糞社の話があります。製糞社というのは、人間は糞をつくる以外には何も天下の用をなさないという、一種、ニヒリスティックな思想にもとづいて長崎でつくられた結社なのですが、のちにこの製糞社から大陸へ渡っていく人たちが輩出します。この製糞社には長崎の加伯利《カブリ》英和学校で学んでいた滔天も参加していました。

これらの人々を捉えていた観念は、「奇」と「怪」であったといいます。要するに、「正論」だけでは世の中は動いていかない、「奇説」や「怪説」の議論こそが社会を変えていくのだというのですが、そこには思想的閉塞状況に陥った社会で人はいかなる選択をなしうるのか、という時代を越えた問いかけがひそんでいたように私には思われます。

七 「狂」と「侠」そして「個人」と「アジア」

長崎時代に滔天は、また「狂」ということに巡り合います。日本の精神史、そして日本の中国との関係を考えるうえで、「狂」そして「侠」ということは、非常に重要な意味合をもっています。

精神的な放浪のただ中にあった滔天は、長崎時代にイサク・アブラハムという人物に出会います。イサク・アブラハムはスウェーデンの人で、世界を自由に歩いていたコスモポリタンです。その後、この人は中央アジアに行って死んだといわれているのですが、『三十三年の夢』のなかに非常に印象深く描かれている人物です。滔天は、このイサク・アブラハムを招いて、さきほどの前田案山子の援助によって英語学校をつくろうとします。結局、話は頓挫するのですが、そのときに滔天はツチと出会うことになるのです。滔天は一八歳、ツチは一七歳でした。図1に掲げた『二六新報』の滔天紹介記事には「不忍庵主の名を以て狂人譚を」掲載したとあります。『三十三年の夢』を書く前年の明治三四年に、滔天は『二六新報』に『狂人譚』を連載しているのですが、その登場人物「道理満」のモデルがこのイサク・アブラハムなのです。また、滔天はキリスト教に入信していたのですが、このイサク・アブラハムに出会うことによってキリスト教から離れていくことになります。

このように、明治という時代は、交通事情が厳しかったにもかかわらず、思想的にも人的にも世界に広がり、つながっていたのです。世界の各地から、さまざまな思想や生活信条をもった人々が交流し合い、たがいに思想的影響を及ぼしあっていた時代でもあったのです。『狂人譚』のなかで滔天は、イサク・アブラハムにことよせて次のようにいっています。

「吾性甚だ世の所謂《いわゆる》狂人なるものを愛するの病あり。愛するものに近づかんとするは、蓋《けだ》し人間自然の情理である」。そして、単行本には収められなかった連載最終回の結びでは「利巧者の手中にある国家」への不信感を記しています。「この国家社会の現状に満足して能《よ》く推移《おしうつ》る智者、学者、政治家、利巧者は我が狂友を是非する権なきものである」。そして、こう締めくくります。「吾は当《まさ》に狂人の今の世に於いて出来《いでき》たらないのを悲しむものである」と。

「狂」と呼ばれるまでに国家社会の現状を批判する透徹した見識がなければ知識などというものの価値はないということなのですが、それは「現実主義《リアリズム》」という名の大勢順応主義に身を任せて時流に乗る政治家やジャーナリスト、学者などの生き方を厳しく斥けるということでした。そうした処生のあり方として、滔天は「狂」というものに強く惹かれていくのです。

では、結局、こうした「狂」にひかれた人たちはどこに向かっていったのでしょうか。現状の日本社会が自分たちを容れる社会ではないとすれば、彼らはいったいどこに行ったのか。たとえば、自由民権運動をリードしたひとりであった馬場辰猪《ばばたつい》は、アメリカのフィラデルフィアに行って日本の冑と刀を売ったりしながら客死します。馬場辰猪はロンドンに留学して、日本でもっとも早くイギリスの法律を学んだ人のひとりですが、そのような人でさえ日本には居られる余地がなかったのです。つまり、自由民権運動をとおして同時代の日本を欺瞞に満ちた社会だと考えるようになった人たちは、「奇」を愛し、「怪」を愛し、「狂」を愛するしかなかったのですが、じつはそういう力がアジアへ、あるいは欧米へ飛躍していくことになります。つまり異郷に身をおいて、「自由」や「博愛」、あるいは「革命」や「平等」といったことの実現を目指していくようになるのです。

いま、きわめて簡単に日本の近代思想史をたどってみますと、近代の日本人が悩まされつづけた観念として二つがあげられるように思われます。ひとつは「自我」ということです。つまり、ヨーロッパから与えられた「個人」あるいは「自我」を共同体の中でいかに実現するかという課題です。これは人間の「内面」の追求です。日本の近代文学史、近代精神史をみるとき、いかに「個人」ということについて苦悩し、煩悶してきたか。それはヨーロッパにおいてさえ、はっきりとはしなかった「個人」であり「内面」です。それを近代の日本人は自らのなかに追い求めてきたのです。しかし、日本社会では、福島の原発事故でも話題になったように「ムラ社会」が「個人」の前に立ちはだかり、個人の「内面」を容赦なく圧殺しています。それは子どもの世界にも反映して異質なものをイジメ、排除する同調圧力となって働いています。

もうひとつの観念とは何か。それは「アジア」ということです。すくなくとも「欧米」の文明というのは目に見えるかたちで存在したのですが、「アジア」というのは、その文明のあり方も目に見えないし、何が「アジア」なのかということは一義的に明らかではありませんでした。近代の日本人は、どのようにして「アジア」を自分の内面のものにしていったのか。この二つの観念がもった問題性を解かなければ、日本近代の意義はわからないと私は思うのです。結局、宮崎兄弟が追求したこと、そして『三十三年の夢』の隠されたテーマとなっているのは、まさに「個人」とは何か、「アジア」とは何かという問題に、滔天がいかに葛藤していったか、ということではないのでしょうか。

八　副島種臣と曾根俊虎——中国問題の先達

それではどのようにして宮崎滔天たちは中国革命へ入っていったのか、それが次に問題になります。近代日本における「アジア」という問題を考えようとするときには、副島種臣《そえじまたねおみ》を欠いては理解できないのですが、しかし未だ副島の実像は明らかにはなっていないようです。文字になった資料として残されているものが少ない人で、丸山眞男の厳父丸山幹治が書いた伝記『副島種臣伯』（大日社、一九三六年）以来、いくつかの評伝も出ていますが、今後さらに研究が進められる必要があります。

その副島のアジア観についての貴重な証言のひとつが、『三十三年の夢』のなかにあります。滔天の兄・民蔵は、いかに中国問題に対処していけばいいのか惑ったあげく、中国との条約締結をすすめて明治六年頃から中国との間で往来していた副島に教えを乞うために、その門を叩きます。岩波文庫版から副島の発言を引きますと、「支那の事はただその人にあり。もし一人傑《じんけつ》の起るあれば、天下の事、一朝にして定《さだ》まるべく、無ければすなわち亡びんのみ。しかして今、一人傑の眼《まなこ》に映ずるなし」とあります。つまり副島は、中国を変えようと思うのならば一人の人傑を見つけ出せばいいと助言していたのです。しかし、いまその人傑は中国人にも見えていないし、もちろん日本人にもわかっていないというのです。その人傑とは、どういう人物なのかと重ねて問うと、「西洋学ある漢高に待つべきなり」と答えます。「漢高」というのは、漢の高祖・劉邦《りゅうほう》のことです。おそらく、ここが重要なのですが、副島は決して劉邦のような単なる中国的な豪傑を望んでいるのではないのです。待たれるのは「西洋学ある漢高」であるということです。のちに滔天らは、なぜ孫文に目を付けたのか。まさに、この点が肝所なのです。人傑であり、しかも西洋学を身に付けているということが大事だったのではないでしょうか。

また同時に副島は、こうも付け加えているのです。「この事を以って敢えて人に知らしむるなかれ。今の有志家に謀《はか》るも、事に害ありて益することとなし、達識憂国の士なきが故なり」と。この当時、すでに荒尾精らが楽善堂を拠点にして、中国の内情を探る諜報活動をおこなっていました。滔天は上海にはじめて渡ったときに、荒尾精に会っているのですが、どういう印象を滔天がもったかというと、彼は「支那占領主義者の一団なり」、「異主義の集団なり」と判断します。同じく中国に関心をもってしても、荒尾らと自分は基本的に向き合い方としての主義が違うのだと感じているのです。この点は、副島が注意していることと同じ懸念であり、違和感でした。もちろん、荒尾その人は中国で日本の権益拡張に対しては慎重でした。しかし、中国問題やアジア問題に関心をもった人が、権益獲得主義者になっていったことも否めない事実でした。副島や滔天らは、その暗い予兆を敏感に感じ取っていたのです。

もうひとり重要なのは、曾根俊虎《そねとしとら》という人物です。この人は米沢藩の出身で、滔天の兄・八郎とも交友があり明治一一年（一八七八）にアジアの復興を目的とする振亜社（明治一三年に興亜会と改称）をつくっているのですが、のちに興亜会には中国や朝鮮の人も参加しています。曾根は明治六年に副島種臣が中国に行ったときの随官のひとりで、中国語に非常に堪能な人でしたが、曾根の著書である『清国近世乱誌』（加藤九郎蔵版、一八七九年）は副島が校閲しています。滔天は、この曾根の紹介によって陳白《ちんはく》（陳少白）という孫文のブレーンのひとりに会うのですが、それが『三十三年の夢』で最も劇的な孫文との面会の場につながっていくのです。

九　共有される夢――「中国革命」と「世界革命」

このように、滔天の前にも多くの先達が中国に関心を向け、アジアの将来について思いをめぐらしていました。しかし、そこでは中国に革命を起こすことは、ほとんど想定されていませんでした。

そして、こうした先達が指し示した道の先に弥蔵や滔天は中国革命に関与していくことになります。しかし彼らが求めたものは、往々に誤解されているように中国革命そのものではないのです。彼らが求めたのは、「天真」としての自由と平等を世界に広める世界革命を起こすことであったのです。くりかえしになりますが、「遅れてきた自由民権家」であった滔天らは自由や民権の実現を日本に求めるのではなく、広く世界に求めようとしたのです。つまり日本は、すでに西洋文明に侵され自らも他国への侵略さえ進めようとしているから、その資格を失っているというわけです。そして、まだ資格をもっているのは中国なのだということになります。弥蔵によれば中国は「弱肉強食の一修羅場」として世界政治の集約点となっており、中国は混沌としているがゆえに、じつは絶大なる可能性をもっていることになります。ですから、その中国を根拠地として世界革命を起こすべきだということなのです。明治四四年（一九一一）に中国で辛亥革命が起こったとき、その報せを聞いた滔天が洩らした言葉は、「次はインドだ」というものだったのです。つまり滔天らにとっては、いまだ真空地帯としてのアジアを、世界につなげていくということに意味があるのだと思えたのです。しかもそれは、決して日本の滔天たちの独りよがりではなかったようです。

たとえば、金玉均《きんぎょっきん》という人物がいます。金玉均は李朝朝鮮の独立運動家のひとりで、日本に学んで、日本に倣った近代国家をつくろうとして、日本公使・竹添進一郎らと図って閔妃《びんぴ》派をクーデターで倒すという甲申事変を起こし、失敗して日本に亡命します。日本政府は清国や朝鮮に対する配慮もあって、金玉均は小笠原や北海道など各地を放浪することを強いられました。そうしたなかで金は朝鮮革命の真の目的を達成するためには、朝鮮と日本と中国という三つの国が一緒になることによってアジアの安定がはかれるのだという、いわゆる「三和主義」を唱えます。そして、その実現のためには、中国を動かさなければならないと考えますが、この点で滔天と同じ意見でした。この二人の出会いも『三十三年の夢』に感動的に描かれています。船の中で話をする場面で、金玉均は次のように語ります。「今日《こんにち》以後の事、ただ支那あるのみ。朝鮮のごときはこれ途辺《とへん》の小問題物たるに過ぎずして、結局の運命は支那問題に待たざるべからず。支那は東亜運命の係《かか》る楔子《せっし》たるのみならず、おそらくは全世界の運命に繋《かか》る一《いち》賭場《とじょう》なり。君の用意、実に我が心を得たり」と。これこそ、まさに弥蔵や滔天が中国革命にかけた想い、そのものでした。そして金玉均は、そうした思いを達成するために上海に渡って李鴻章に会おうとするのですが、そこで暗殺されて死んでしまうのです。

このように自らの国のみならず世界のあり方そのものを変えていくために身命をなげうっていこうとする人物は、決して日本の滔天ひとりではなかったはずです。滔天がポンセやアギナルドといった人物に共感して、フィリピン革命に非常に情熱を燃やしたのも、そのためです。そして孫文も、そうした人物だと滔天は信じたからこそ尽力を惜しまなかったのです。こうした革命運動の連鎖の中で恵州事件が起きますが、それ以前に伏線となる布引丸事件が起きています。明治三二年(一八九九)二月、フィリピンの革命軍とアメリカ軍との間でフィリピン・アメリカ戦争が勃発しますが、この独立戦争を指導していたのがアギナルド将軍で、そのブレーンのひとりがマリアノ・ポンセでした。滔天はポンセと香港で会っていましたが、孫文と相談のうえ、まずフィリピンに独立革命を起こそうということで、日本で銃器を調達してフィリピンに送ります。しかし、その銃器や弾薬を積んだ布引丸が上海沖で沈没してしまいます。その後、日米両国の監視の目が厳しくなったため、フィリピンに輸送予定であった武器をポンセの承諾を得て孫文が恵州で蜂起したときに送り届けようとします。

この銃器は、信州の山林王であった中村弥六という代議士を仲立ちとして、大倉喜八郎とともに購入したものだったのですが、孫文が恵州で蜂起した段階になっても、残りの銃器を引き渡そうとしないのです。追及したところ、代金を中村弥六が着服していて、しかも購入していたものもほとんど廃銃で、使い物にならないようなものだということがわかるのです。孫文は日本からの武器・弾薬の譲与を期待して明治三三年(一九〇〇)一〇月に蜂起し、一時は二万の兵力に達しますが、武器が調達できなかったために失敗してしまいました。ちなみに恵州蜂起では孫文の委託をうけて革命軍に加わった山田良政《やまだよしまさ》が戦死しています。

そこで仲介に立った滔天が、中村弥六とともに着服したのではないかという疑いをかけられ、内田良平から食器で額に傷つけられるという事件まで起きるのです。そのとき滔天は、一切抗弁しませんでした。しかし滔天には孫文にだけは真実を打ち明けておきたいという思いがあり、それが岩波文庫版の三二〇頁以下にみえる「孫〇〇に与うる書」なのです。自分は決して背信したのではないということを説明しているのですが、これ以外には滔天は一切の言い訳をしませんでした。そして革命運動から身を退いて、雲右衛門の弟子となって浪花節語りになり、中国革命の思想を人々に伝えるという道を選ぶことになるのです。それゆえに『三十三年の夢』が「一種の懺悔物語」という評価を受けることにもなったわけです。

そして何よりも『三十三年の夢』は、革命のためと滔天を支えてきたツチなどの家族や前田家に対する釈明でもありました。ツチの実家である前田家は熊本でも有数の資産家でしたが、その娘婿が当時は「乞食芸人」ともみられていた浪花節語りになるということに対して前田家としては非常に不満を示します。同志たちも革命を棄てた敗北者として、滔天を蔑みます。そのような人たちに対して滔天は、そうではない、たとえ落魄の身と蔑まれようと、自分は自分なりに責を負い、別のかたちで夢を追いかけるのだということを訴えているのが、『三十三年の夢』であるということになるのです。滔天にとって「浪花節は、現今芸術界の流行児」でもあったのです。

一〇　アジアは欧米にもある——大亜細亜主義の真義

「アジア」とは何かということに関連して、もうひとつ触れておきます。大正一三年（一九二四）一一月二八日に孫文は神戸高等女学校講堂で、「大亜細亜主義」という演題を掲げた演説をおこないました。この演説は、当時の日本人には、孫文が日露戦争における日本の勝利を称《たた》え、日本のアジアへの進出を肯定している、あるいは日本がその盟主となることを支持しているものとして受け取られたようです。そして大亜細亜主義という言葉は、のちには、孫文さえそう主張していたではないかとして、大東亜共栄圏のひとつの根拠にもされたのです。しかし孫文は、大東亜共栄圏を肯定するようなことは一言もいっていないのです。たしかに、日本との友好関係を望むとはいっていますが、しかし最後にこういっているのです。日本は西方覇道の鷹犬《ようけん》〔手先〕となるのか、それとも東方王道の干城《かんじょう》となるのか、それは日本の選択であり、その岐路に日本は立っていることに想いを致して欲しい、と訴えていたのです。そしてこの演説の翌年、孫文は「革命いまだならず」という言葉を残して病没しました。

これは、今日では、近代思想史の常識となっています。しかし、このときの孫文の大亜細亜主義演説をさらに注意して読めば、じつはもっと深いことがいわれていることがわかります。その一部、「圧迫を受けている民族はアジアだけでなくヨーロッパのうちにもある」という言葉です。つまり、抑圧された人間、自由をもたない人間は世界中にいる、革命を起こすのはそのためなのだということなのですね。孫文の大亜細亜主義は、東洋文明を守るためにあったのではなくて、最終的に王道によって世界人類を解放するものであったのです。「自由」を、そして「平等」を世界に実現するために大亜細亜主義はあるのだということを、孫文はいっているのです。すなわち、孫文の大亜細亜主義とは世界主義にまっすぐに、つながっていたはずだと私は思います。しかしこの孫文の真意は、当時の日本にあっては滔天などの限られた人にしかわからなかったのではないでしょうか。

つまり中国革命は、中国革命だけで終息するはずではなかったのです。これを再度、私の関心に戻していわせていただきますと、思想課題としての「アジア」は、単に地理的空間としてのアジアを問題にしているのではないのです。いかなる空間の、何が価値を生むのか、何が新しい社会的な指標を生み出していくのかということなのです。だからこそ「アジア」は、私にとっては思想課題なのです。私が孫文のなかに、そして宮崎滔天のなかに読み取りたいのは、そこなのです。これは、滔天自身の言葉でお読みになれば、よくおわかりになると思います。岩波文庫版でいえば二七頁に、「余は人類同胞の義を信ぜり、ゆえに弱肉強食の現状を忌《い》めり。余は世界一家の説を奉ぜり、ゆえに現今の国家競争を憎めり、忌むものは除かざるべからず、憎むものは破らざるべからず、しからざれば夢想におわる。ここにおいて余は腕力の必要を認めたり。然《しか》り、余は遂に世界革命者を以ってみずから任ずるにいたれり」と。つまり、中国革命で終わるのではないのだ、国家間の競争や弱肉強食という世界のあり方そのものを変革する、そのためにこそ闘い、世界革命をやらなければ意味がないのだといっているのです。

もちろん、いまや「世界革命」などという言葉は、すっかり手垢がついた、死語のような言葉です。私が学生であった一九七〇年代においては、「世界同時革命」という根拠も実現性もなく、ただただ暴力性《テロル》がむき出しになった虚しい言葉を何度聞き、嘆息したかわかりません。ですからいま私も、そういう言葉をにわかに信じようとは全く思いません。しかし、そういうある種のグローバルな視圏をもった理想というものを「地べた」を這《は》うように求める、そういう志向性を見つめ直すものとして宮崎滔天の『三十三年の夢』をぜひお読みいただきたいと思っているのです。

一一　人を結ぶ力――中国革命への立ち位置

ちょっと話が行きすぎましたが、それでは宮崎滔天はいったいどういう役割を果たしたのかということを考えておく必要があります。もういちど中国革命に戻していうと、おそらく滔天という人の存在は、明治維新革命における坂本龍馬、あるいはアメリカ独立革命におけるラファイエットであったといってもいいかもしれません。

具体的にどういうことかというと、宮崎滔天は、孫文と黄興《こうこう》を結び付けた人物であるからです。黄興は、孫文とともに辛亥革命において重要な役割を果たした人です。図9の写真、前列の左から三番目が黄興で、その風貌からも「中国の西郷さん」とよばれた人です。その右が、陳天華で、この人は清国留学生に対する取り締まり事件に対する日本の報道記事に抗議して大森海岸に身を投げて自殺しています。その右の人が最初に触れた黄中黄（章士釗）です。それから、後列のいちばん左の人物は宋教仁《そうきょうじん》です。宋は法政大学や早稲田大学で学び、滔天によって孫文を紹介されました。北一輝も滔天らの革命評論社に出入りする中で宋教仁と深く交わるようになります。武昌蜂起とともに宋と北一輝は辛亥革命を指導し、中華民国成立後は法政院総裁として臨時約法の制定に尽力するなど重要な役割を担いますが、袁世凱が放った刺客によって射殺されてしまいました。なお、下の書で「克強」とあるのは黄興の号です。つまり、ここに写っているような人たちが、辛亥革命をとおして「自由」を求めた人たちなのです。辛亥革命においては女性の纏足を禁じ、また身分制も廃止しました。憲法草案の中には、東アジアではじめて男女平等の権利をうたい、女性にも選挙権を与えるという画期的な条文もありました。それらは、日本の明治維新や自由民権運動の歴史から、それを反面教師として学んだものでもあります。

ただ、孫文の革命方式というのは、ある意味では非常に古いかたちのものでした。孫文は、欧米の学識を備えた人でしたが、革命運動の基盤としていたのは、じつは秘密結社でした。哥老会《かろうかい》や三合会などの反清朝秘密結社を基盤にしていたのです。ところが黄興は自らも日本に留学して嘉納治五郎の弘文学院に学びましたし、図9の写真に並んでいるような、留学経験をとおして新学を学んだような人たちが集まる華興会という団体を率いていた人なのです。その黄興が初めて滔天に会ったのは明治三七年（一九〇四）二月、湖南・長沙での蜂起に失敗して日本に亡命した時でした。頼るべき人もいなかった黄興は『三十三年の夢』の漢訳本『大革命家孫逸仙』を読んで感動していたことから滔天が中国革命を支持してくれるものと確信して滔天の下に身を投じました。『三十三年の夢』は、このように人と人を結びつける重要な役割を果たしたのです。滔天は、それ以前に戊戌の政変によって香港に逃れていた康有為を日本に伴い、孫文らと結びつけようとしましたが、康から拒絶されてしまいました。しかし、共に滔天を信頼していた孫文と黄興の二人は滔天の引き合わせによって、明治三八年（一九〇五）八月に東京で中国同盟会を結成します。これによって、中国の革命運動は新たな段階へと入ることになります。

図9

　また、孫文の辛亥革命が成功した要因としては、日本の頭山満や内田良平、それから犬養毅というような人たちとの結び付きを挙げることができます。頭山満や内田良平は平岡浩太郎という、筑前の炭鉱主を資金的なバックに活動して、中国革命を支援していたのです。滔天はまた孫文を犬養毅に紹介し、孫文の日本での活動の便宜を図りました。

しかし、当時の日本の政治家の多くは、中国革命について理解しようとはしませんでした。たとえば、辛亥革命の武昌蜂起の直後、明治四四年（一九一一）一一月号の『中央公論』において、大隈重信は「孫は大した人物でない」というタイトルで、「孫？」と書いて、「一向つまらん、孫の批評なぞ」、「それに我輩はもう革命はいやだ」といっています。かつて明治維新において改革の最前線を担ったはずの大隈も革命を嫌悪し、孫文をまったく問題にしていないのです。

一方で滔天は、すでに『三十三年の夢』のなかで孫文を評して、「孫逸仙は一代の大人物である。悲しいかな、現代の我日本には朝野を通じて彼に比すべき人物がいない」、「その学問、その識見、その抱負、その胆力、その忠誠、その操守、いずれの点においても彼は現在の日本人の何人《なにびと》よりもすぐれている」と、最大級の評価をしているのです。孫文が実際にそれほどの人物であったのかどうかは別として、その後の日中関係においては中国革命の推移や孫文の存在を無視することはできなかったはずです。しかし、日本は革命後の中国の政治状況を奇貨として大正四年（一九一五）には「対華二一カ条要求」を突きつけて日中関係は徹底的に悪化していくのですが、そのときの総理大臣がほかならぬ大隈重信です。結局、大隈は終始、中国をめぐるさまざまな状況を見誤っていたように思われます。

さらにもうひとつ、滔天に関して私が非常に興味をもっている事柄があります。それは、辛亥革命が成功して明治四五年（一九一二）の一月一日をもって中華民国が成立するのですが、その直後の一月一〇日付のツチ宛の滔天の書簡です。そこには孫文の第二策ということがちょっと書いてあって、続けて次のように書かれています。「今のところ日本略《ほ》ぼ大丈夫なるべく、万一誤って日本が反対の行動に出る様の事あれば、支那の運命を賭しても暗中の飛躍を試みるの覚悟あるものの如し。此事世間に漏らすべからず。唯今日の事日本の……」と以下が消えていて、書簡そのものも終わっているのです。

みなさんは、この滔天の文章をどうお読みになりますか。やがて中国革命は混迷していってしまいますが、この時点では孫文は、日本における革命を工作していた可能性があったのではないかと、想像をたくましくすれば、私には読めてしまうのです。つまり、日本が孫文の共和革命に反対するのであれば、孫文が日本にやってきて革命を起こせばいい、滔天が孫文を助けたように、今度は孫文が日本にやってきて日本革命をうながせばいいと滔天は考えた節があるのではないかと、これはあくまで臆測にすぎませんが、私には思えるのです。

こういう言葉を聞いて、みなさんはどう考えられるでしょうか。孫文に日本で革命をやってもらいたかったかといえば、おそらくそうは思われないでしょうね。ところが、滔天らが孫文の革命運動などに対してとった行動や発言に対しては、日本人は誇りに思うと想像されます。のみならず中国の人までもがそれを語り伝えるべき史実として、自国の教科書に滔天の名前を残していました。これは、いったい何なのでしょうか。つまり、それが「世界革命」ということの意味なのではないでしょうか。「世界革命」というのは、もしそれが真の内実をもつものなら、日本が世界に対してやっていくだけではないはずなのです。それは日本の外からやってくるかもしれませんが、それを受け入れられるかどうかという問題が現われます。「世界革命」という言葉がもつ意味は、決して生易しいものではなく、それに向き合うだけの理念があるかどうかということだと思います。

一二　そこに書かれていないこと

ところで、この『三十三年の夢』に限らず本を読むときに、つねに私が心がけていることがひとつあります。それは、本を読むということは何かということにもつながるのですが、何が書かれているかは読めばわかりますが、問題はそこにはないのです。つまり、何が書かれていないかということが問題となるはずなのです。この本のなかには、何が書かれていないでしょうか。私は、三点あると思います。

ひとつは、日本の「官制」についてです。ここには、日本の憲法や議会制度など、当時の日本人が「アジアの最先進性」として誇りにしていたことがまったく書かれていないのです。アジアのなかで、日本ははじめて憲法をもった国である、はじめて議会を開設した国である、これは戦前の日本人の誇りとするところでしたし、実際にそれらを学ぶために多くの留学生がアジアから日本に訪れました。しかし滔天は、そのことについてまったく触れていないのです。つまり「官」について、それが制度化することに対して滔天は一切無視する。あるいはそれを、徹底的に自分の外部のこととして見るという姿勢を貫いています。そのことの当否はわかりませんが、しかしおそらくそれが滔天の挫折の原因であったのかもしれません。本来は、制度の問題点を認識して、それを覆さないかぎりは社会は変わらないはずなのですから、それを見ようとしなかったことは滔天の大きな誤りだったのかもしれません。

もうひとつは「戦争」についての記述がありません。とりわけ「日清戦争」について滔天は何も言及していないのです。ひとつだけ戦争に関して書いてあることは、徴兵を忌避しようとしたということです。兄弟そろって、戦争に行かないですむ方法を考えているのです。それに対して、母のサキが怒るのですね。小作の百姓の倅たちはみんな戦争に行って命を賭けているというのに、なぜおまえたちは戦争から逃げようなどと卑怯なことを考えるのだと。そうすると彼らは答えるわけです。自分たちは、こんな戦争で死ぬわけにはいかないのだ、自分たちは生きのびて、戦後をどうするかを考えなければならないのだと。そう考えた滔天は、函館に行って中国語を習おうとしているのですが、ほとんどの中国人が国に引き揚げてしまったあとだったので実現しなかったのです。要するに宮崎兄弟は、そのように「戦争」というものを見ていたのです。ですから日清戦争における勝利など、彼らにとって何の意味もないことでしたし、それどころか有害でしかないものだったのでしょう。

そして、もうひとつ書かれていないのは、梅屋庄吉に関することです。梅屋庄吉は、資金的にも滔天などよりはるかに孫文を援助していた人物なのです。香港に梅屋写真館を構えていて、明治二八年（一八九五）に孫文とはじめて会っています。その翌年、孫文はロンドンに行って清国公使館に捕まってしまうのですが、恩師にあたるカントリーという人の助力によって救出されています。ちなみに孫文はロンドンの大英博物館東洋図書部長ダグラスの部室で一人の日本人に出会って意気投合し、親友の契りを結んでいます。南方熊楠《みなかたくまぐす》です。いま、和歌山県白浜町にある南方熊楠記念館には、孫文から贈られた『原君原臣』という本が残っています。これは中国革命のときの有名なパンフレットのひとつで、「原」というのは「たずねる」「根本を探究する」という意味で、「君と臣の意義をたずねる」、つまり「君主」や「臣下」とは何かということを説いたものなのですが、君主というのは結局、人民の信望を受けて、人民のために尽くし、それによって人民が担ぐものなのだということが書かれています。

それはともあれ、梅屋庄吉は長崎の商家の出身で、M・パティー商会という映画会社を興していて、これが戦前の「日活（日本活動写真協会）」の前身となります。日本の映画史においてもたいへん重要な人なのですが、この梅屋庄吉という人物について、滔天は一切触れていないのです。

このことは、どう評価していいのかわからないのですが、全く知らなかったことはないはずです。滔天自身がよくいっているのは、自分は女性の変成したものである。つまり、自分は女々しいし、嫉妬深いといっているのです。もちろん、嫉妬深さでは男性も勝るとも劣りませんが、おそらく滔天からすれば、資金だけ援助すればいいのかということもあったと思うのです。滔天などは逆に、中国革命派から生活費の援助を受けることもありました。滔天一家は革命運動によって全財産を失っています。前田家からの財産分与もあったのですが、それもすべて中国革命に注ぎ込んでしまいます。それを見かねて、監視にあたっていた警官から茶葉の差し入れがあったほどの赤貧でした。しかし、滔天は全く意に介さず、無私に中国革命を支援しつづけました。

この本のなかにも書かれているように、滔天は父親から金銭のことを口にするなと強くいわれて育っています。これはべつに熊本だからということではないと思いますが、私などでも父親からそういわれました。その教えを立派に守ったせいか、一生お金と無縁に過ごしております。これは資本主義社会で生きていくには非常識な言い方かもしれませんが、男子たるものは金銭に拘泥した生き方などしてはいけないと、小さいときからいわれていた人も少なくなかったのではないでしょうか。ですから滔天には、ある種の金銭に対する潔癖感があったのだと思います。じつは滔天は袁世凱からも辛亥革命への貢献に報いるために、米の輸出権の一部を与えるという電報が届けられています。しかし滔天は、「渇しても盗泉の水は飲みまず」と言下に断っています、滔天にとって袁世凱というのは辛亥革命の成果を奪い取った簒奪者以外の何者でもないと思っていたわけですから、その袁世凱が提供するものは一切受けないということであったのです。

ただ滔天は、黄興から贈られたお金をもとに現在の東京・西池袋に「恩賜《おんし》の家」とよんだ家を建てています。もっともこれは、黄興の子の黄一欧《こういつおう》という人の面倒を、滔天の一家がすべて見ていたことに対する謝礼の意味をこめたものでもありました。ちなみに、桃中軒雲右衛門という人はたいへんな人気を博して頂点に登り詰めるのですが、また没落も早かったのですね。晩年には住む家もなくて、結局、この滔天の家に転がり込んでいるのです。雲石衛門が死ぬ間際になって、天下の桃中軒雲右衛門が他人の家に居候していては弔問客もさぞ心苦しかろうということで、滔天はしばらく、「恩賜の家」を出ていっているのです。つまり、滔天が金銭的なことにまったくかかずらわなかったということはないのですけれども、ただ滔天としては、あまり潔しとはしなかったのだろうと思います。

一三　心に病むところ――「小節」と「偉業」

ここで、「自伝」としての『三十三年の夢』の意味を申し上げておきます。さきほども申しましたように、近代の日本人におけるひとつの課題は、自己の「内面」に何があるのかを見きわめるということであったと思います。つまり、「自己」をどう自覚するか、自我の覚醒ということです。滔天の場合も、自由民権運動からキリスト教に入り、やがてそれを棄てるという過程で、さまざまな煩悶をくりかえしているのです。そうした自己の内面の迷いや悔いを赤裸々に叙述しているという点でも、『三十三年の夢』は非常に率直な自伝であるといえます。「回顧すれば半生一夢、総《すべ》てこれ失敗の夢跡」としか言いようのない滔天は、いかに自分無為で無能で、宗教的にも迷い続けたかも隠し立てすることなく書いています。ただ、それは自己の自覚ということであって、決して自己の分をわきまえるというようなことではなかったのです。

「人生の要務は自己を自覚するにありと思えり」と断言する滔天は、岩波文庫版の二六頁で次のように記しています。

あるひという「人志《こころざし》を立つる、すべからく遠大なるべし」、またある人いう「人その分《ぶん》を知らざれば一生を誤る」と。前者は人をして気壮《そう》ならしめ、後者は人をして心《こころ》小ならしむ。前者に誤るものは空《くう》に落ちて無為に終わり、後者に誤るものは萎縮して天賚《てんらい》〔天からの賜〕を傷《そこな》う。余のごときは前者に誤るものか。

つまり、自分は偉大なる志を立てて理想だけを追って終わってしまうのではないか、というのです。しかし、続けてこうもいうのです。「余つねにおもえらく「世上いまだ人力の範囲を定限したるものあらず、軽々《けいけい》即断して小節に安《やす》んずるは、ただちにこれ天賚《てんらい》を暴殄《ぼうてん》〔粗末にして失う〕するものなり」と」。

自分の範囲がこれだけだというようなことは、人間にはわかるものではない。軽々に即断して、自分はこれこれの人間だと小節に安んじてしまうのは、それは天から与えられた人の可能性を冒瀆《ぼうとく》し消耗することではないのか。それゆえに、「すべからく志を立つる遠大なるべきを思い、空前の偉業を建てて以って蒼生《そうせい》を安んぜんことを希《こいねが》えり」と書きます。自分がこれだけの小さな人間なのだということを知るのはもちろんいいのだけれども、しかしそれだけで自得してしまうのではなく、より大きな夢をもって、その夢に向かっていこう。しかもそれは、決して自己のためだけではなくて、「蒼生」つまり人々が安心して生きていける社会をつくるということを願っていこうではないか。それが空前に偉業を建てるということの意味だといっているのです。このように滔天は、自己の「内面」と実践の間で反問を続けていくのですが、中でも「意志の自由」ということを強くいっているのです。

この滔天の本を読む人は、時に戸惑うほどに「心に病む」という言葉が目に付くことに気づかれると思います。「ああ、余豈《あ》に心に病むところなからむや」、自分は心を病んでいるのではないかということをいうのです。この「心に病む」ということへの恐れもまた、近代の日本人がつねに直面した問題でした。神経衰弱とか神経症とか、つまり「神経を病む」ということです。三遊亭円朝の『真景累ヶ淵《しんけいかさねがふち》』という作品をご存じだと思います。あれは「真景」と書かれますが、じつは「神経」をかけていると私は思っています。円朝の怪談噺の「真景」つまり真の様子というのは、近代の日本人の「神経」が見ている病なのです。幽霊を見るということは、まさに神経の病ではないかということです。つまり、それは迷信を捨てて科学的な生活をすべきだと強制してきた近代日本のもう一つの姿であったのです。人と違うことは、心を病んでいるのではないか、この自問が自責の念となり、個人にとっては非常な圧迫になったのではないでしょうか。自分の内面の悩みを見ようとすればするほど、自分は心を病んでいるのではないかと思われてくる。滔天は自分が、より上のものを求めようとすればするほど、自分は心を病んでいるのではないかと悩まざるをえなかったのです。

これもまた近代日本の強迫観念のひとつなのです。自分が見るべきものを見る。そういう点では「真景」であっていいはずのものを、「神経」に塗り替えてしまう近代主義。もちろんそれは、ある意味では日本人の、あるいは日本の近代を支えた重要なエートスであったのですが、また同時にそれは、心を病むという煩悶を人々に強いることにもなったのです。現在の日本の社会を考えてみれば、年間三万人に近い人が自殺を選ぶという異常な社会です。なぜ、そうなってしまったのか。そういう問いを私は、この滔天の「豈に心に病むところなからむや」という文章に出会うたびに、なにかいたたまれぬような思いで発せざるをえないのです。

宮崎兄弟は、自己の一生を賭けるべきものは何かと、つねに試行錯誤をくりかえしました。一代の大方針を求めて、兄弟で討論を重ね、同志のあいだで議論を重ねるということが、『三十三年の夢』には何度出てくることでしょうか。これほど日本人は生きる意味について議論をしていたのかと思うほどです。「分」を弁《わきま》えるということと、「分」を超えるということと、このふたつの近いようで遠い距離を『三十三年の夢』は夢の世に、夢を追い続けるというかたちで描いているのです。

一四　任俠の精神は過ぎ去りぬ――「志操」と「現実主義」

さて最後に、さきほどちょっと申しましたが「俠」という「志操」の問題、またその「現実主義」との関連という問題について触れておきたいと思います。
桃中軒雲右衛門のもとで浪花節語りとなった滔天は、高座に上がると最初にかならず「落花の歌」という歌を歌いました。中国語に翻訳されたときの書名『三十三年落花夢』というのは、この歌からきているわけですが、歌ですからおそらく節を付けて歌われたのでしょうけれども、ちょっと読んでみます。

一将功成りて万骨枯る、国は富強に誇れども、
下万民は膏《あぶら》の汗に血の涙、飽くに飽かれぬ餓飢道を、
辿《たど》り辿りて地獄坂、世は文明じや開花じやと、
汽車や汽船や電車・馬車、廻《ま》はる轍《わだち》に上下は無いが、
乗るに乗られぬ因縁の、からみからみて火の車、
推《お》して弱肉強食の、剣《つるぎ》の山の修羅場裡、
血汐を浴びて戦ふは、文明開化の恩沢に、

漏れし浮世の迷ひ児の、死して余栄もあらばこそ、
下士卒以下と一《ひ》と束《たばね》、生きて帰れば飢《うえ》に泣く、
妻子や地頭に責め立てられて、浮む瀬も無き窮境を、
憐れみ助けていざさらば、非人乞食に絹を衣《き》せ、
車夫や馬丁を馬車に乗せ、水呑百姓を玉の輿《こし》、
四民平等無我自由、万国共和の極楽を、
斯世《このよ》に作り建てなんと、心を砕きし甲斐もなく、
計画破れて一場《いちじょう》の、夢の名残の浪花武士、
刀は捨てて張り扇、たゝけば響く入相《いりあい》の、鐘に且つ散るさくら花。
響きなば花や散るらん吉野山
心して撞《つ》け入相の鐘。

滔天は、「四民平等無我自由、万国共和の極楽を、斯世に作り建てなんと」志したわけですが、しかしそれは「心を砕きし甲斐もなく」、企図は破れたということで、「落花」つまり散ってしまった花ということになるのです。こういう歌を歌いながら滔天は日本全国を回っているのです。

浪花節語りになったひとつの理由として、滔天は自分は小さいときから「声曲」が好きだったといっているのですが、また「俠」ということ、「親分、頼む頼む」ということをいっています。滔天は幼時から「「親分、頼む頼む」の声かけりゃ、人の難儀をよそに見ぬちょう男伊達《おとこだて》」という祭文の一節を心が鬱すれば放誦して自らを慰めたと書いています。この男伊達が「俠」ということになりますが、「俠」

という字をみると、人偏と「夾」からなっています。「夾」の字は、人が両側から大きな人をはさんでいる形で、「はさむ」「たすける」また「たのむ」という意味で、それに人偏が付いた「俠」は、自分を恃《たの》んで他人を助け協力する人、他人から頼られる人という意味になるのでしょう。

そのような意味を負った「俠」という思想、いや私は「俠」という「志操」と言うべきだと思いますが、それが中国の清末頃から非常に大きな影響をもつようになって、社会を動かしていきます。孫文が『三十三年の夢』に「序」を寄せているのですが、そのなかに、こう書いているのです。「宮崎寅蔵君なる者は、今の俠客なり。識見広遠、抱負凡《ぼん》ならず。仁を懐《おも》い義を慕うの心を具《そな》え、危きを拯《すく》い傾けるを扶《たす》くるの志を発し、日に黄種の陵夷《りょうい》〔黄色人種の衰退〕を憂え、支那の削弱を憫《あわれ》む」と。また滔天自身も、中国同盟会の結成一周年の記念大会が神田の錦輝館《きんきかん》で開かれたときに来賓として演説しているのですが、そのなかで、自分が中国革命を援助している精神は「ただ死を恐れず」、その一語であるということをいっているのです。結局、革命を起こすためには「志士仁人」、つまり我が身を殺して仁を成すというエートスすなわち「志操」をそなえた人物が必要だというのです。もちろん、私は決して「俠」という思想だけで社会を動かすことができるといっているわけではありません。しかし、こういう、義を慕う心や他者の危難を助ける志を抱いて何かを実現するために生涯を賭ける、何かのために自らを抛《なげう》って尽くすというような「志操」が、なぜ日本から消えていったのか――その歴史的な意味を探るためのひとつの手掛かりにしたいと思って滔天のことをたどっているのです。

はじめに挙げた辻潤の「宮崎滔天を憶う」というエッセイの冒頭には、アメリカの詩人・エマーソンの言葉として、「かくして任俠の精神は過ぎ去りぬ」という言葉が引用されています。辻潤も滔天が任俠の精神の持ち主であり、それが失われてしまったことを偲《しの》んでいたのです。

「任俠」という精神は司馬遷の『史記』の「遊俠列伝」をはじめとして、中国の思想史をいろどってきますが、現在でも、「武俠小説」は広く読まれています。日本ではあまり注目されないのですが、東アジアの書店に行くとびっくりするほど、金庸《きんよう》・梁羽生・古龍などの武俠小説が並び、ドラマやゲームなどになって人気を競っています。特に「中国人がいれば、必ず金庸の小説がある」といわれる金庸についてては、それを対象とする「金学」という学問分野まであります。このような「俠」の「志操」をめぐる東アジア世界における日本との異同もまた、アジアの思想史脈を考えるうえで看過できないテーマとなるはずです。

一五　「百年後の日本」――理想を許さぬ国

　ここまでで申し上げてきたようなことを考えるとき私は、「理想」とは何か、あるいは「恐るべき現実主義の死角」とは何か、という問いへのヒントを秘めたものが『三十三年の夢』ではないかと思われてきます。戦後――あるいは中江兆民も指摘していたことですから戦後だけではないのでしょうが――、日本人は「小才」によって時勢に対応し、現実主義的に世の中を渡ってきました。それは戦前にあっては日本の近代化を支えた、ひとつの大きな力だったと思います。しかし、兆民の言葉を借りれば、それゆえに「日本に哲学なし」となってしまうのではないでしょうか。「現実主義」にうまく乗れば乗るほど、それは「哲学」を生まない社会になっていく、「思想」を生まない社会になっていくのです。

　滔天はまた、こういいます。『三十三年の夢』の最後のところで、「夢の世に夢を追うて、または更に新たなる夢に入る」と。しかし滔天は、またこうもいっているのです。岩波文庫版の二六頁から二七頁のところですが、「人あるいはこう「理想は理想なり、実行すべきにあらず」と。余おもえらく「理想は実行すべきものなり、実行すべかざるものは夢想なり」と」断言します。そして、そのあとに「余は人類同胞の義を信ぜり。ゆえに弱肉強食の現状を忌《い》めり。……」という言葉がつながっていくのです。

また、滔天の『出鱈目《でたらめ》日記』という文章のなかにも、こういう言葉があります。「日本という国は理想を許さぬ国なり、道理の研究を許さぬ国なり」と。これは、死の二、三年前に書かれた言葉です。そして、死の二年前の大正九年（一九二〇）に『日本及日本人』という雑誌が求めた「百年後の日本はどうなるか」というアンケートに答えて、最後のところでこういっています。「残念ながらわが国は、明年も百年後も世界の大勢に引き摺《ず》られていくのほかはあるまじ」と。

いま私たちは、まさに滔天が予言したような時代を生きていると、私は痛感せざるをえないのです。宮崎滔天の見た夢は、果たして「落花の夢」であったのでしょうか。

最後にもうひとつ、触れておきたいのは、「馬賊の歌」という歌です。

僕も行くから君も行こ　狭い日本にゃ住みあいた
波隔つ彼方にゃ支那がある　支那にゃ四億の民が待つ
俺に父なく母もなく　別れを惜む者もなし
ただ傷《いた》わしの恋人や　夢に姿を辿るのみ
国を出た時や玉の膚　今じゃ槍傷剣傷《やりきずつるぎきず》
これぞ誠の男の子じゃと　ほほ笑む面に針の髯
長白山《ちょうはくさん》の朝風に　剣を扼《やく》し俯し見れば

北満洲の大平野　己が住家にゃまだ狭い
み国を去って十余年　今じゃ満洲の大馬賊
亜細亜《アジア》高根の繁みより　くり出す手下が五千人
今日吉林《きりりん》の城外に　駒の蹄《ひずめ》を忍ばせて
明日は襲わん奉天府　長髪風に靡《なび》かせて
さっと閃めく電光に　今日の獲物が五万両
くり出す槍の穂先《ほさき》より　壮竜血を吐く黒竜江《こくりゅうこう》
銀月高く空晴るる　ゴビの砂漠にゃ草枕

この「馬賊の歌」は、ある意味では、気宇壮大な歌詞で、長く宮崎滔天作詞として伝わってきていますが、おそらく滔天の作ではないと思います。

あとのほうの歌詞をみていくと「満洲」ということが中心になっているので、おそらく満洲に関係していた日本人がつくった歌なのでしょう。これを作曲したのは岩手出身の鳥取春陽という、流行歌の作曲家としてたいへんに活躍した人で、「籠の鳥」などの流行した歌をつくっているのですが、鳥取春陽が「馬誠の歌」を作曲したのは大正一一年（一九二二）のことです。ちょうどその年に滔天は死んでいるのですから、これは自分の作詞ではないとは、もういえなかったのでしょう。

息子の龍介によれば晩年の滔天は「体が丈夫になったら今一度シナに渡り、大伽藍を連立し、シナの青年と大いに談じて精神革命をやる」との夢を語っていたようですから、「馬賦の歌」とは全く違った心境にあったはずです。さらに滔天は、妻ツチとともに熊本の堀才吉が創始した大宇宙教の熱心な信者となっており、大正一一年（一九二二）一二月六日未明、般若心経を唱えながら瞑目しています。孫文からは「トウテンメイケイノシヲカナシム」との弔電が届きます。「メイケイ」とは「盟兄」であり、革命の同志ではあれ、馬賊などとは全く無縁の存在でした。

ただ、おそらくこの時期には、滔天だったらこういう歌を歌うだろうというイメージができあがって流布していたわけです。滔天は身の丈は六尺以上、鴨居に頭がぶちあたるというぐらいの長身で、しかも総髪です。また家庭を顧みることのない無頼流浪の人というイメージも重なって、宮崎滔天作詞ということになったのでしょう、しかし私は、「馬賊」の頭目となって手下を使うといったことは到底、滔天が入れる世界ではなかったと思います。

滔天は牛のように大柄で鈍重ということから、「牛右衛門」とも名乗りましたが、実は非常に繊細な人でした。さきほども引いたように女性的ともいえる、ある繊細さをもっていた人でした。また、滔天は文章の修業ということはしていません。早い時期から学校を次々と移り変わっていて、満足に卒業したところはないという、まったくの落ちこぼれの独学者かもしれません。だから逆に、いかに落ちこぼれでも必死に学んだ人が貴重かということがよくわかるのです。正規の学校へ行った人は、習ったことを反復する能力で優劣がつけられることになって、なかなか特異な発想はできないようです。

これで本当に最後になりますが、私は、日本近代の「自伝」のなかから三つ挙げよといわれたら、福沢諭吉の『福翁自伝』と、宮崎滔天の『三十三年の夢』と、それからはじめにもちょっと触れた大杉栄の『自叙伝』を挙げます。何よりそこには、人となりとともに時代の相貌が鮮やかに活写されているからです。『福翁自伝』は、口述筆記されたもので、たいへんに文章の調子がいいし、諭吉が功成り名を遂げたあとの立志伝ですから、読んでいると気分がたいへんに昂ぶってくるようなところがあります。

大杉栄の『自叙伝』も美と真は「ただ乱調」にあると考え、独学的自由精神を重んじた点で滔天と相通じるところがあります。しかし、大杉は「強情」「我儘《わがまま》」「傲岸」「不遜」と評された人格そのままに、後悔も懺悔もしない人ですから、突き抜けた壮快さもあります。ところが、『三十三年の夢』を読むと失敗と悩みの連続ですから次第に、こちらの気分もだんだん暗くなってきます。しかし、それだけに味読すればするほど滋味に富む一冊であると思います。

長くなりましたけれども、この宮崎滔天の作詞であるとされてきた「馬賊の歌」が、いかに日本人を中国に誘ったかということも、興味深い問題です。私は、どのように「歌」が日本人のアジア観の形成に影響したかということについても考えなければいけないように思います。日本のこれまでの思想史というのは、著述されたものや、なにか頂点の思想家だけを対象として研究されてきたところがあります。しかし、たとえば「流浪の旅」という歌の、「流れ流れて落ち行く先は、北はシベリヤ、南はジャバよ」というような歌詞のなかに、日本人がどういう思いをこめて見、いかに動いていったのかというようなメンタリティの歴史、つまり心象史、心性史といった領野についても、改めて考えるべき時期に来ているのでないかと思うのです。そういう点でも私は、まだまだ「アジア」について日本人が考えなければならないことは残されているのではないかと思っています。

第四章　連鎖視点からみる辛亥革命と日本――アジアの「革命」史脈

一　交錯する眼差し

古代ローマの政治家であり歴史家であったタキトゥスは『年代記』において「民衆というものはいつも政変を待ち望みながら、しかもそれを恐れているのだ」との記述を遺している。おそらく、変わりなき日常に倦《う》み、変革を心待ちにしながら、しかし根底的な変革をどこかで恐れるという心術は、空間を越え二〇〇〇年という時間の距たりを経ても変わりないのかも知れない。

それはまた「改革の精神は必ずしも自由の精神ではない。なぜならば、改革の精神は、改革を欲しない民衆に対してそれを強制しようとするかも知れないからである」とJ・S・ミルが『自由論』において危惧したように、改革というものは、それを欲しない人々に対しては強制としてだけしか現れないという事実が厳然としてあることを本能的に察知しているからなのかも知れない。

しかしながら、変革という跳躍を敢えて試みるしか、眼前の閉塞感を打ち破る方途はない、という想いが人々を行動に駆り立て、歴史を作りだしてきたことも紛れもない事実であろう。さらに、変わりたくとも変わりようのない状況が続くなかで、変革への願望が一層増幅され、死の跳躍にも似た選択がおこなわれたことも少なくはなかった。あるいは現実においては叶わないことが明らかであるがゆえに、革命という行為が理想化され、その実情から目を逸らすことにもなってきたことは否定できない。

他方、「戦争と革命の世紀」二〇世紀を経た現在、何らかの特定の未来像を掲げて根底的な変革を試みることへの警戒感は強く、革命や変革という用語によって社会的実践が鼓舞されるという事態は起こりにくい状況にある。こうした思想状況の中にあって、二〇一一年に百周年を迎えた辛亥革命を考えることの意味は東アジア世界の各国で当然に異なったものとならざるをえないであろう。

まず、憲法前文において中国共産党における革命達成の前史として辛亥革命を位置づけている中国本土では、写真集をはじめとして出版物も多く、一〇年ごとに開催されてきている辛亥革周年記念シンポジウムや記念行事なども百周年という節目を迎えて各地で様々な意匠をもって開催された。

ただ、発表された成果をみる限りでは、辛亥革命や孫文を讃えるだけではなく各省における政治・社会情勢の革命前後の変化などに研究関心が向かい、さらには中華民国や国民党についての研究へと焦点が移っているといった傾向が窺われる。逆にみれば、既に辛亥革命研究そのものは飽和状態に達していて、新たな史実や視点を提示することが困難になり、トランスナショナルな視点から辛亥革命を他の革命と比較的視点に置く段階に至っているのかも知れない。にも拘わらず、中国本土において辛亥革命百周年記念事業に力が入れられたのは、研究そのものの要請というよりも政治的意図が背後に秘められていることは否定できないであろう。その反面、中国と同じく孫文を国父とし、その遺志を継いだはずの蔣介石と国民党の政治的影響力がなお根強い台湾では記念事業やパレードなどはおこなわれたものの、私の個人的な感触によるかぎり、一般の人たちにとって辛亥革命百周年も中華民国百周年も心揺さぶる大きなイベントにはなりえていなかったようである。書店の本棚にも関連する記念出版物は殆ど並んではいなかったし、研究者のレベルでも特にホットな話題ではなかった。もちろん、こうした中国本土と台湾における雰囲気の違いの背後には、台湾における独立志向と中国における台湾統合志向という二つのベクトルが複雑に交錯し、歴史記念事業もまた現実の政治的争点と密接に絡まざるをえない状況が反映していたのであろう。

他方、日本では対立や敵対に彩られた近代史において唯一とも言える友好の証左として辛亥革命に焦点が当てられることが多かったが、二〇一二年に日中国交正常化四〇年を迎えながらも尖閣諸島問題などをめぐって日中関係が緊迫するなかで辛亥革命にも更なる意味づけが付加されることになった。その中では、孫文らの革命運動に梅屋庄吉や宮崎滔天や渡邊《わたなべ》元《はじめ》などが与えた支援に注目した出版やシンポジウムが日本では相次ぎ、彼らの行動が見返りを求めない「無私」であったことが強調される傾向が見られた。さらには、西川東洋『辛亥革命を成功させたのは日本人だ』（新生出版、二〇〇八年）というタイトルに端的に示されたような歴史観も繰り返し示されてきている。また、小坂文乃『革命をプロデュースした日本人』（講談社、二〇〇九年）も梅屋庄吉についての史料紹介を目的とした貴重な著作ではあるが、そのタイトルから見る限り、日本人が辛亥革命をプロデュースしたかのような誤解を与えかねないものとなっている。

確かに、多くの日本人がそれぞれの立場から孫文の革命運動に対し物心様々な面で支援したことや辛亥革命に係わったことは史実である。梅屋庄吉や川崎造船所社長・松方幸次郎などの財界人の他、犬養毅、平岡浩太郎、小川平吉などの政治家、宮崎滔天、清藤幸七郎、北一輝、平山周《ひらやましゅう》、萱野長知《かやのながとも》などの「大陸浪人」「支那浪人」と呼ばれた人々、そして秋山真之や武昌蜂起で戦死した金子新太郎といった軍人など孫文が何らかの形で交流をもった日本人の数は、孫文が「志あれば成る」で挙げた人々を始めとして一〇〇〇人にも上るものとされており、日本人と孫文そして辛亥革命の係わりの詳細については今後さらに明らかにされていくに違いない。

しかし、そのことと辛亥革命が成功だったのか、またそれを実際に〝プロデュース〟したのが日本人であったかどうかは別の次元の問題であろう。それは例えば、幕末にイギリスの外交官アーネスト・サトー（Satow, Ernest Mason）が、将軍は主権者ではなく諸侯連合の首長に過ぎない、新たに天皇及び連合諸大名と条約を結び、日本の政権を将軍から諸侯連合に移すべきである、といった趣旨の「英国策論」（一八六六年）を書き、それが西郷隆盛や坂本龍馬らに強い影響を与えたとして、またイギリスがフランスとの対抗上薩長派を支援したとして、さらにイギリス人貿易商人グラバー（Glover, T.B.）が薩長藩士の留学を支援し薩長盟約結成に暗躍し、武器を提供したからといって、それをもって日本の明治維新を成功させたのはイギリス人であり、明治維新をプロデュースしたのはイギリス人だというイギリス人の主張を日本人がどう受けとるべきか、という状況を想定すれば問題の質は明らかなはずである。

実際、日本文化を研究している中国人大学院生でも日本人が辛亥革命に係わっていることを知っている人は、年々少なくなってきている。また、中国で使用されている高級中学課本『高中歴史』などの歴史教科書十数冊を調べみても、辛亥革命と日本との係わりを記述したものは二〇一一年段階では無かった。しかし、一九九〇年代の歴史教科書には孫文と宮崎滔天との交流が手描きの挿絵入りで記述され、中国でも辛亥革命を日本人との関連で教えていた時期があった。辛亥革命と日本人との係わりに関する中国の教科書の記述の変化は、中国における日中関係における力点の変容を反映しているだけでなく、日中間の温度差を示すものでもある。少なくとも辛亥革命をもって日中友好の象徴であるかのように思い込むことは、歴史認識のギャップを深めることになりかねない。いずれにしても、辛亥革命と日本という問題は、単に孫文派と日本人との関係に限定することなく、東アジア近代史のなかに位置づけることが必要であるように私には思われる。

以上のような辛亥革命をめぐる東アジアにおける思想状況を念頭に置きながら、本章では辛亥革命と日本との係わりを連鎖視点によって、見ていきたい。なお、ここで連鎖視点というのは、あくまで東アジアという空間のなかで、どのような人や思想の交流のなかで辛亥革命が起き、それがそれぞれの政治社会にいかなる歴史的意義を与えたのかを探るための視点あるいは作業仮説として提示するものであり、日本や日本人が辛亥革命をリードした、あるいはプロデュースしたといったことを主張するものではない。

そもそも革命運動における孫文の先導的意義は評価するとしても、辛亥革命の勃発そのものにおいて孫文が果たした役割は限られたものであった以上、その孫文を支援した宮崎滔天や梅屋庄吉などの日本人の評価についても再考が必要となるはずである。そして、連鎖とは絶対的影響力をもったということを議論するための視点ではなく、あくまでも断鎖ということと表裏一体のものとして想定するものである。繋がるはずのものが繋がらなかったとすれば、そこにどういう社会の違いや歴史的固有性の違いを見出すことができるのか、ということを逆照射して探るための作業仮説でもある。それは往々誤解されているように何ら日本を中心として東アジアの歴史を見ようとするものではない(1)。

そして、連鎖視点によって辛亥革命をめぐる中国と日本の相互関係を見るとすれば、その過程は次のように概括できるのではないだろうか。すなわち、当初は自己の文化を捨て去り欧米に同化しようとするものとして中国にとって批判すべき反模範国であった日本が日清戦争や日露戦争を経て一面では模範国になり、さらに再転回して君主制国家として反模範国になって行き、そして逆に日本にとって反模範国であった中国が辛亥革命において日本の一部の人々にとって模範国となった。しかし、その後の軍閥割拠のなかで中華民国は「非国家」と見なされ、そして日本が国民国家形成のモデルを示すとして満洲国が建国されていくという経過をたどることになった。そこでは単に日中両国の問題には収まりきれない欧米諸国やアジア諸民族との関係性が絡みあって現れてくるが、そうした相互の交渉や規定性を明らかにするための作業仮説として連鎖視点を想定するものである。

二　東アジアにおける革命潮流

明治維新と中国革命の相関性

一九二四年一一月二三日、国民革命における北伐途上で日本を訪れた孫文は「日本の明治維新は中国革命の第一歩であり、中国革命は日本維新の第二歩である。中国革命と日本の維新は、実に同一の意義をもつものである」と「長崎新聞記者への談話」(2)で語った。そして、「そもそも日本の維新は中国革命の原因であり、中国革命は実は日本の維新の結果であって、両者はもともと一つにつながって、東亜の復興を達成するものであります」と犬養毅宛の書簡(二三年一一月一六日)に記していた。さらに、それ以前の一九一九年には朝日新聞記者へのインタビューに答えて、「中国の国民党なるものは、則ち五〇年前の日本の維新の志士である……我が党の志士もまた日本志士の後塵を拝して中国を改造せんと欲するものである」とも述べていた。このような一連の発言をみれば、孫文が、明治維新と中国革命との歴史的因果関連性を意識し、改造すなわち変革における担い手たる志士の「気概」やエートスの同一性をそこに看取していたことは明らかであろう。

しかし、辛亥革命に至るまでの孫文にとって日本の明治維新は、克服すべき歴史的前例であれ、なんら模範とすべき変革の態様ではありえなかった。何よりも明治維新が達成したのは、確かに立憲制ではあったにはせよ、あくまでも主権者は天皇一人にある専制制度であるに他ならず、それは孫文らが目的としていた共和制とは相容れなかったからである。そのゆえにこそ、孫文らの革命派は明治維新を模範として変法自強の維新運動を展開した保皇派の康有為や梁啓超、さらには立憲（変法新政）派の張謇《ちょうけん》らと対立せざるをえなかったのである。

それでは孫文は、辛亥革命を達成したことによって、自らの明治維新観を一転させたのであろうか。そうではないことは、前掲の犬養書簡で次のように続けていたことからも明らかである。すなわち、「中国革命が始まったならば、日本はすべての国力を傾けて、それを援助し、中国を救うことによって自らをも救うべきであります……ところが日本は中国の革命に対しては、一二年このかた、すべて反対する行動に出て、反対が失敗すると、中立を守るふりをしてその場を繕《つくろ》いました」。ここには革命維新の先駆者であったはずの日本が、その後続者たるべき中国革命に対して援助の手を差し伸べるどころか、むしろその混乱を利用して袁世凱の皇帝即位に反対して起きた第三革命に至るまで自己の権益拡張を図ったことが批判されている。すなわち、孫文にとって主張の力点は、明治維新と中国革命が一体のものとなることで「東亜の復興を達成する」ことができるはずであったが、その絶好の機会を潰してしまったのが日本の対中政策であったことを指弾しているのである。つまり、孫文が明治維新と中国革命の因果関係を強調したのは、「にも拘わらず日本は」という批判を展開するための措辞でしかなかった。

しかしながら、そのことは孫文が明治維新を全否定したことに直結するものでない。むしろ、そこには辛亥革命に係わった日本および日本人に見られた矛盾が摘示されているとともに、明治維新が何を達成し、何が未完であったのかを日本人が問い直すための鏡として存在していたという事実があるのではないだろうか。すなわち、明治維新が政治・経済のみならず文化や生活までを変革することに成功した総体革命《トータル・レボルーション》であると評価した人々は、維新革命の成果は中国や朝鮮・韓国さらにはベトナムなどにも普及すべきものであり、それによってアジアの諸民族は欧米の支配から解放されるはずであると考えた。他方、明治維新は虚飾としての欧米文明を輸入しただけの外形的革命に過ぎず、維新後に新たに現れた藩閥や軍閥、政党閥などの専制的支配が国民各人の自由や幸福の達成を阻害しているとして、「第二の維新」を志す人々も少なくなかった。いや、維新とは決して完結されるものではなく、間断なく続く過程として、その過程のなかで批判の契機を見出しては維新の主張が噴き出るという思想であると見た方が正確であるのかもしれない。そして、宮崎滔天や北一輝らは「第二の維新」としての自由民権運動に遅れてきた青年として中国革命に活路を見い出そうとした。「維新革命」であるべきであった明治維新が藩閥専制によって換骨奪胎されたとみていた北一輝などにとって、自国の閉塞した事態を挽回するためには、中国革命の成功をもって日本に新たな「維新革命」をもたらすしかないと考えたのである。

そして、いずれの立場に立つ人々も中国における維新と革命、朝鮮・韓国における維新と更張《キョンジャン》、ベトナムにおける維新と光復などの変革運動を担う人々と交流することによって、東アジア世界における歴史を創り出そうとした。そのことは取りも直さず、東アジア世界史における変革思潮の連鎖という磁場でこそ、辛亥革命という事態がもたらした歴史的意味が鮮明に浮かび上がってくるのではないかという視座に私たちを導くものである。

そこではアジアへ日本の変革の成果をいかに伝えるのかという課題とともに、逆にアジアの変革によって日本をいかに変革していくのか、という双面性をもつことになった。とりわけ、意図的に隣国に革命を起こし、それを国内改革の起爆剤にしようとするアジア連鎖革命論とでも称すべき運動は、後述するような一八八五年の大阪事件に始まって宮崎滔天や北一輝らに繋がっていったが、それは日本におけるアジア主義の問題とも密接に関連してくるのである。

日本における連鎖革命論

さて、横井小楠《よこいしょうなん》が万延元（一八六〇）年に著した献策書である『国是三論』は、「富国論」「強兵論」そして人材育成・登用論である「士道論」から成り、まさに明治維新以後の日本の国是の方向性を示すものであったが、ここで変革の象徴的用語として用いられたのが「維新」という語であった。朝鮮の李退渓《りたいけい》の思想的影響も受けた儒者でもあった横井小楠が強調したのは、公議輿論による政治であり、血脈による政治ではなかった。この血脈政治を否定したことが、天皇制批判であると受け取られたことによって、維新直後、参与という維新政府の要職に就いていた横井小楠は暗殺されたが、この暗殺は横井小楠という個人の命を奪っただけでなく、維新の精神もまた抹殺されたことを意味するのかもしれない。しかし、横井小楠の教えを受けた由利公正《ゆりきみまさ》が起草に加わった五箇条の誓文において、「広く会議を興し万機公論に決すべし」「上下心を一にして盛に経綸を行ふべし」「官武一途庶民に至る迄各其志を遂げ人心をして倦まざらしめんことを要す」「旧来の陋習を破り天地の公道に基くべし」「智識を世界に求め大に皇基を振起すべし」と掲げたことによって、これらの五箇条は現状を批判する人々にとって維新の精神的基軸と見なされ、その精神を蔑《ないがし》ろにする「閥族」を打破して回帰すべき原点として掲げられることとなっていった。

薩長藩閥による「有司専制」を批判して起こされた自由民権運動は、「広く会議を興し万機公論に決すべし」という政体を実現すべく、憲法制定と国会開設を求める国民的運動となった。この運動のなかで「田舎紳士」による「平民主義」を唱えた徳富蘇峰もまた、横井小楠の学統に連なっていた。徳富蘇峰が歴史批評家として著した『吉田松陰』（民友社、一八九三年）においては、維新を草莽《そうもう》などの民衆が引きおこした「維新革命」とみなし、その革命の精神が既に消滅したとして「第二の維新」の必要性を高唱したのである。蘇峰は、日露戦後の三国干渉という事態に直面して「力の福音」を受けたとして、日本の膨張主義と皇室中心主義を主張することに転じたが、それに合わせて改版された『吉田松陰』においては松陰を「維新革命」の唱導者から皇室中心主義の首唱者と位置づけることとなった。横井小楠は儒教的な四海同胞主義に基づいて非戦論を主張したが、その小楠の思想を受け継ぐと自負していた蘇峰は、皇室が盟主となってアジアを統合することが非戦に繋がると論じたのである。

蘇峰のように思想的「転向」を自覚的に明言しないまでも、明治一四年政変によって憲法制定と国会開設の権限を藩閥政府に独占されてしまった自由民権論者の多くは、既に一八九〇年代までには民権を拡張するためには対外的な国権の拡張が不可欠の要件となるとして、民権よりも皇室を崇戴する国権を重視するようになっていった。頭山満や平岡浩太郎らの玄洋社は中国の軍事的脅威に対応すべく、国権派に転じることを明確にするとともに中国や朝鮮さらにはシベリアにおける日本の国権の確保を目指すに至った。他方、これに反して、自由民権の思想による中国さらにアジア諸国民との連携をめざした中江兆民や杉田定一らの自由党員は、上海に東洋学館を設立することによって中国で活動する人材の育成を計画していた。

そして、一八八四年、朝鮮において金玉均や朴泳孝《ぼくえいこう》らが日本公使館の守備兵などの支援を得て起こした甲申政変が失敗するや、一八八五年には大井憲太郎や小林樟雄《こばやしくすお》・福田英子らが朝鮮に渡って挙兵し、金玉均らに独立党政権を樹立させ、その衝撃をもって日本の国内改造を図ることを計画した。大井らの計画は資金獲得活動を進めるなかで事前に発覚して一三九名が逮捕され、三一名が有罪となって入獄した大阪事件として知られるが、国内で達成できない変革を隣国において実行し、その成果をもって日本国内を変革しようとする連鎖的革命運動の端緒となった。

このように日本国内では政治的・軍事的力量に乏しく、実現性も低いために隣国で革命や政変を起こし、その衝撃を日本に反射的にもたらすという方策は、孫文を支援した宮崎滔天などにも見られ、「昭和維新」に至るまで間歇的に噴き出してくることになる。玄洋社や大井憲太郎らの流れを汲む吉倉汪《よしくらおう》聖《せい》・武田範之・大崎正吉・鈴木天眼・大原義剛《おおはらよしたけ》・内田良平らの天佑俠が甲午農民戦争（東学党の乱）に際して、東学党の全琫準《ぜんほうじゅん》と会見して合流しようとしたのも、そうした動きの一環であった。天佑俠は日本軍に合同して日清戦争を戦い、その後、内田良平らは一進会の李容九らと日韓合邦運動に従事し、さらに間島などへの満洲移住計画などを進めたが、最終的には韓国併合へと繋がっていった。

他方、明治維新の成果を韓国にもたらすことによって日本の影響力の拡大を図ったのが、井上馨であった。この甲午改革（更張）に関しては明治維新以後の日本の変革を前提に井上が提示した「二〇箇条改革案」よりも、兪吉濬《ゆきつしゅん》らによる自律的で主体的変革を重視すべきだとの議論もある。そのいずれの見方を取るにせよ、問題の核心は、この改革に関してアジア外交を主導していた陸奥宗光が「毫《ごう》も義俠の精神」によるものではなく、「第一に我国の利益を主眼とするに止める」べきであるとしたうえで、「朝鮮内政の改革とは素《もと》、日清両国の間に蟠結《はんけつ》して解けざる難局を調停せんがために案出したる一個の政策」に過ぎないと論断していたことにある。陸奥は、「余は初めより朝鮮内政の改革その事に対しては格別重きを措《お》かず、また朝鮮の如き国柄が果たして善く満足なる改革をなし遂ぐべきや否やを疑えり」(『蹇々録』)[3]と冷徹に記しており、その改革が日清間での朝鮮問題を解決するための政略であるとともに、改革の可能性についても否定的見方をしていたのである。

中国や朝鮮における変革の必要性を主張しつつ、その変革を中国や朝鮮が自ら断行できない以上、日本が介入せざるをえないというこの論理もまた、辛亥革命以後の中国に対して向けられ、その後は関東軍による満洲領有を正当化するために用いられることになっていった。

このように、日本における変革連鎖論とでも言うべき主張は、日本国内の変革の契機を他国における革命や戦争に求めようとする方向と、日本の変革を成果としてアジアに与えるとして日本の権益拡張を図るという方向で現れることになった。しかし、もちろん、変革の思想連鎖は日本から発するものだけではなく、逆にアジアの隣国から起こって日本に重大な衝撃を与えることも当然にあった。東アジア世界において共和制の国家を生み出すことになった辛亥革命が大きな衝撃をもって受けとられたのは、立憲国家として先進性をもつと自負していた日本社会への反省をもたらすものであったからに他ならない。それでは辛亥革命の革命性とは、いかなるものであったと捉えるべきであろうか。

三　辛亥革命の革命性をめぐって

辛亥革命の経緯と清末新政の逆説

一九一一年(辛亥)一〇月一〇日の武昌における蜂起をきっかけに各地で革命派が蜂起し、翌一二年一月、孫文が臨時大総統に就任して共和制を宣言して中国史上初の共和国である中華民国が誕生した。

そして、二月に清朝最後の皇帝・溥儀《ふぎ》が退位したが、革命派は妥協を強いられ、袁世凱が臨時大総統となって実質的に権力を掌握して清朝を倒すことになった。これが辛亥革命とよばれるものである。

しかし、これは武昌蜂起から清帝の退位までを辛亥革命とするものであり、時間の幅をもう少し広く取った場合、清朝の打破を第一革命とし、袁世凱が国民党の宋教仁を暗殺するなど議会を圧迫したことに対して起きた一九一三年の蜂起を第二革命、そして袁世凱が皇帝に即位しようとした一九一五年から一六年にかけて起きた帝制に反対する護国・護法軍の蜂起を指して第三革命と呼ぶこともある。つまり、辛亥革命とは狭義には一九一一年の革命を、広義には三つの革命を指すことになる。ここからは革命派が挙兵して清朝を倒したが、その勢力が弱かったために清朝で軍事力を握っていた袁世凱に成果を奪われて失敗に帰したという見方が生まれる。また、満洲族を倒して制度的に初めて共和制を宣言したものの、政治革命としてはもちろん社会革命としても成功しなかったという評価が導かれることになる。

事実、革命の経緯をみても、それは孫文らが想定した計画に沿って実現したものではなかった。何よりも武昌で起きた湖北新軍の蜂起は、一九一一年一〇月九日、革命派が爆発事件を起こしたことによって租界警察の捜査を受けて武器や名簿書類などを押収されて逮捕者が出始めたために、突発的に起こされたものであり、成算が見込まれたわけでは全くなかった。しかし、総督衙門《そうとくがもん》への攻撃が成功し、総督の瑞澂《ずいちょう》が逃亡したために清朝軍が総崩れになって武昌全体が革命派の手に落ち、湖北軍政府が成立したのである。そして、革命派の黄興や宋教仁などが到着していなかったために、清朝の軍人であった黎元洪《れいげんこう》を都督に擁立し、政事部部長には各省諮議局連合会を組織していた湯化龍《とうかりゅう》を就任させることになったものであった。

他方、孫文はこの蜂起の成功を滞在中のアメリカ・デンバーで新聞報道によって知ったと言われている。そもそも孫文は清朝朝廷のある北京から遠く離れた広州など中国南部で蜂起するという革命戦略を採っており、失敗を重ねていた。この革命戦略に反対する宋教仁らは揚子江流域を革命拠点とする方針を採り、一九一一年七月末に中部同盟会を組織し、湖北新軍内の革命派の組織であった文学社の社員が兵士に働きかけていたのである。また、湖北新軍に革命思想を浸透させたもう一つの組織である共進会も湖北・四川・江西などの出身者によって一九〇七年三月、東京で組織されたものであり、孫文らの革命方針に反対して揚子江流域での蜂起をめざすものであった。そして、文学社と共進会の合作が一九一一年九月に実現し、中部同盟会に対して黄興や宋教仁らを湖北へ派遣することを要請していたのである。宋教仁は「中央革命、上策となす。しかれども運動易《やす》からず。その次は長江流域たり。辺地、実に下策なり」として孫文らの辺地革命戦略を批判しており、中部同盟会では孫文ではなく黄興を指導者と仰いでいた。

このことからも明らかなように、辛亥革命はフランス革命やイギリスのピューリタン革命のように専制政治に反対して内乱が勃発し、首都で国王を処刑して共和制を樹立するという首都襲撃による劇場政治型ともいえる政治革命ではなかった。また、第一次世界大戦を契機にして起きたロシア革命やドイツ革命などのように対外戦争を革命に転化する型とも異なるタイプの革命であった。それは時期をほぼ同じくして、一九一〇年にディアス大統領の独裁に反対してマデロなどの自由主義者の指導の下、各地で蜂起が続いたメキシコ革命の型態により近いものであった。その相似性に関心が寄せられていたのか、メキシコでの農地改革や政治の民主化をめざした運動が一七年憲法に集約されていく過程については、中国のメディアでも注目されていった。

このように文学社・共進会や中部同盟会など、孫文の革命戦略とは異なった方針をもつグループによって辛亥革命の突破口が切り拓かれたことは、孫文派の発言力を相対的に低下させた。また、黄興や宋教仁らも湖北からの要請に対応できず、武昌蜂起に間に合わなかったことから革命派の内部関係を複雑化させることになった。

しかし、武昌蜂起の成功は、各地で起きていた鉄道国有化反対運動における清朝への反発や諮議局などを拠点に各省で高まっていた立憲制要求の気運と共鳴して清朝からの独立宣言を呼び起こすことになり、一一月末までには二二省の行政区域のうち一四省が独立を宣言していた。ただ、先陣を切った湖北省でさえ革命派がリーダーシップを取れなかったように、多くの省で革命派が独力で新政権を樹立できたわけではなかった。いったんは革命派が軍事蜂起を主導したとしても行政を担当する段階では立憲派や郷紳層が実権を掌握する、あるいは軍事蜂起が起こる以前に立憲派や郷紳層が混乱を回避するために先手を取って省の独立を宣言するといった事態のなかで辛亥革命は進展していったのである。なかでも革命の成否を大きく左右したのは、経済的な中枢となっていた上海において中部同盟会の陳《ちん》其《き》美《び》が商会や会党などの協力を得て無血革命を成功に導いたことであった。これによって江蘇や浙江などの革命情勢は好転し、南京の攻略も可能となったのである。

こうした革命の推移をたどってみれば明らかなように、辛亥革命そのものにおいて孫文や孫文派が果たした役割は極めて限定されたものであった。その反面、各省の諮議局議員を始めとする立憲派や郷紳層が進んで独立を選択したことが革命を決定づけたのである。このように辛亥革命が地域独立型の革命という特性をもつに至ったのは、清末新政が生んだ逆説でもあった。

西太后は光緒帝が康有為や梁啓超などをブレーンとし、日本の明治維新を模範として推し進めた戊《ぼ》戌《じゅつ》の変法を弾圧したものの、義和団事変による衝撃を経て政治・経済制度の改革や軍事力強化の方針に転じることになった。こうして始まった清末新政（光緒新政）は清朝の維持を図ることを至上課題としており、中央集権体制の再編をめざすものであった。そして、具体的な法制度の継受にあたっては日本の明治憲法体制が注目された。これは日露戦争において日本が強大な陸軍力を誇るロシアを打ち破った理由として、立憲国家の専制国家に対する勝利であるといった理解がなされたことや立憲改革をおこなわないかぎり清朝でもロシアと同様に革命が避けられないといった危機感によるものであった。そして、継受すべき法制調査にあたる機関として、北京に考察政治館（後に憲政編査館）が、各省に諮議局が設置されたが、これらの機関では日本から帰国した留学生が中心となったため日本の議院法や司法制度、官吏制度などに準拠した法制の継受が進むことになった。

一九〇八年には憲法制定に向けた大綱として「欽定憲法大綱」が公布されたが、そこでは「大清皇帝は大清帝国を統治し、万世一系、永永尊戴す」、「君上は神聖尊厳にして侵すべからず」など明治憲法の第一条と第三条に倣った規定が並ぶこととなった。皇帝の大権を拡充し、革命無き国体とすることによって清朝の存続がめざされたのである。しかしながら、清朝の権力の確立が企図されたにも拘わらず、結果的にみれば議会制度の導入などによって各地の郷紳層が立憲派として政治的発言力を増したことは、中央政府に対して地方の権力が相対的な独自性を獲得する契機となった。また、武昌蜂起の先鋒となった新軍は、一八九四年に軍隊の近代化に着手した清朝が天津に設けた定武軍として始まり、九五年に袁世凱がドイツ軍を模範に編成を改め、新軍あるいは新建陸軍と称するに至ったものである。その後、新軍は各省で編成され、新政が始まると一九〇三年に錬兵処が設置され、一九〇五年には陸軍軍制が制定されて全国に三六の新軍が配置されることとなった。この新軍の育成を推進するなかで袁世凱は清朝内での政治的発言権を強め、北洋六鎮を掌握したことによって後の北洋軍閥を形成することになっていった。このように清朝を維持・強化するための軍事力として育成されたはずの新軍において革命派が増加し、さらに各省で編成されていた新軍から日本に派遣された留学生が革命運動の担い手になったことは、清末新政が生みだした背理に違いなかった。

さらに、その新軍に権力基盤をもっていた袁世凱を革命軍の鎮圧のために再登用せざるをえなかったことは清朝の運命にとって、更なる逆説であったと言えるであろう。袁世凱は宣統帝即位後の一九〇八年、その権勢が警戒されて外部尚書兼軍機大臣の職を解任されて下野を強いられていたが、清朝政府は袁世凱を湖広総督に任じて革命派の討伐を命じざるをえなくなったからである。袁は健康を理由に表向きは就任を固辞しながらも、国会開設や責任内閣設立などの立憲派の要求を代弁しつつ、軍事上の全権委任などの諸条件を提示して要請に応じる姿勢をみせ、これらの条件が受け入れられると内閣総理大臣の地位に就いたのである。袁は湖北軍政府に攻勢をかけて漢口を奪い、さらには漢口の奪回を図る黄興らの革命軍を撃退して武昌にも迫る勢いを示した。しかし、革命派を一挙に撃破してしまえば清朝政府内において再び発言権を失いかねないため、革命派の脅威を清朝政府に対しては強調しながら、同時に革命派には軍事的圧力をかけつつ和議を持ちかけることによって革命の命運を決する位置を獲得していった。

他方、各省の状況に目を転じれば、清末新政のための制度整備や新軍建設は多大な資金を必要とし、これにあてるための増税は農民の反対運動や飢饉による米騒動などを引き起こすことになっていた。一九〇七年から一〇年間に揚子江流域で起きた米騒動や徴税反対闘争は八〇件、参加者も数万人に達しており、その攻撃の鉾先が郷紳層へ向かいかねない事態となりつつあった。そのため郷紳層は自らに向かう反感を清朝政府に転じるために、清朝批判を進めることになっていた。

そうした中で政治的争点として浮上したのが、鉄道利権問題であった。清朝や各地の郷紳層は鉄道利権を各国から回収し、民営化することによって民族産業の育成を図ろうとしていた。しかし、清朝政府は義和団賠償金や新政の資金を得るために、鉄道国有化を担保に外国からの借款を受ける政策に転じたため、中央と地方の対立を生むこととなった。これに対する反対運動（保路運動）が四川省などで噴出するなか、鎮圧のために派遣された端方《たんほう》らの軍事力の空隙をついた形で武昌での蜂起が成功したため、これに呼応して各省で新軍が蜂起することとなった。この情勢をみた郷紳層や立憲派は、革命軍の攻撃対象となるよりは革命派の側に立って主導権を掌握する方針を採ったため、各省が連鎖的に独立宣言を発していったのである。

しかしながら、各省独立政府の寄り合い所帯にならざるをえなかった革命派には突出したリーダーが存在せず、各地の革命軍には北京を陥落させるための軍備も資金も不足していた。このように孫文不在のなかで革命は進展していたのであり、各省代表会議において一度は袁世凱が共和制を認めるならば大総統に推すことも決議される事態となっていた。そして、一二月二日になって南京が革命軍の手に落ちると南京を首都に定め、大元帥の選挙がおこなわれて黎元洪が選出されたものの、それ以前の上海の代表会議では黄興が大元帥に、黎元洪が副元帥に選ばれていたために新政府の首脳人事の決定は行き詰まってしまった。そうした中、アメリカからヨーロッパに渡って革命派への支持を要請していた孫文が一二月二六日に帰国したことによって、急遽人事問題の打開が図られたのである。国際的にも知名度の高かった孫文を起用することは、外国からの干渉を避ける効果もあったし、袁世凱との和議を進めるためにも必要だったからである。このような革命派の動向を睨みながら、袁世凱はイギリスなど中国における権益をまもろうとした列強の支持を背景に、自らが政権を掌握することを企図しつつ革命派と和議交渉を重ねていたのである。

こうして孫文を臨時大総統に選出した臨時政府は、一九一二年一月一日をもって中華民国を建国した。しかし、大総統の下で内閣制を採った臨時政府の九つの大臣ポストのうち六つを立憲派や旧官僚が占めるなど、革命派の勢力は限定されたものであった。しかも、孫文に要請された任務は袁世凱との交渉妥結に過ぎず、政府も大総統もあくまで正式の政権が成立するまでの臨時の存在に過ぎなかったのである。そのため、早くも一月二日には孫文が袁世凱に共和制を維持することを条件に、譲位する用意があることを電報で伝えていた。そして、一月二二日に孫文は清朝皇帝を退位させること、袁世凱が共和制に賛成して参議院が制定する憲法を遵守すること、皇帝の退位をまって袁世凱を参議院で大総統に選出することなどの最終和議案を提示し、これに合わせて参議院では中華民国臨時約法という憲法制定作業が進められることになった。そして、この和議案を受け入れる形で二月一二日に宣統帝・溥儀の退位が公表され、ここに二六〇余年に及んだ清朝は幕を閉じたのである。

このように見てくれば、狭義の辛亥革命は孫文や孫文派を担い手として達成されたのではなく、むしろ孫文とは異なった革命戦略をもった革命派に先導されたものであり、各省において実質的な担い手となったのは新軍や立憲派の郷紳層であったということになるであろう。そうした見方が可能であるとすれば、それらはまさに清末新政によって生み出された新軍と地方分権によってもたらされたものであり、清末新政を積極的に進めた袁世凱が革命の成果を最終的に手中にしたのは革命という課題にとっては背理ではあったが、ある意味では清末以来の一つの政治過程の帰結でもあったとも言えなくはないのである。

辛亥革命の特質——民族革命と立憲革命

それでは辛亥革命とは、いったいいかなる特質をもった革命であったとみることができるのであろうか。

先ず、何よりも二〇〇〇年来の王朝専制支配が崩壊し、東アジアにおいて初めて共和制を国制に掲げる国家が現れた点を挙げることに異論はないであろう。もちろん、暫定的憲法である臨時約法によって共和制が定められたことと、それが実現したか否かとは全く次元の異なる問題である。孫文が死に臨んで「革命未だ成らず」との遺嘱を同志に託し、「必ず民衆を喚起し、かつ世界で我々を平等に待遇する民族と連合して、ともに奮闘しなければならない」と説いたことは、問わず語りに辛亥革命によっては共和制の中国は実現されなかったという孫文の総括を示すものであった。そのことはまた孫文の革命的生涯が、中国の共和制を実現するためには、世界に対等な共和制の存在が必要であるという認識に至る道程であったことを物語るものでもある。

しかしながら、共和制革命としては失敗したとしても、「滅満興漢」をスローガンとして掲げた民族革命としては成功し、満洲族という異民族の支配から解放されて民族の多数を占める漢族が支配的地位を回復したことも確かである。皇帝溥儀が退位し、臨時大総統に就任した二月一三日、袁世凱が満洲族統治に服することを示す弁髪を切ったことは、ある意味で民族革命の成功を象徴する事件であった。また、革命三尊と称される孫文・黄興・章炳麟《しょうへいりん》のうち章炳麟にとっての革命とは明朝が滅亡して失っていた漢民族の支配権を回復するという意味での「光復」であったが、章のみならず革命派の多くが満洲族統治の打倒をもって目的が達成されたと考えており、そのことが袁世凱を臨時大総統にすることに大きな抵抗が生まれなかった理由でもあった。

もちろん、民族・民権・民生の三民主義を提示して革命運動の理念とした孫文にとっても、「中華の回復」という民族革命の達成は重要な政治課題であった。そして、一九一二年の段階で孫文は、清朝政府を打倒したことによって民族主義と民権主義の二つの課題は達成され、民生主義だけが今後追求しなければならない課題であると強調していたのである。だが、辛亥革命以後、軍閥による混戦と列強の干渉という事態に直面するなかで、民族主義は反帝国主義の対外的民族独立を志向するものへと展開していった。しかも、それに止まらず、満洲族を打倒して民族革命を達成するや否や、多民族国家としての中国を統合していくためには満洲族を排除する民族主義は足かせに転化することとなった。そのため「滅満興漢」というスローガンは漢族・満洲族・蒙古族・回族・蔵（チベット）族の共存を強調する「五族共和」というスローガンに替える必要に迫られることになったが、各民族の定義は不明確であった。もちろん、この五族に含まれない民族も多数存在している以上、「五族共和」は五族以外を排除するスローガンにもなる。そのため、中華民国に在住する人々を包括する民族概念として「中華民族」という範疇が造出されることになったが、「中華民族」は国民統合のためのスローガンとは成り得ても民族概念としては実態のないものであった。その意味で、辛亥革命は民族革命として成功したがゆえに、多民族国家としての統合を図っていくうえで大きな困難を内包することになったと言えるであろう。

しかしながら、第一次世界大戦の終結に向けてアメリカのウイルソン大統領が提起した「民族自決主義」に先だって辛亥革命が民族革命の実例を示したことは、東アジア世界にとって無視できない意義を持った。当初、日本の国民国家形成に「黄色人種の長男」としての存在意義を見出し、日本に植民地支配からの解放闘争における指導的活動を求めてベトナムから留学生を派遣する東遊《ドンズー》運動を指導したファン・ボイ・チャウ（潘佩珠）らが日本での活動に見切りをつけ、中国でベトナム光復会を結成したように辛亥革命の成功は東アジアにおける民族独立解放運動を進める人々にとっては新たな目標を指し示す光明となったのである。

以上のような観点とは別に、辛亥革命が法的にはいかなる意味をもつものであったのかについても一瞥しておく必要がある。厳密に言えば、孫文らによる中華民国成立宣言は、国際法的に直ぐに承認されたものでもなく、国内法でも合法的なものではなかったからである。もちろん、あらゆる革命は合法的に成立するのではなく、そもそも「合法性の否定のうえに成り立つ正統性」を主張することによって生まれるのが革命である以上、それ自体の合法性云々は問題になりえない。ただ、辛亥革命はそうした一般的な革命論によっては一蹴できない過程をたどったことも無視できない。

なぜなら、袁世凱の大総統就任は中華民国臨時政府の要請でもあったが、同時に法形式の上ではあくまで清朝皇帝が袁世凱に共和政体に移るように指示し、皇帝は退位するものの、外交的には元首としての待遇を受けて紫禁城に留まり、生活費の給付を受けるという「清室優待条件」によって成立したものだったからである。当然に皇帝の称号も維持された。このことは皇帝溥儀が政権を袁世凱に禅譲したとみなすことに他ならなかった。そのため、一方で袁世凱も皇帝の地位に就くことを求めて一九一五年末に皇帝となり、一六年には洪憲《こうけん》という元号を定めるに至ったのである。他方で溥儀自身も復辟を期待し、一九一七年には張勲による北京占領によって一時的に皇帝に返り咲いたものの（丁巳復辟《ていしふくへき》）、最終的には満洲国が一九三四年に帝制を施行したことによって康徳皇帝に即位した。清朝最後の皇帝であった溥儀は、関東軍に担がれて満洲帝国の最初で最後の皇帝となったのである。辛亥革命は確かに満洲族の支配を終わらせた。しかし、革命派そのものが皇帝を退位させたわけではなかった。そのことが辛亥革命から二〇年近くを経て、溥儀が日本人に復辟の夢を託すことに繋がっていったのである。

四　辛亥革命と明治日本

日本留学と革命運動

そこで辛亥革命と日本人の係わり方がどのようなものであったのかが問題となるが、革命を成功させるためには資金と軍事力そして革命思想を欠かすことはできない。軍事力はまた資金によってもたらされるものであるため、資金を調達することが不可欠な要請となり、孫文の活動の大半はそのために費やされた。そして、辛亥革命における資金の大部分は孫文が「華僑は革命の母である」として謝意を示したようにハワイや南洋の華僑によって提供されたものであった。そして、梅屋庄吉や渡邊元なども可能な限り、資金を融通したことによって孫文ら革命派の活動は可能になったのである。

しかし、軍事力は資金だけによって確保されるものではなく、新軍の兵士が辛亥革命の重要な担い手となったように、武器を操作できる能力や軍事的知識を必要とする。ただ、同じ新軍であっても袁世凱に率いられた新軍の兵士が革命軍にとって打倒すべき敵であったように、なにを忠誠の対象にするかによって全く異なった立場にたつ。革命派となるか反革命派となるかを分かつものとして、思想が果たす役割もそこに生まれるし、革命達成後にいかなる社会や国家を作っていくのかを左右するのも法政・経済思想や教育思想である。そうした革命思想や法政・経済そして教育思想の供給地となったのが日本であった。そして、日本で軍事知識を身につけ、革命思想などを学び取った人々の多くは留学生であり、亡命した革命運動家であった。

日本へ留学生を派遣する政策は、日清戦争以後に報復戦争を回避し、ロシアの南下政策に日中で共同対処するために日本陸軍の宇都宮太郎や駐清公使であった矢野文雄（龍渓）、東亜同文会の近衛《このえ》篤麿《あつまろ》などによって推奨されたが、これを受け入れて留学生を積極的に派遣したのは張之洞《ちょうしどう》や劉坤一《りゅうこんいつ》らの総督であった。その後、康有為らが明治維新をモデルとした変法維新運動を進めるなかで日本留学を重視することになった。変法維新運動は戊戌の政変によって潰えたが、日本の国民国家形成そのものが否定されたわけではなかった。特に康有為らの変法維新運動に最終的には反対した張之洞が『勧学篇』（一八九八年）などを著して日本への留学を勧めたことは、それまで東夷や東海中の「粟散辺土《ぞくさんへんど》」として文化的にも劣位にあると見なされていた日本で学ぶことに対して新たな積極的意義が見出されることになった。そして、一九〇四年に科挙制度の廃止が決定すると官吏登用試験に代わる資格認定に日本での学歴が勘案されることになったため、留学生の増大をもたらした。その実数は不明だが、二万にも及んだという試算もある。このように、東アジアにおいて文明の中心とみなされてきた中国が日本に留学生を派遣するに至ったことは、朝鮮やベトナムさらにはビルマやインド、フィリピンなどでも日本への注目を促すことになり、限られた人数ではあったものの留学を促すための契機となった。

　こうして日清戦争以後に本格的に始まった中国から日本への留学は、各省における新軍建設や議会制導入そして科挙試験の廃止などの条件が重なる中、日露戦争後に急増していったが、そのための受け入れ教育機関も設けられることになった。中国国内でも留学生派遣の日本語教育機関として多くの「東文学堂」が開校していたが、日本でも予備教育機関が開設されることとなった。

　講道館柔道の創始者でもあり東京高等師範学校校長であった嘉納治五郎によって亦楽書院（弘文学院、後に乾隆帝の諱《いなみ》である「弘暦」の弘を避けて宏文学院と改称）が設けられ、日本語や普通科の教育が実施された。弘文学院に学んだ留学生としては、黄興、陳天華、楊度《ようたく》、胡漢民などの革命運動や立憲運動で重要な役割を果たすことになる人々の他、文学革命をリードした魯迅、帰国後に長沙第一師範や北京大学で教鞭をとって毛沢東や蔡和森《さいわしん》などに影響を与えた楊昌済《ようしょうせい》（娘の楊開慧《ようかいけい》は女性革命家で中国共産党員となり毛沢東と結婚）、中国の歴史学・言語学研究者となった陳寅恪《ちんいんかく》などが知られている。ちなみに、弘文学院の校長となった松本亀次郎は魯迅や周恩来などの中国人留学生への日本語教育に尽力し、『漢訳日本文典』（中外図書局、一九〇四年）、『漢訳日本語会話教科書』（光栄館書店、一九一四年）などを刊行した他、一九一四年には東京の神田神保町に東亜高等予備校を設立している。この他、中国人留学生のための教育機関としては、早稲田大学清国人留学生部、明治大学経緯学堂、東洋大学日清高等学部、東京同文書院などが開設された。また、高等師範学校、東京警監学校、高等警務学堂、千葉・東北などの医学専門学校、岩倉鉄道学校なども留学生を受け入れていった。

また、法政大学では駐日公使や留学生の要請を受けて梅謙次郎らによって法政速成科が設置されたが、ここからは陳天華、胡漢民、汪兆銘、譚人鳳《たんじんほう》、宋教仁などの革命派の人材が輩出している。法政速成科は日本人教師の授業を中国語に通訳して留学生に伝えるという変則教育法をとるものであったが、これは明治初年にフランスから招聘した法学者ボアソナード（Boissonade, G.E.）が司法省明法寮や和仏法律学校、明治法律学校などでおこなった法学教育方法に倣ったものであった。これによって語学修得のために要する期間を短縮し、より多くの留学生が専門教育を受講することが可能となったのである。法政大学の本科と法政速成科の出身者は、帰国後に法学教育や法令の起草などにも参与したが、張知本、葉夏声、阮性存らは自治研究所や法政学堂などで法学教育に携わり、汪栄宝、沈鈞儒《しんきんじゅ》、孟森、湯化龍らは憲政編査館、資政院、中華民国衆議院や各省の諮議局などで立法に係わっていった。このうち湯化龍は前述したように、武昌蜂起後に作られた湖北軍政府の政治部部長に任じられたが、情報が少ない状況のなかで革命派の主要人物として日本では紹介されていた。例えば、福田和五郎は「しかるに、今度のはすべての革命行動や外国に対する態度などが悉《ことごと》く文明流で従来とはまるで違うて居る。湯化龍は日本の法政大学の出身で深く国際法を研究したという事であるが、今回の革命軍の秩序の整然たる事や、外国に対しての落度のなきやり方などは恐らくこの人の画策および尽力であろうと思う。それだから私は此度の革命に対してはこの湯化龍という人が最も注意すべき人と思うのである」(『中央公論』一九一二年一一月号)との評価を示していた。この他、程樹徳《ていじゅとく》は『漢律考』・『九朝律考』などの著作によって中国における法学・法学史研究の先駆者となった。

さらに、法政速成科に出講した岡田朝太郎、松岡義正、小河滋次郎らは一九〇六年以降、北京の京師法律学堂や法政学堂などに教師(日人教習)として招聘され、司法官や監獄官などの養成にあたっている。岡田や松岡らは裁判所の編成法や民法・刑法などの草案起草に与り、小河は北京監獄の設計にあたるなど、清末・民初の中国立憲制導入における思想連鎖に重要な役割を担ったことも留意しておく必要がある。吉野作造もまたこうした日人教習の一人として中国での実地見聞を広げた一人であった。

また、革命を推進するために不可欠な軍事的な知識や技術の修得においても、日本での軍事教育がもった意義は少なくなかった。日本に派遣された軍人としては呉禄貞《ごろくてい》、黄郛《こうふ》、蔣介石、蔣方震《しょうほうしん》、陳其美、蔡鍔《さいがく》、張群、李根源、唐継堯《とうけいぎょう》、何応欽《かおうきん》などが知られているが、成城学校、東京振武学校、東斌学堂《とうひん》(寺尾亨が設立)、陸軍士官学校などがその教育を担う機関として機能した。黄郛や蔣介石らは留日陸軍学生の中に丈夫団を組織し、『武学雑誌』を創刊して中国国内に向けても軍事知識の普及を図っている。これらの学校の出身者は辛亥革命の先頭に立ったが、単に軍事知識のみならず詰め襟・金ボタンの学生服が革命服と呼ばれたように、服装や日常的所作などにおいても日本での教練生活の影響は強かったと言われている。

なお、この時期、中国からの留学生としては女性が増加したことも特徴であったが、実践女学校、女子美術学校、東亜女学校附属中国女子留学生速成師範学堂などがその受け入れ機関となった。このうち実践女学校は帝国婦人協会の事業として創設され、下田歌子が初代校長となって日本で初めて制服を定めたことでも知られるが、中国人女子留学生受け入れを積極的に進めたことでも重要な役割を果たした。

下田は孫文とも交流があったが、アジアにおける女子教育の普及を意図して一九〇一年に上海で作新社という出版社を設立して雑誌『大陸』を発刊、『日本維新三十年大事記』や『東中大辞典』などの他、下田著『家政学』も翻訳出版していた。下田は日本的教養を教える桃夭女塾《とうようじょじゅく》を一八八一年に開設していたが、ヨーロッパにおける視察の中で女性の権利獲得の必要性を痛感し、一八九九年に実践女学校を開校するに至っていた。そして、一九〇二年に清国女子速成科を設置、さらに一九〇五年には清国留学生部に拡充して中国人女子留学生の受け入れを図ったが、ここには「鑑湖女俠」と称した秋瑾《しゅうきん》などの革命運動を担った留学生が学んでいる。下田自身は良妻賢母の育成を重視しており、女性が革命運動に加わることに警戒的であったが、秋瑾の「女界革命」をめざす活動を制止することはなかった。他方、秋瑾は下田の意向を知りつつも「女権」拡張のためには女性もまた対等な立場で革命を遂行すべきことを主張し、武術会に通って射撃や馬術の練習などを積んでいった。そして、孫文らの中国同盟会にも参加、女性による革命運動を進めるために「共愛会」を創設し、雑誌『白話』を刊行していった。

こうした女性による革命運動には秋瑾の他、林宗素、王昌国、唐群英、呉木蘭なども参加し、横浜でロシア人のアナーキストから爆弾製造方法を学ぶなど、軍事行動にも意欲的に取り組む姿勢を示していた。林宗素や唐群英らは留日女学会や女子参政同志会（同盟会）を組織し、『留日女学生雑誌』を刊行して女性参政権の獲得をめざしている。女性参政権は辛亥革命直後の広東で一時期認められるに留まったため、中華民国成立後も唐群英らは「社会の平等を求めるには、まず先に男女の平権を求めなくてはならない。男女の平権を求めるためには、まず女子参政権がなくてはならない」（「女界代表張《ママ》群英等上参議院書」『中報』一九一二年二月二七日）として中華民国女子参政同盟会などを組織して女性参政権獲得運動を続けていった。

こうした女性を含む留学生による革命運動の激化に対し、清朝政府は日本政府に革命運動の取締強化を要請し、これを受けて日本政府は一九〇五年一一月に「清国人を入学せしめる公私立学校に関する規定」を公布した。この規定には他校において「性行不良」を理由として退学処分になった学生の入学を禁止する規定が含まれていたため、革命運動への干渉であるとして留学生たちは同盟休校や一斉帰国を呼びかけることによって抗議の意志を示した。この取締規則に抗議して『猛回頭』、『警世鐘』、『獅子吼』などの著書によって革命思想を喚起した陳天華が「絶命書」を遺して大森海岸で入水自殺するという事件も起きている。この取締規則反対運動において秋瑾は留学生の一斉帰国を主張し、自らも帰国して革命派育成のための拠点として一九〇七年に大通学堂を開校した。さらに光復軍を結成して武装蜂起に備えるとともに、上海では『中国女報』を創刊して女性解放を呼びかけている。しかし、一九〇七年七月、ともに蜂起するはずであった徐錫麟《じょしゃくりん》が先に蜂起して失敗すると、秋瑾も処刑されることになった。処刑にあたって遺した「秋風秋雨、人を愁殺《しゅうさつ》す」は人口に膾炙し、女性革命家の壮絶な一生はその後の革命運動に強い影響を及ぼすことになったのである。

五　革命の衝撃と維新の連鎖

辛亥革命の衝撃と大正維新

以上述べてきたように、辛亥革命が起こるまでの清末中国における変革運動であった変法維新運動や新政運動などが、明治維新以後の日本の立憲制と連鎖していたことを無視することはできない。また、孫文らの革命運動の進展においても、日本を拠点とした留学生の活動が不可欠な要因となったことも否定できないはずである。孫文は一八九七年八月に初来日して以後、計一六回の訪日を重ね、滞日期間は八年一〇カ月に達し、五八年に及ぶ生涯のおよそ六分の一にもあたる時間を日本で過ごしている。そして、宮崎滔天、平山周、犬養毅、尾崎行雄、大隈重信、頭山満らと交流を重ねたが、その中には一九〇〇年の恵州起義で戦死した山田良政など軍事蜂起に参加した日本人も含まれ、良政の弟である純三郎は孫文の秘書を務めている。なお、孫文の死の直面に面会を許された日本人四人のうちの一人が宮崎滔天の兄・民蔵であった。

孫文が日本を活動拠点としたことはまた中国革命がアジア的な広がりをもつ契機となり、フィリピンのマリアノ・ポンセや韓国の朴泳孝や兪吉濬らと交流することが可能となったのである。また、章炳麟や張継が一九〇七年に亜洲和親会を組織してインドのダイやフィリピンのポンセ、ベトナムのファン・ボイ・チャウなどとアジアにおける被圧迫民族の独立運動のための連携を呼びかけることとなったのも、日本が一時的にアジアの革命運動に拠点を提供できたことによるものであった。

しかしながら、黄色人種による白色人種への勝利という事態によって、アジア被圧迫民族の解放という期待をかけられた日本は、アジアにおける植民地の解消に向かうのではなく、むしろ自らの植民地拡大を図ることになった。「韓国の保全」という日露戦争における戦争目的に反して韓国の保護国化に向かい、満洲の門戸開放を英米に約束したにも拘わらず一九〇七年の日露協商によってロシアと権益の分配を進めた。さらに、アメリカとはフィリピンに関して、フランスとはインドシナに関して、その権益保護を条件に日本の韓国支配を承認させる相互性を要求していった。このような動きはアジア諸民族の警戒心を呼び起こし、日本は「アジアの公敵」すなわちアジアの人々にとって共通の敵と目されるに至ることになった。

こうしてアジアにおける日本のプレゼンスが変化していく中で起きた辛亥革命は、大逆事件直後の日本に大きな衝撃を与えることになった。それはまた韓国併合以後の朝鮮半島統治のための二個師団増設問題などで揺れ動いていた日本の政局や植民地統治にとっても、対応を誤れば危地に陥りかねない難題として立ち現れた。清末新政が日本の立憲君主制をモデルにした立憲改革であった以上、日本政府にとって共和制をめざす革命派よりも先ずは清朝の維持が、次いで袁世凱による政権掌握が望ましい事態と見なされたことは当然であった。しかし、この目的を達成するには、中国において多くの権益を持ち、経済的にも革命の帰趨を決するイギリスの意向を無視することはできなかった。そのため日本は、日英協調を基本として列国との共同干渉によって清朝の維持を図る方針であったが、イギリスは袁世凱と革命派との講和を斡旋し、袁世凱も共和制を受け入れる方針に転じたため、共和制を阻止することは困難となった。日本は「飽くまで英国と協調し、英国が清国共和なるも干渉せざる方針なるにより之《これ》に同意する」(『原敬日記』一一年一二月二六日)以外、独力で事態を収拾することはできなかったのである。

しかしながら、伊集院彦吉《いじゅういんひこきち》駐清公使は袁世凱に立憲君主制の樹立を要請しながら、他方では満洲・蒙古への日本の勢力拡大と引き替えに革命派を援助することも考えていた。また、財界には革命派への武器援助を条件として蘇省鉄路公司借款、漢冶萍公司《かんやひょうこんす》の日中合弁を条件とする借款供与、対清航運業への進出を目的とした招商局借款などイギリスの勢力範囲への割り込みを図る動きもあった。

さらに満洲では参謀本部の一部と川島浪速《かわしまなにわ》らが反革命派の宗社党や内蒙古の部族とともに満蒙を独立させるという第一次満蒙独立運動を計画していた。この計画に対しては、列強から孤立することで却って利権獲得を不利にしかねないと判断した陸軍中央によって中止命令が出されるなど、日本政府と陸軍、財界そして出先機関がそれぞれの思惑をもって一貫性を欠く対応を繰り返すことになった。徳富蘇峰は、こうした日本の辛亥革命以後の対中政策について「右の手に為《な》さんとする事は左の手にて打ち消し、遂に何らの計上すべき成功をもたらさず、その総勘定は、ただ支那の何《いず》れの党派よりも感謝されず、而《しか》して何れの党派よりも怨まれ、もしくは侮られたるに過ぎず」(『大正政局史論』民友社、一九一六年)と批判したが、まさに日本の中国政策の混乱はここに始まったのである。

他方、辛亥革命の思想性を高く評価し、その衝撃を日本の内政改革のための起爆剤とすべきことが強調されたことは、連鎖視点からみて重要な論点となるものであった。

中華民国が建国した一九一二年、日本も大正という新時代を迎えていたが、アジアにおいて最初の共和国が出現したことは、西園寺公望と桂太郎による「桂園体制」の下で閉塞状況にあった日本に衝撃を与え、「閥族支配・憲政擁護」の運動を活性化させて大正政変を促す要因ともなった。一九一〇年、辛亥革命の前年に詩人の石川啄木によって書かれた評論「時代閉塞の現状」は、自然主義文学批判を骨子にしたものではあったが、その題名によって当時の日本社会の時代状況を適確に言い当てた論考であった。石川啄木にとって閉塞状況にあったのは、大逆事件後の日本だけではなく、東アジアの現状でもあった。啄木は韓国併合に際して、「地図の上朝鮮国にくろぐろと墨をぬりつゝ秋風を聴く」と詠って批判していたが、啄木はまた社会主義者を通じて中国人留学生が革命運動を進めているという情報も得ていた。それゆえ、武昌起義の報に接すると啄木は「革命戦が起ってから朝々、新聞を読む度《たび》に、支那に行きたくなります。そうして支那へ行きさえすれば、病気などはすぐ直ってしまうような気がします」と友人に書き送っていたのである。

革命戦争中の中国に渡りたいという啄木の希望は叶えられることなく終わったが、中国同盟会会員であり『革命評論』の同人として「遅れてきた自由民権論者」でもあった宮崎滔天や北一輝たち、そして章炳麟や劉師培《りゅうしばい》、張継《ちょうけい》などと交わっていた大杉栄などの無政府主義者たちにとって辛亥革命は、大逆事件以後「冬の時代」に入っていた日本にとって大きな光明として立ち現れていた。社会主義者の片山潜は孫文らが日本を模範として革命を起こし、「平民的共和国」を建設しつつあることを称賛しながら、翻って「然《しか》るに今や我々日本人は閥族の野心家のために、折角建設したる憲法政治の運用を妨害されて、現に国民は閥族打破・憲政擁護の絶叫を敢えてせざるをえない羽目に苦しんでいる。支那四億の先達たるその青年を奮起せしめた、その模範のわが維新の革命が、五〇年後の今日において尚《なお》かかる有様であるとは、遺憾と言おうか、慚愧《ざんき》と言おうか、吾輩は実に適当なる言葉を発見するに苦しむ」(「支那の革命と孫氏の覚悟」『東洋自由新報』一九一三年三月五日号)と慨嘆していたように、中国における革命の進展は日本の維新革命の沈滞を映し出す鏡となっていたのである。

そこではまた「大正の維新は、ある意味において第二の支那革命なり」(「支那革命と我が閥僚政治」『日本及日本人』一九一三年一月一五日号)とジャーナリストの稲垣伸太郎が喝破したように、中国革命との連鎖によって大正維新を達成すべきだという意識が同時代感覚として生じていたのである。永井柳太郎もまた「支那人に代りて日本人を嘲《あざけ》る文」（『中央公論』一九一三年一月号）において「今回の革命たるや其の主眼とする所けっして王朝の変更のごとき小事に非ず、其政治制度を根本より改革して、彼の波斯《ペルシャ》、土耳古《トルコ》等に於ける革命と同じく、支那を以て支那人の支那と為さんとする運動也《なり》。少なくとも国民的自覚より来れる思想上の一大産物也。嗚呼《ああ》この世界的思潮、自主的精神、この高大なる思想を真に了解し得たるもの日本人中果して幾人かある」としてイランやトルコの革命などの一連の革命の一環に辛亥革命を位置づけ、さらにそのアジアにおける革命に繫がるものとして大正維新を達成すべきだと見ていたのである。

もちろん、辛亥革命が大正維新に繫がることには警戒感も強かった。皇室中心主義を掲げていた徳富蘇峰は共和制の国家が隣国に生まれることは日本の天皇制にとって著しい脅威となると強調したが、同様の論調も決して少なくはなかった。これに対し、中野正剛は「何を苦しんでか対岸の火災を杞憂し、これが影響を警戒するを要せん」（「対岸の火災」『東京朝日新聞』一九一一年一二月）と批判して日本が改革に着手する必要性を訴え、自ら中国に渡って革命の動向を報道したのは自由民権運動の再生を企図していたからでもあった。

このように辛亥革命は日本の政局や政治思想に衝撃を与えたが、憲政擁護を掲げて内閣打倒運動を推進した人々が辛亥革命を直接的に模範としていたとだけ言うことはできない。しかしまた、辛亥革命によって促された大正維新は、スローガンだけで打ち上げ花火のように消えてしまったわけでもなかった。辛亥革命の中国を見聞した北一輝や中野正剛そして朝鮮に駐留していて辛亥革命の成功に歓喜した石原《いしわら》莞爾《かんじ》などが昭和維新を唱えるにあたっては、辛亥革命以後の中国の激動を無視することなどできなかったからである。いや、昭和維新を必要としたのは、何よりも中国の動きに対応するためであったというべきかもしれない。

中国ナショナリズムの衝撃と昭和維新

黒龍会から派遣されて中国に渡った北一輝は、「日本教育が今の革命思想を産《う》みたるもので、多い時一万五千、前後を通じて幾万の留学生、即ち四億万漢人のあらゆる為政者階級の代表的子弟に日本の国家主義、民族主義を吹き込んだから、排満興漢の思想が出来たのだ」として「日本は中国革命の父であり、新国家の産婆である」(4)と断定していた。しかし、同時にまた中国における民族主義の勃興は祖国の権益を守るために、いかなる国とも衝突を引き起こす可能性を孕《はら》んでおり、中国が今後、親日となるか反日となるかは日本の対中政策によって決まってくることを警告していたのである。

確かに、辛亥革命の精神的母胎となった民主主義思想や立憲思想そして民族主義思想などを留学生や亡命政客が学び取り、革命団体としての中国同盟会などを結成した地が日本であり、武装蜂起を指導した軍人の多くが日本の成城学校や陸軍士官学校などで軍事教育を受けていたことは無視できない事実であった。北一輝が重視したのは、そうした日本における教育がナショナリズムという思想を涵養し、それが滅満興漢の民族主義を振起して辛亥革命を引きおこしたという連鎖であった。しかし、ナショナリズムが辛亥革命を引きおこしたとすれば、そのナショナリズムは反転して辛亥革命の混乱に乗じて権益拡張を図る日本への差し向けられることになることも必至であった。

日本が革命思想の母胎を提供はしたとしても、それは親日思想を意味しないだけでなく、逆流してくる中国ナショナリズムの矢面に日本が立つことは避けられないという北一輝の予感は早くも対華二一カ条要求問題で実現した。対華二一カ条要求は中国ナショナリズムや国民外交の思想に火をつけ、袁世凱が対華二一カ条要求を受諾した五月九日は「国恥」記念日とされて、その後、今日に至るまで反日感情を呼び起こす契機となった。北一輝が『支那革命外史』(5)において指摘したように、「革命党が日本思想系なりというをもって親日主義というは全く没理なり」、「革命党がある場合において最も強烈なる排日運動の中堅」となっていたのが現実であった。

そして、一九一九年、五・四運動のうねりを上海で見聞していた北一輝は、中国革命に自らが携わってきたことを総括し、新たな課題が何であるのかを確定すべく『日本改造法案大綱』を四〇日間で書き上げた。

そこでは「自分は十有余年間の支那革命に与《あずか》れる生活を一抛《いっぽう》して日本に帰る決意を固めた。十数年間に特に腐敗堕落した本国をあのままにしておいては、対世界策も対支策も本国そのものも明らかに破壊であると見た。さうだ、日本に帰ろう。日本の魂のドン底から覆《くつが》へして日本自らの革命に当たろう。それには雑多に存在し行動している本国の革命的指導者にだけなりとも、革命帝国の骨格構成の略図をでも提供する必要があろう。然《しか》り、全亜細亜の七億万人を防衛すべき「最後の封建城郭」は太平洋岸の群島に築かるべき革命大帝国であると。斯《か》くしてこの法案を起草し始めたのである」(6)と記して、中国革命よりも日本自らの革命に着手すべき時機が到来したことを確認していたのである。そして、幾たびか書き直された『日本改造法案大綱』の変革思想は、第一次世界大戦後の総力戦体制に対応する国家体制への改造を要求する運動、そして世界大恐慌後の農村疲弊を憂慮する農本主義運動などと合流しながら二・二六事件となって暴発し、軍部による政治介入を深めていくことになった。

他方、金玉均の朝鮮変革運動を支持し、孫文を生涯にわたって信頼し続けた宮崎滔天もまた自らが中国の革命運動に加わったことについて第一次世界大戦後に問い直すことになった。宮崎滔天は連載架空問答「炬燵の中より」の中で「君はなぜ中国革命に費やした努力と熱意をもって、なぜ日本の改革に尽くさなかったのか」という問いに対して「自分の生国を打ち棄てておいて、他国の革命事業に没頭するなぞ一種の酔狂沙汰だぞ！」「今後の支那は最早私共の無力な声援を要しませぬ……遺憾ながら私共は支那に於いて無用の長物なのです(7)」と何よりも先ず自らの国の革命に邁進しなかったことを悔悟する口吻を漏らしていたのである。

北一輝や宮崎滔天をはじめとして多くの日本人は、中国における革命の達成のために腐心した。しかし、そこには様々な思惑があり、打算があり、挫折があった。その清算の仕方もまた多様であったが、滔天のように自らを無用視し臍《ほぞ》をかむ思いに襲われた人も少なくなかったであろう。だが、自国の変革と他国の変革、そのいずれにどのように係わるのかという煩悶が生じたこと自体、民族や国境で区切られることなく、人々が思想で共鳴しあう時代があったことの反証でもあったのではないだろうか。

六　アジアの「革命」史脈

このように明治維新に始まるアジアの革命潮流は、タイのチャクリ改革、トルコのタンジマート改革、イラン立憲革命などと遙かに共鳴しあいながら、一八八四年の朝鮮における甲申政変、一八九四年の朝鮮における甲午更張（改革）、一八九八年の中国における変法維新運動、そして一九〇一年からの清末新政、一九一一年の辛亥革命を経て、さらには日本における大正維新や昭和維新へと繋がっていった。また、「革」命と維「新」から一字ずつを取った「革新」は、大正から昭和における国家社会主義から共産主義まで、いわゆる右翼から左翼まであらゆる思想や運動におけるスローガンとなったし、統制経済をめざす岸信介や椎名悦三郎などの「革新官僚」による変革をめざす運動にもなった。さらに戦後においては韓国の朴正熙《ぼくせいき》における「維新体制」構想にも繋がっていった。

もちろん、仔細に見ていけば、東アジアの各国で起きた維新、革命、更張、革新という変革の現れ方は、あくまでも歴史的一回性をもつものであった。変革を促した動因としては外発的な契機があっただけでなく、それぞれ内発的な要因の違いもあるし、単に同時代的な現象に過ぎなかったものを当代の人々が敢えて結びつけようとした局面もあった。

また、そもそも明治維新をどのような「維新革命」と捉えるのかについては、明治時代以来、今日に至るまで様々な議論が展開されてきており、定説を得ているわけではない。さらに、アジアにおける変革のもう一つの焦点となる辛亥革命についても、それをいかなる革命として捉えるべきかについても再検討の余地がある。しかし、明治国家を超えることを課題としていた辛亥革命は、それゆえに日本人が日本さらには世界の革命運動に向けて突き進むための跳躍板となることを託するに足るものであったことも否定できないはずである。

そこで最後にあたって、孫文が「そもそも日本の維新は中国革命の原因であり、中国革命は実は日本の維新の結果であり、両者はもともと一つにつながって、東亜の復興を達成するものであります」とその繋がりを敢えて強調した意味とは何であったのか、を確認しておきたい。

孫文が日本人に訴えたことは、「中国革命と日本維新は正に一つの意味のものである。惜しむらくは日本は維新ののち強盛になるとともに、却って中国革命の失敗の意味を忘れてしまい、そこで日中の感情は日増しに疎遠になった」（一九二三年一一月二三日、長崎での新聞記者への談話）ということであった。その論理的構成は、一九二四年の「大亜細亜主義」演説において、日露戦争の勝利が有色人種の民族意識を覚醒し、独立運動を鼓舞したことを自らの見聞体験を交えて語りながら、「今後日本が世界文化の前途に対し、西洋覇道の鷹犬となるか、或は東洋王道の干城となるか、それは日本国民の詳密な考慮と慎重な採択にかかるものであります」と日本人が過去の歩みを踏まえて今後の進路選択について自省を促したことと同軌のものであったはずである。この最後の箇所が講演の際には語られず、その後に書き加えられたものであったとしても、孫文の真意を疑うことはできないであろう(8)。

こうした辛亥革命以後の日本の対中政策について孫文が強調していることは、明治維新と辛亥革命の繋がりというよりも、辛亥革命あるいは中国革命の失敗の原因を作ったのは日本の外交政策であり、それによって日中両国の国民感情が互いに疎遠になっていったという、まさに断鎖の事実に他ならない。言うまでもなく、交流が深まることはまた対立や抗争が激しくなるということであり、理解や信任よりも誤解や齟齬《そご》が深まるということをも意味している。

さらに、辛亥革命を東アジア世界の歴史の中で考える場合、一九一〇年の日本による韓国併合が中国における革命運動が韓国に波及することを予防的に防ぐという意図があったと内田良平らが考えていたことも看過できない。そして、韓国併合後に活発化した抗日義兵闘争に対処するために必要とされた朝鮮駐在の二個師団増設問題が大正政変のきっかけとなったことなどに鑑みれば、一九一〇年以降の東アジアにおける国際秩序の変動は、そこに第一次世界大戦という世界性をもった事件が重なることによって、世界史的に新たな相貌をもって私たちの前に現れてくるように私には思われる。

(1) これまで私は連鎖視点を採ることによって、欧米からの思想や制度が中国における西学として東アジア各地にもたらされ、西学を受容した日本がその後、留学生などを通じて欧米の学知を継受し、そこで作られた新学が東学となって一時期において日本が欧米と東アジアの知の結節環となった、という史実を提示してきた。そこでは、欧米から東アジアへの当初の知の結節環となったのは、まず中国であり、次いで日本であったことを指摘していることに重点があった。このように思想連鎖において日本が知の結節環となったという事実を指摘することは、決して日本が近代アジアを作ったといった類の主張をするものではない。この点については、『思想課題としてのアジア――基軸・連鎖・投企』（岩波書店、二〇〇一年）を参照戴ければ誤解は生じないはずである。

（2）孫文の全集としては広東省社会科学院歴史研究室他編『孫中山全集』（中華書局、二〇〇六年）などがあるが、ここでは参照の便宜を考慮して、孫文の文章および書簡からの引用は、伊藤秀一ほか訳『孫文選集』全三巻（社会思想社、一九八五年）、小野川秀美『孫文・毛沢東』（中央公論社、一九八〇年）などに依る。

（3）引用は、中塚明校注『蹇々録』岩波文庫版に依る。

（4）一九一一年年一一月五日付・清藤幸七郎宛て北一輝書簡（内田良平文書研究会編『内田良平関係・第一巻』芙蓉書房、一九九四年、三三〇～三三三頁）。

（5）『支那革命外史』（一九一五年）の引用は、『北一輝著作集』第二巻（みすず書房、一九五九年）に依る。

（6）北一輝「『日本改造法案大綱』第三回の頒布に際して告ぐ」（一九二六年）の引用は、『北一輝著作集』第二巻（みすず書房、一九五九年）に依る。

（7）宮崎滔天「炬燵の中より」（『上海日日新聞』一九一九年二月～三月）の引用は、『宮崎滔天全集』第三巻（平凡社、一九七三年）に依る。

（8）孫文の「大亜細亜主義」演説についての詳細は、陳徳仁・安井三吉編『孫文・講演「大アジア主義」資料集』（法律文化社、一九八九年）参照。

第五章　空間アジアを生み出す力——境界を跨ぐ人々の交流

一　はじめに

　東アジア各国は文化的・経済的な相互依存関係を日々に深化させながらも、領土問題や歴史認識問題などを巡って対立を激化させせつつある。また、東南アジアにおいては非核地帯化に向けて歩み出しているにも拘わらず、東北アジアにおいてはむしろ核拡散の脅威による緊張が高まっている。アジアにおける平和構築という課題は、冷戦体制が崩壊した段階よりも一層切実な課題として私たちの眼前に立ちはだかり、閉塞状況を強いられているようにも思われる。

　しかし、私たちの先人もまた一寸先は闇というような状況に取り囲まれながらも、時代の最前線を切り拓くための試みを重ねてきたことを忘れてはならない。もちろん、時代も状況も課題も異なる以上、過去をそのまま現在に当てはめることはできない。しかし、その苦闘の跡をたどることによって何らかの示唆を得、それを国境や民族を越え、さらには時代を越える「持続する叡智」として共有していくことこそが、人文学が担うべき課題であることも明らかなはずである。

ここでは、そうした課題を念頭に置いたうえで、アジアという時空間がいかなる学知や人と人との相互交流のなかで生成・展開してきたのかを探り、併せて近現代におけるアジアの人々による日本研究がいかなる歴史意義をもつものであったのかという問題も考えてみたい。

二　日本におけるアジアへの視圏の広がり

三国世界観と空間区分けの基軸

さて、アジアという空間範域は、そこに住む人々が名づけたものではなく、ヨーロッパから与えられた名称に過ぎなかった。その「他称としてのアジア」を自らが存続する時空間としてのアジアへ、更には独自の構成をもつ共存空間へと変えようとしていった軌跡こそ、アジアの近現代史を特徴づけるものであった。

しかし、アジアという空間が欧米人によって区切られ、与えられた範域であった以上、そもそも自らが考える共属空間についての意識、言い換えれば世界観との衝突が起きることになる。例えば、欧米との直接交渉が始まる以前において、日本に住むほとんどの人にとって世界とは、中国とインドと日本の三つの文化圏域すなわち唐・天竺・本朝から成り立っていると考えられていた。この三国世界観は宗教を基軸として空間を区切る発想によるものであり、中国＝儒教、インド＝仏教、本朝（日本）＝神道と見なされていた。しかし、中国においては儒教だけでなく仏教も道教も信仰されていたし、インドではヒンドゥー教も浸透しており、日本も神道だけが信じられたわけでは無かった。

もちろん、日本が神道の国家＝神国として認識されたのは、外来の宗教である仏教と儒教に自らを対置するためであり、この事実は文化的自己認識があくまで他者との対峙によって生まれることを意味している。その際、重要な契機となったのが、二度にわたる元寇を「神風」によって撃退したという事実であった。このとき伊勢神宮などの神社による夷狄調伏《いてきちょうぶく》の祈祷が成果を挙げたと信じられたこと、そして元軍の圧倒的戦力に直面した武士たちが神の加護を求めたという事実が、日本を神国とする認識を浸透させていった。それは遙か時代を経た一九四〇年代に戦局が悪化するなか、「神州不滅」というスローガンの下で「玉砕」や神風特攻隊などを正当化する集団的記憶として蘇ったのである。

そして、日本固有の宗教として神道が意識されたことは、日本が天照大御神の神裔《しんえい》である天皇によって統治されるという政治的アイデンティティに繋がってくる。北畠親房《きたばたけちかふさ》は『神皇正統記』（一三四三年）において「大日本は神国なり。天祖はじめて基《もとい》をひらき、日神ながく統を伝へ給ふ。我国のみ此事あり。異朝には其《その》たぐひなし。この故に神国と云ふなり」として、日本国家の独自性を天皇の血統である「皇統」によって強調していたが、この天照大御神の末裔である天皇によって日本という国家が維持されているという発想は儒教に対抗した本居宣長らの国学を経て後期水戸学の会沢正志斎などの「国体論」に繋がり、明治以後には「天壌無窮」の国柄（国体）を宣揚する正統性根拠となっていった。

このように三国世界観から生まれた神国論は、キリスト教とそれを信奉する地域世界としての「西洋」を異質の世界として浮上させることにもなった。すなわち、一五四九年にイエズス会宣教師ザビエル（Xavier, Francisco de）によってキリスト教が伝えられると世界には仏教・儒教・神道を信奉する三国以外の世界が存在することが認識され、屏風図などの南蛮文化を通してポルトガルやスペインなどの存在が知られるようになった。さらに一六〇四年前後には「西来孔子」と称されたイタリア人のイエズス会士マテオ・リッチ（Ricci Matteo, 利瑪竇《りまとう》）が中国で作成した『坤輿万国全図《こんよばんこくぜんず》』が船載され、それによって中国や朝鮮、日本などが「亜細亜」に属するという事実が知らされることになったのである。だが、このことはキリスト教宣教師を尖兵として日本を侵奪する意図が西洋諸国にあるという警戒感を引き起こし、豊臣秀吉は一五八七年に「日本は神国たる処、きりしたん国より邪法を授候儀、太以《はなはだもって》不可然候事」としてバテレン追放令を出し、徳川幕府は「吉利支丹・伴天連」の西洋とは交流を断つという海禁・鎖国政策を取って長崎の出島でオランダと中国との通商に対外交渉を限定した。

ただ、琉球や松前を通じて中国との、また対馬の宗氏を通じて朝鮮との交流は続いており、鎖国政策が徹底されたわけではなかった。そのため琉球と中国との間では進貢使や謝恩使・慶賀使などの交換が続き、官生や勤学などの留学生が送られていた。日本から直接に中国に留学生が送られることはなかったが、唐船持渡書《とうせんもちわたししょ》によって思想的な交流は続き、対馬藩は釜山に一〇万坪にも及ぶ草梁倭館《そうりょうわかん》を設置して中国や朝鮮の学術・文化の情報収集に当たった。朝鮮の姜沆《きょうこう》や李退渓《りたいけい》などの思想的影響なしに日本で儒学が受容されることはなかったし、雨森芳洲《あめのもりほうしゅう》の朝鮮語学や文化の研究も外交交渉の体験と密接に結びついていた。雨森は『交隣提醒《こうりんていせい》』（一七二八年）において「互いに欺かず、争わず、真実を以て交り候を誠信とは申し候」として誠信外交の必要性を説き、また文化交流にとって不可欠な通訳養成を図るため朝鮮語通詞養成所「韓語司」を創設して明治時代まで活躍する通詞を輩出させたが、こうした交流が「東洋」としての文化一体感を生む基盤となったのである。

西洋への対抗と東洋の価値化

このようにキリスト教と直面することによって西洋が脅威を与える他者として認識されることになったが、そのことを象徴的に示すのが新井白石の『西洋紀聞』であり、その西洋認識においてオランダから献上されたブラウ図にある「東西両半球図」が使用されたことによって東と西とを対比する見方が強まったと思われる。『西洋紀聞』はキリスト教布教のために日本に上陸したイタリア人宣教師シドッチ(Sidotti, Giovanni Battista)を審問して著されたものであり、キリスト教義の説明と批判を主軸としながらもアジアやヨーロッパ、アメリカなどの諸州についての記述があり、当時における世界認識としては傑出した著作であった。

その後、西洋各国の情報や学術はオランダ以外からももたらされることとなり、蘭学に限られない英学や仏学などを総称した西洋の学術として「西洋学」ないし「洋学」と呼ばれることになった。例えば、山村才助は蘭学書からの抄訳や随筆を集めた書冊に『西洋雑記』と名付け、この書などから話題を取って佐藤信淵は『西洋列国史略』を、また長山樗園《ながやまちょえん》は『西洋小史』を著している。そして、一八五二年には欧米諸学の翻訳書目録が『西洋学家訳述目録』として刊行されたが、これによれば著訳者数は一一七名、書目数は四九〇部と記されており、鎖国下で「西洋学」が浸透していた状況を窺うことができる。

こうした西洋学の到達点を示すのが福沢諭吉の『西洋事情』であり、幕末から明治初期の日本人の西洋認識に多大な影響を与えただけでなく、中国の康有為や梁啓超《りょうけいちょう》などの変法維新運動に、さらに朝鮮の金玉均らの甲申変革運動や兪吉濬《ゆきつしゅん》らの愛国啓蒙運動にも影響を与えることになった。福沢はまた儒教的な東洋文明を「古習の惑溺《わくでき》」として一掃し、西洋文明を摂取すべきだとする『文明論之概略』を著したが、慶應義塾で学んだ兪吉濬が著した『西洋見聞』(一八九五年)が『西洋事情』や『文明論之概略』などの影響を受けていたことは明らかであった。

いずれにしても、このように西洋を知るための学知の受容は、同時に西洋と対峙すべき自己としての東洋とは何か、という問題を提起することになる。そして、そこでは欧米のキリスト教に基づく機械文明の優位性に対し、自らの精神文明をより高い価値として置く議論が現れることになる。佐久間象山が「東洋道徳・西洋芸術（技術）」を唱えたのを始めとして、岡倉天心が『東洋の理想』（一九〇三年）において「特殊具体的なるものを通じて流れる普遍的なるものの雄大な幻影に満ち溢れたアジアの理想」と「組織立った文化を持ち、分科した知識のことごとくを揃えて武装し、競争力の切っ先も鋭いヨーロッパの科学」とを対置させたのも同じ発想に基づくものであった。

しかしながら、こうした発想は決して西洋文明を全面否定するものではない。否《いな》むしろ、西洋文明を評価し、受容せざるをえないという認識を前提にしたものであることを見誤ってはならない。もし、本当に西洋文明を拒絶するのであれば、こうした論理は必要とされないはずだからである。日本において「和魂漢才」が「和魂洋才」に変えられ、洋務運動を推進した清朝において「中体西用」論が唱えられ、朝鮮において「東道西器」論が説かれたのも、採長補短論として相通じるものであった。要するに、可視的な西洋の優位性を認識し、それに対抗するためには、不可視なものとしての精神性や道徳性に自己のアイデンティティを求めざるをえなかったのであり、その表象が「東洋」に他ならなかったのである。

東洋とアジアそして東亜・大東亜

こうして欧米の西洋文明に対峙するものとして東洋文明が自らのアイデンティティを表象するものとなったが、欧米においても自らを West、Western＝西洋と表現する事例は少なくなかった。また、オクシデント（Occident）の訳語として西洋が宛てられるようになると、その対義語としてのオリエント（Orient）に東洋という訳語が宛てられることになった。

しかし、そのアジアや東洋を他の空間範域といかに区分し、析出するのかという基軸そのものが論者によって異なる以上、空間の範域も異なることになる。この問題については、拙著『思想課題としてのアジア』（岩波書店、二〇〇一年）において人種－民族、文明－文化という対抗基軸によって空間が区切り出されていく過程の意義について探ったことがあるため、ここでは省かせて戴くが、こうした基軸を取ることによって「同文・同種・同教・同州」といった表現によってアジアの中で同質性をもった存在であるとの共属感（sense of belonging）が生み出されることになる。しかし、ここで示された「同文・同種・同教・同州」とは、同じ漢字を用い、同じ黄色人種であり、儒教を同じく信奉するが故に同じアジアという州に属すると見なすものであった。そのため、この基軸に従う限りにおいては、中国・日本・朝鮮そしてベトナムまでを包括するものであって、むしろ北東アジアという範域に相当すると考えられていた。その意味では、東亜という用語法が適切であったかも知れない。同様に東洋についても中国と日本だけを指して用いられる場合も多かった。他方、中国では東洋とは日本の別称として二〇世紀半ばまで用いられたが、その事実は日本では殆ど意識されることがなかった。中国と日本では同じ「東洋」という言葉を用いながら、その指称する空間範域は全く違ったものだったのである。

しかし、日清（甲午）戦争前後からモンゴルや中央アジアの民族や国家に対して日本人の関心が向くようになると、東洋という語が儒教や仏教を基軸とした空間範域としては設定できないことになった。もちろん、中国国内にも回族すなわち回教＝イスラーム教を信じるムスリムが居住していたが、日本からの視線が新疆・ウイグル地区さらには中央アジアや中東にまで及ぶようになったことによって、中国で「西域」と呼んでいた空間までを含めて東洋とみなす認識が芽生えることになった。そこでは中国の王朝交替が周辺民族との抗争の歴史であることに着目することによって、漢民族中心主義を相対化し、それによって日本もまた中国文明から独立した時空間としての歴史をもつものとして自立することが意図されていた。日清戦争が勃発した一八九四年、那珂通世《なかみちよ》の提議によって中等学校の外国史が西洋史と東洋史に分けて授業されるようになったのは、そうした視圏の広がりの反映であり、以後今日に至るまで日本の歴史教育・研究の基本的枠組みは日本史・東洋史・西洋史という三区分から自由になれない状況が続いている。もちろん、この区分によってはアフリカ史や中東史が含まれない場合が多いため、東洋と西洋の中間地帯を「中洋」として対象化すべきだという提案も度々出されてきた。

そして、満洲事変を経て一九三二年に満洲国が建国されるとイスラーム教徒の統治が切実な課題として認識されるに至り、一九三三年には松井石根や下中弥三郎らによって大亜細亜協会が設立された。以後、大亜細亜協会は、それまでの儒教中心の東亜から、フィリピン、マレー半島、インドネシア、アフガニスタンなどを経てトルコ、更には北アフリカにまで至るイスラーム教世界を含めて大東亜と呼ぶ認識が広がっていった。この空間範域は、一九三八年に企画院の外郭団体として設立された「東亜研究所」の調査・研究対象地域と重なっている。ただ、研究機関においては、山口高商や東京商科大学などのように「東亜経済研究所」と東亜と冠するものと、長崎高商の「大東亜経済研究所」や神戸商業大学の「大東亜研究所」のように大東亜と冠するものとがあった。

このようにアジア全域を指して大東亜（ないし東亜）と呼ぶに至るとそこでの区分けのための基軸は、人種や文明などではなく、生存圏《レーベンス・ラウム》といった地政学的な概念に頼らざるをえないことになる。そのため逆に東洋文化の一体性などが強調されることになったが、アジアにおける日本の主導性を正当化するために唱えられた「アジアは一つ」といった主張に対し、津田左右吉は『支那思想と日本』（一九三八年）などにおいて日本とインド、中国などはそれぞれ全く異なった文化的伝統をもっており、これらが一体となって西洋文化や西洋文明に対立するという考え方は事実に反すると鋭く批判していたのである。

アジアという一体性があるとして、その基軸をどこに求めるのかという問題は、その後も儒教資本主義論などにおいて繰り返し提起されてきたが、その問いに答えるに当たっては、いかなる課題に答えるための議論であるのかを突きつめて考えなければ安易なアジア観を縮小再生産しかねない危険性を孕んでいると言えよう。

三　日本に対するアジアからの眼差しの変転

国家間体系への対応と日本の位相

さて、アジアの近現代史は、「西欧の衝撃」に対するそれぞれの国家や民族の「抵抗と対応」の過程として描かれることが多い。しかし、私はアジア各地の近現代史にとって、より直接的で重要な歴史的転回のモメントとなったのは、隣接するアジア域内の国家や民族の動向であったと考えている。つまり、「域内の相互衝撃」こそがアジアの近現代史を生み出す駆動力となったのである。

その端的な例がアヘン戦争の結果や一八六〇年代に入ってからの洋務運動であった。少なくともアヘン戦争についての情報や日本に船載された万国史や万国公法などの西学書の存在なしには、日本の開国と文明開化・富国強兵といった施策が国是となることはなかったはずである。すなわち、ロシアやアメリカなどの艦船が来航し、清朝がイギリスなどによって開港を迫られた情報が伝わるなかで、魏源の『海国図志』や徐継畬《じょけいよ》の『瀛環志略《えいかんしりゃく》』などの西学書によって世界に「万国」が存在し、それに対抗すべき武力と経済力を養う必要性が認識されたことが「攘夷のための開国」という道筋を選択させ、明治維新以後には「万国対峙」を国家目標へと押し上げたのである。

他方、当時の国際法がアメリカ人宣教師ウィリアム・マーティン（Martin, W.A.P.、中国名、丁韙良《ていいりょう》）による西学書『万国公法』として輸入されたことは、それが中国文明以上に普遍性をもった「世界の公道」であるとの認識の下に新たな国家間秩序に参入する窓口を開くものとなった。なぜなら、儒教を中核とする世界秩序観は中国皇帝を頂点とする華夷秩序としてのヒエラルヒー構造をもつものであったが、これに対し欧米が提示する国際法秩序はあくまで主権国家の平等＝「並権」による「万国並立」を掲げるものだったからである。このような国際秩序に参入することは、中国文明圏の周辺に位置し、歴史的にその影響から一定の距離を取ることで文化的同一性を維持してきた日本にとって自立性を確保するための好機となった。

もちろん、欧米が対等な主権国家と認めるための条件としては、欧米の生活様式や価値観を受け入れるという「文明国標準主義」が設定されており、その標準に達しないかぎり植民地や保護国となるか、不平等条約を強いられるしかなかった。明治日本が洋服や暦をはじめとして生活全般にわたって欧米化としての「文明開化」や「欧化主義」を国家的課題としたのは、独立主権国家となるためには「文明国標準主義」を満たす必要があったからである。福沢諭吉が『文明論之概略』において西洋文明の摂取こそが国家独立の要件であると断言したのも、こうした西洋文明と主権国家体系との緊密な繋がりを前提にすれば当然のことであった。

他方、華夷秩序による天下観を当然の前提としてきた中国や朝鮮にとっては、「万国公法」による対等な主権国家間関係としての国際法秩序を受け入れることには心理的抵抗が伴った。とりわけ統治の象徴ともなる服制（衣服に関する制度・規則）や暦制を変更することは祖法を逸脱するものであり、日本は西洋による東洋侵略を招き入れる「洋賊の前導」としか見なされなかった。そのため李鴻章などは日本の文明化には鋭い批判の目を向けたが、欧米と一体化して日本が進攻してくる危険性を避けるために日本と対等な条約を結び、大使などの外交官を派遣することによって日本の国情を視察するという方策を採らざるをえなかった。日本の衝撃が、中国の国是をも変更させたのである。

こうして日本に派遣されたのが何如璋《かじょしょう》であり、その参賛（書記官）が黄遵憲であった。黄遵憲は、訪日当初は西南戦争などの混乱が文明開化政策の誤りに因るものだと考えていた。しかし、日本の現実を直視するなかで見方を改め、その歴史的歩みを事実に基づいて記述することが日中関係の前途にとって不可欠であるとして浩瀚な『日本国志』を著すことになった。『日本国志』は近代の中国人によって書かれた最初の本格的日本研究書となったが、日清戦争以前には梁啓超ら一部の人が閲読したに過ぎず、そのため日本についての確かな情報が共有されなかったことが敗戦に導いた要因になったと梁啓超は悔悟の言葉を記している。

梁啓超はまた日清（甲午）戦争による敗北が中華の迷夢を醒ます警鐘となったとして、それまで「小三島」「粟散辺土《ぞくさんへんど》」と見なしてきた日本の文明化に学ぶべき必要性を訴えたが、その重要性をより強く認識し、日本の明治以降の制度改革を本格的に研究して光緒帝による新政改革に役立たせようとしたのが梁啓超の師・康有為《こうゆうい》であった。康有為は日本文の読める長女・康同薇《こうどうび》に翻訳をさせて日本書の蒐集と分析を進めて『日本書目志』を纏め、さらに明治天皇を模範とする制度改革を推し進めるべく『明治日本変政考』を光緒帝に呈上していった。

留学生と教習による「東学」の連鎖

このように東洋の文明から逸脱する反模範国と見なされていた日本は清朝の存続を図るための模範国

に転じ、康有為らは日本書を翻訳する機関の設置や日本へ留学生を送る政策を提言していった。ただ、日本への留学生を派遣することは、日清戦争の善後策として日本に対する報復戦争を避け、同時にロシアの南下政策に日中が合同して当たるための施策として日本陸軍の宇都宮太郎や駐清公使の矢野龍渓などが清朝に対して進言していたものであり、正式な日本留学は日清戦争終結の翌年に一三名の派遣をもって始まったとされる。これに対し、中国の洋務運動と日本の文明開化とに挟撃される形になっていた朝鮮では高宗が中国へ領選使を、日本へは紳士遊覧団を派遣して国情調査に当たらせていたが、遊覧団に随行していた兪吉濬、柳定秀、尹致昊《いんちこう》の三名が公式な最初の留学生として福沢諭吉の慶應義塾や中村正直の同人社に入って学んでいる。

康有為らの変法維新運動は、百日間にわたって様々な制度改革構想を提出し続けたが、西太后らの反対と袁世凱の裏切りによって失敗に帰し、康有為や梁啓超らは日本へ亡命することとなった。しかし、主権国家として独立を達成していくためには、日本のように憲法や議会を設ける立憲主義を採用せざるをえないことは康有為らの変法維新運動に反対した清朝の高官たちにも認識されることとなり、張之洞も『勧学篇』(一八九八年)を著して日本への留学を推奨した。張之洞によれば日本への留学は、経費の安さや距離の近さ、同じく漢字や儒教を用いていること、西洋の問題点を除いて運用していることなどにおいて早急に学べる利点があり、本当に精緻な学問を修得したければその後で西洋に留学すれば良い、と説くものであった。要するに、日本への留学は短時日の間に欧米の学問の要所を学び取るための便宜的手段であると見なされたのである。

しかしながら、北清事変によって制度改革と人材育成の必要性を痛感した西太后自身が「新政改革」をリードすることとなり、中国国内に師範学校を設立するために日本に倣うことが火急の課題となった。

そのため日本の実情を知ることが必須となり、日本視察記が多数書かれたが、その中でも羅振玉《らしんぎょく》の『扶桑両月記』（一九〇二年）、呉汝綸《ごじょりん》の『東遊叢録』（一九〇二年）、張謇《ちょうけん》の『癸卯《きぼう》東遊日記』（一九〇三年）などは同時代的な日本研究書としての意義をもつものであった。

こうした同時代的観察に基づいて日本へ多くの留学生が送られるなか、一九〇四年には翌年以降の科挙試験廃止が決定されたため、日本での卒業資格が任用資格として認められることになった。さらに日露戦争の勝利が専制国家・ロシアに対する立憲国家・日本の勝利と見なされたことと相俟って一九〇五年には留日中国人学生数はピークに達した。そして、アジアにおける文明の中核として屹立していた中国から日本への留学生が殺到したことは、周辺の民族や国家にも刺激を与え、フランスからの独立をめざすベトナムからはファン・ボイ・チャウ（潘佩珠）やコンデ侯らが訪れ、日本への留学を促す東遊《ドンズー》運動を展開していった。また、ビルマ（ミャンマー）からはウー・オッタマが、シャム（タイ）からは一九〇三年にピットやジョンら四名の女子留学生が四名の男子留学生とともに皇后奨学金によって派遣され、東京女子高等師範学校や共立女子職業学校で学んでいる。因みに、ピットは一九三七年に世界教育会議が日本で開催された際にピチット王女の通訳として来日しており、日本留学会の名誉教諭となって戦後も日タイ交流に尽力し、ジョンもまた日タイ協会の名誉書記などに就いていたとされるが、日タイ間の留学などの文化交流については今後の研究の深化に期待したい。

ところで、いかに日本との距離が近く、経費が省けるといっても留学が大きな負担を伴うことは否定できないし、学習の機会は多くの人に開かれているわけではない。また帰国する留学生を待つだけの時間的余裕がなかったこともあって、日本から教師を招聘して大量の学生に日本が受容した西洋の学問を学ばせることになった。吉野作造や辛亥革命に際して『建国策』を提示した今井嘉幸《いまいよしゆき》なども天津の北洋法政学堂で教鞭をとった日人教習（日本人教官の中国での呼称）であり、その時の学生が後に中国共産党の創設に加わる李大釗《りたいしょう》であった。また、日人教習として北京の法律学堂などに招かれた岡田朝太郎などは清国政府の法典編纂などにも従事したが、同様にタイに法律顧問として招かれて一六年間にわたって法典編纂や判事としての業務に携わったのが政尾藤吉《まさおとうきち》であった。

女性もまた日本人教習としてアジア各地に招聘されたが、例えば河原操子《かわはらみさこ》は蒙古のカラチン王府で教え、人類学者・鳥居龍蔵の妻きみ子もカラチン王府女学堂教師に招かれている。さらに女子教育のために設立されたシャム（タイ）のラーチニー（皇后）女学校には安井てつが一九〇四年から三年間教育主任として招かれ、安井は助手の河野清子や中島富子らと二〇〇人ほどの子女の教育に当たっている。そして、こうした女性の日本人教習を育成するための機関として、孫文の革命運動を支援した清藤幸七郎の姉である秋子が東洋婦人会を設立、清国に派遣する女子教員養成所である東洋女塾を開設していた。

このような留学生や教習を回路としてアジア各地において人と人とが交流し、さらに留学生や日本への亡命者たちが日本の新学＝「東学」を積極的に翻訳・出版したことにより、明治日本で鋳造された多くの翻訳学術用語がアジア各地に流布することになり、ここに思想連鎖が起こり、それによって自分たちが同じ言葉を使用し、西洋や欧米に対して同じ運命を背負わされているという帰属感が共有されていった。アジアへの共属感覚は、単に文明や文化、人種や民族といった基軸となる観念によるだけではなく、実地のインターフェイスとも言うべき交流のなかから生み出されたのである。日本を結節環とする欧米とアジアを巡る思想の連鎖がアジアを一つの空間的まとまりとして析出させたことは否定できない。しかしながら、交流が深まることはまた亀裂と対立を生み出す契機ともなる。友好と排斥とはメダルの両面をなしているのである。

跨境的結社と日本の対外政策へのスタンス

以上、述べてきたように日本は中国や朝鮮という華夷秩序体系の周辺にあって、そこから自立する方途として主権国家並立体系としての国際法体系に率先して移行し、さらに東アジア世界において中国に代わるヘゲモニーの獲得をめざすこととなった。しかし、そのことは自己確立という以上に、東洋文明から脱することによる自己喪失というアイデンティティ危機に直面させることにもなった。木戸孝允が喝破したように「国際法は弱を奪う道具」でもあったからである。

こうして日本は中国・朝鮮に対峙するために欧米と結び、その欧米に対抗するために中国や朝鮮と提携するという背反する要請を共に達成しなければならないジレンマにとらわれることになった。ここに日本特有のアジア主義が生まれる。アジア主義を、自らのナショナリズムを尊重しつつ、同時にそれを否定するリージョナリズムによって欧米によるグローバリズムに対抗する思想と運動であると定義するならば、それ自体は現在の東アジア共同体論などが志向する目標と大きく乖離《かいり》するものではない。

実際、国際法体系の受容を推進した大久保利通が「東洋の団結」を目的に一八七八年に設立を支援した振亜会やそれを発展させた興亜会には、琉球処分などで対立関係にあった中国からも駐日公使館員の何如璋や黄遵憲、黎庶昌《れいしょしょう》、香港『循環日報』社主の王韜《おうとう》らが、また朝鮮からは金玉均、朴泳孝、徐載弼《じょさいひつ》、兪吉濬なども参加し、欧米の侵攻に対抗するという課題を共有する限りでの連帯が成立していた。その後、興亜会は一八八三年に亜細亜協会と改称し、一九〇〇年には東亜同文会に吸収されたが、東亜同文会が掲げた「支那保全」論は日中対等ではなく、むしろ日本が中国に欧米以上の覇権を保持することをめざすものであった。ただ、会員の吾妻兵治《あずまへいじ》や岡本監輔《おかもとかんすけ》らは善隣書館を設立して日本書や西洋書を漢訳して中国に輸出していたし、柏原文太郎や陸羯南らは康有為らの変法維新運動を一貫して支持し、亡命後の梁啓超らの活動を支援し続けている。

しかし、日露戦争後、日本政府が日英同盟によってインド人亡命者を、また日仏協約によってベトナム人亡命者を圧迫するようになり、さらに朝鮮の保護国化政策を進めるようになると、日本で結成される跨境的自発結社は異なった意義を持つこととなった。一九〇七年、中国の章炳麟や張継、インドのダイ、フィリピンのポンセ、ベトナムのファン・ボイ・チャウ、朝鮮の趙素昂《ちょうそこう》らによって東京で組織された亜洲和親会（東亜同盟会）はアジアの被侵略民族の団結を目的に掲げたが、日本人の参加者は帝国主義に反対する幸徳秋水や大杉栄、堺利彦らに限られていた。もちろん、被圧迫民族としての独立が切実な課題であった人々と、「もし東洋諸国の革命党にして、その眼中国家の別なく、人種の別なく、ただちに世界主義・社会主義の旗幟《きし》の下に大連合を形成するに至らんか、二〇世紀の東洋は実に革命の天地たらん」（「病間放語」『高知新聞』一九〇八年一月一日）という展望をもっていた幸徳らとが同床異夢であったことも否めない。一九一五年秋に朝鮮・中国・台湾の留学生によって結成された新亜同盟党に日本人に参加が呼びかけられることはなかったのは、そうした状況を浮かび上がらせるものであった。

こうしてアジアの人々からすれば植民地拡張に向けて走り出した日本は、もはや新たなアジアを構想し共に構築していくパートナーとはなりえず、むしろ欧米と連携してアジアでの覇権を求めるという意味において「アジアの公敵」と見なされることになった。そのことはまた日本人の中でも自覚されており、日本自身が変わるためにもアジアが変わらなければならないという思いから、日本政府に反対して独立運動家を物心両面で支援した人も少数ではあれ存在した。金玉均、禹範善《うはんぜん》、黄鉄らを支援した須永元、金玉均や孫文らへの助力を惜しまなかった渡邊元、ファン・ボイ・チャウらを支援した浅羽佐喜太《あさばさきた》郎《ろう》などは、私財を擲《なげう》ってアジア新生面の到来に希望をかけたのである。

さらに山東半島問題などを巡る五・四運動によって日中対立が顕在化していくなかで、相互の誤解を解消するためには直接に出会い、意見を交換すべきだとした吉野作造は「いかにして両国民衆の間に、協同提携の機会を作るべきかが焦眉の急務である」(「支那の排日的騒擾と根本的解決策」『東方時論』一九一九年七月号)として日中の学生・教授交流を呼びかけた。吉野はこの計画を北洋法政学堂時代の生徒であった北京大学教授・李大釗に告げ、李も賛同して吉野の訪中を促している。また五・四運動の主体であった全国学生連合会からも吉野が組織した黎明会に宛てて軍閥打破のために互いに協力しあうことを要請する挨拶状が送られてきた。そして、翌年、吉野の弟子で孫文の支援者であった宮崎滔天の子息・龍介が上海に渡って全国学生連合会大会で演説をおこない、五月には北京大学教授・高一涵《こういちかん》(明治大学政治科留学)と学生五人が来日して東京大学・早稲田大学・京都大学などを訪問して教授・学生そして労働運動のリーダーなどの意見交換が実現している。これに応えるべく日本でも吉野らの訪中が企図されたが、日本政府が「日支国交上、面白からず」という理由で中国渡航を禁止したため計画は実現しなかった。

こうして日中の学生・教授の交流によって両国の改革をめざした運動は頓挫してしまったが、日本に留学した中国・朝鮮・台湾の学生や亡命者たちによる跨境《こきょう》的連携の動きは、当局の厳しい監視の下でも途絶えることはなかった。一九二〇年には宮崎龍介や堺利彦・下中弥三郎・大山郁夫らが中国の権煕国《けんきこく》、兪《ゆ》顕庭《けんてい》、呉我ら、そして朝鮮の林春涛らとともに、「人類をして国民的憎悪、人権的偏見を去って、本然互助の生活に進ましめる」ことを目的に掲げてコスモポリタンの結集を意味するコスモ倶楽部を設立している(図1参照)。コスモ倶楽部はまた「支那、露西亜、英領印度等の同志を糾合し世界的に其の連絡を執《と》ら

図2　亜細亜公論

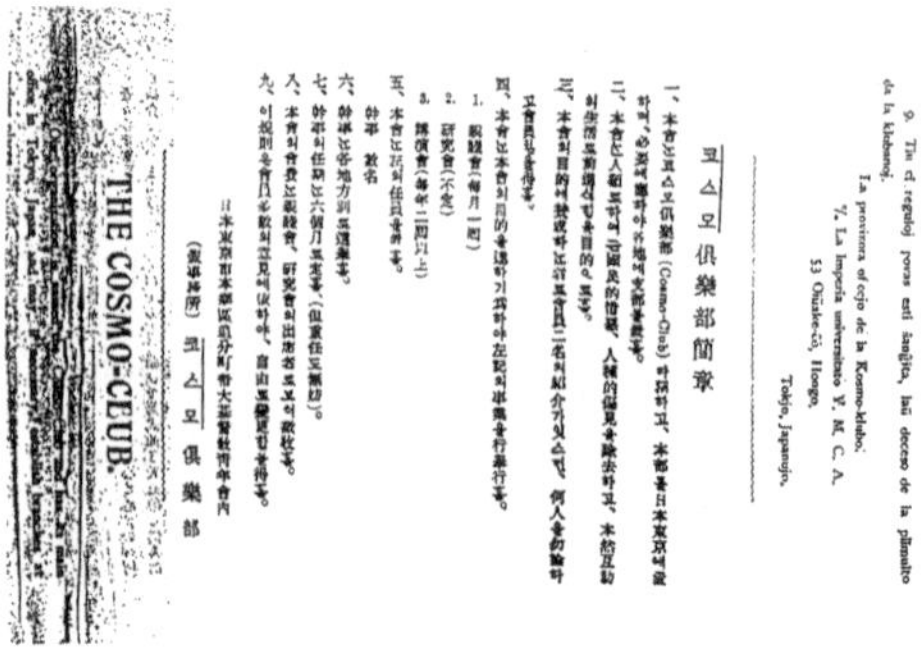

図1　コスモ倶楽部　朝鮮語規約
（右はエスペラント語、左は英語）

むとする」との目的を掲げていたが、ロシアの盲目詩人エロシェンコ（Eroshenko, Vasiliy Yakovlevich）も参加していた。コスモ倶楽部は新人会や日本社会主義同盟などともメンバーが重なっており、日本の社会改革をアジアさらには世界的な連携によって達成するために東京国際倶楽部へと展開していった。

その後、一九二二年五月には朝鮮の柳泰慶を中心として、「中日朝三文体にして亜細亜各国名士淑女の意見を発表すると同時に東京に遊学する各国留学生の事情を掲載する」ことを目的に『亜細亜公論』（図2参照）が創刊されている。この雑誌は漢文・日本文・ハングルの三つの言語を用いることによって「亜細亜各国人の輿論機関」とすることをめざし、「亜細亜各国に於ける人種的差別感より来たる諸種の弊害を一掃し、各国人に世界的人類愛の自覚を促し、此の自覚を基礎として各人の天分を発揮」（「編集後記」一九二二年一二月号）させたいとしていた。アジアを基盤としながら人類への貢献を目的に掲げたことでも新たな時代の到来を告げるものであった。『亜細亜公論』には石橋湛山「日本は大日本主義を放棄すべし」という論稿が掲げられたが、そのほか同誌には、朝鮮の黄錫禹《こうしゃくう》や金熙明《きんきめい》、中国の戴季陶《たいきとう》や傅立魚《ふりつぎょ》、インドのビハリ・ボース、日本の宮崎龍介・大山郁夫・布施辰治などが寄稿している。注目すべきは台湾留学生である蔡培火・黄呈聡・王敏川が重要な筆者となっていた点である。ここには日本の植民地であった朝鮮と台湾の留学生が連携し、植民地からの解放のみならずアジアに住む人間が、人類の一員としてのいかに貢献すべきかを課題として集うという言論の場が生まれていたのである。

四　おわりに

このように日本を拠点にしたアジアの人々の跨境的自発結社には、振亜・興亜・東亜・大東亜・亜洲・新亜・亜細亜・大東そしてコスモなどの名称が冠せられていたが、そこには人々が自らのナショナルなアイデンティティを、アジアさらには世界の中でいかに位置づけるのかを模索した軌跡が刻印されている。もちろん、こうした自発的結社に集った人々の意図は様々であり、吉野作造や李大釗などの相互交流の試みも成果を挙げることはできなかった。しかし、国家や民族レベルでの対立感情が高まる中、その深い亀裂の海を小枝によって埋めようとした「精衛塡海《せいえいてんかい》」とも言うべき先人たちの営みは、確かにできそうもないことを企てて結局それが無駄に終わったと言えるとはしても、同時にまた失敗を懼れず、持続する強固な志を引きつぐ必要性を私たちに示唆しているとも解釈できるはずである。

魯迅はハンガリーの詩人ペテーフィ・シャンドルの詩の一節、「絶望が虚妄であることは、希望がむなしいことと同じだ」という言葉を愛したが、私たちもまた徒らに絶望することもなく、空虚な希望に身を委ねることもなく、空間アジアを生み出した歴史を振り返りつつ、新たな共属感覚の対象としてのアジアをいかに創出していくか、という問いに答え続けていかなければならないように思われる。

第六章　東アジアにおける共同体と空間の位相
――「環地方学」からアジアを問い返す

一　イコン（聖像）化される言説の命運

「アジアは一つ（Asia is one）」という岡倉天心の蠱惑《こわく》的な断言は、呪縛的な効果さえ持つ。それは神託や呪術師の御託宣のように、抽象的なために却って、ひとつの要請があたかも避けえない宿命であるかのごとく絶対的な指示性をもって受け取ることを強いる響きを孕《はら》んでいる。

しかし、ある言葉を運命として受け取るのは、あくまで認識する側の条件に拠る。ある定言を意味あるものとして受け入れ、それをあるべき事態とみなし、その実現を図ろうとするのは、そのことに意義を見出すことのできる人に限られるからである。言葉は存在を規定するとともに、存在のありようが言葉の意味を規定する。そして同時に人間は、言葉や観念なしには生きられない。そのことの意味を最も深く信じたいと願ったのが、他ならぬ詩人としての天賦の才を享《う》けた天心自身であっただろう。そう信じなければ、彼自身の存在が無になることを知悉《ちしつ》していたが故に。

だが、その天心にしても、「アジアは一つ」という断言が後世、武力によって西洋をアジアから追放し、そこに日本が盟主として立つためのスローガンとなって人々を捉えて放さない魔術語となって時代を席巻するとは夢想だにしなかったに違いない。むろん、言葉は発話者の意図を離れて、新たな意味を加え、さらには人々を思いもよらなかった所にまで歩ませてしまう。

「アジアは一つ」という惹句《じゃっく》も戦時中の一九四四年に大日本文学報国会が編纂した『国民座右銘』のうち、まさに「大東亜」戦争と称された戦争の開戦日である一二月八日に掲げられたことによって、時代を表象し、時代と人々を嚮導《きょうどう》していく言葉となり、一部の美術研究者以外に知られることもなかった天心その人も「大東亜解放の予言者」として歴史の帳《とばり》の中から呼び戻されることとなった。天心自身は、英語でのみ「Asia is one」と一度だけ表現したものの、日本語で「アジアは一つ」などと表現したことはなかったにも拘わらず、である。

ちなみに一九〇五年に *The ideals of the East* と題した英文によって刊行された「アジアは一つ」で始まる本が、『東洋の理想』として訳され、その存在が知られるようになったのは一九二二年の日本美術院編『天心先生欧文著書抄訳』(ここで福原麟太郎は「亜細亜は一体である」と訳している)公刊以降においてであり、一九三八年の浅野晃《あさのあきら》による邦訳版によって漸く一般にも知られるようになったというのが実状であった。その経緯のなかに「アジアは一つ」という要請に対する日本人のスタンスが示されている。少なくとも、欧米との戦争が仮想のものではなくなったことによって、それは現実性を持ちはじめたと受け取られたのである。けっして「アジアは一つ」という事態に向けて近代日本は推移してきたわけではなかったし、それが日本外交を導く目標となることなど、ついぞなかったはずである(1)。

しかし、一たび、意識されるやそれは巨大なる虚妄に過ぎない「八紘一宇」という仮構へ至るための不可欠の過程を示す、切実な課題を提示するかのごとくに受け入れられ、自らを鼓舞し敵を憎悪するための激語として急速に流布していったのである。そして、一九四三年一一月に開催された大東亜会議の成果を喧伝《けんでん》するために情報局が刊行した各国代表演説集は『アジアは一つなり』と題して刊行された。そこでは欧米帝国主義が自らの統治の利便のために大東亜諸民族の分割を図ってきたにも拘わらず、戦争遂行を通じてお互いが引き離されてきたアジア諸民族が、今や友邦として一つになる日が来た歴史的達成の意義が讃えられた。とはいえ、石原莞爾《いしわらかんじ》・曹寧柱《そうねいちゅう》らの東亜連盟や下中弥三郎・松井石根らの大亜細亜協会、三木清・尾崎秀実《おざきほつみ》らの東亜協同体論などの運動や議論が、国境を越えて多少なりとも思想的同調者や共鳴者を持ちえたに比べれば、「アジアは一つ」というスローガンは包括的であるだけに空疎な惹句にすぎなかったことは否めない。その意味では、インドの独立運動家の一部でモットーとして掲げられたにせよ、「アジアは一つ」というスローガンの政治的効用をあまりに過大視することもまた歴史的事実に反するかもしれない。

だが、思想や運動における有効性という以上に、如上のような政治的背景をもって標榜《ひょうぼう》されたことによって、「大東亜」戦争と「アジアは一つ」とは少なくともイメージのうえでは不可分のものとして流布していったことは否定できない。その歴史的事象から八〇年近くを経た現在において、「アジアは一つ」という言葉をもう一度、眼前の事態に即しつつ自らの課題として採りあげようとするとき、それが日本のみならずアジアの人々を戦争に動員するために使われたという事実を抜きにして、天心が言葉を発した時点にストレートに立ち戻れないことも当然であろう。

もちろん、後世の者にとって検討に値するのは、害毒までも含んだ毒ある思想や言葉であり、毒のない思想や思想など社会に働きかける力もないゆえに思想や言葉としての存在理由もない、と開き直ることは可能である。しかしながら、その毒ある思想や言葉によって災厄を受けた人々にとって害は害、毒は毒でしかなく、災厄を生む思想や言葉に意義など認めようがないことは、紛れもない真実である。そして、人もまた現在も将来も過去との繋がりのなかに存在しているものである以上、その言葉を発し、その言葉に酔った日本ないし日本人としての存在被拘束性というものを没却することはできない。

何よりも日本を含む東アジアにおいては、日本ないし日本人がアジアを語るという、そのこと自体に「大東亜共栄圏の再現をめざすのか」という激しい警戒感と嫌悪感とが条件反射的に現れる状況が今なお存在することを考えれば――たとえそこに自らの反対者の発言力を抑えようとする政治的思惑が働いているとしても――この問題を発論していくにあたっては十二分の配慮が必要であろう。他方、アジアをめぐる昨今の日本の言説状況に目をやると、歴史的不感症や事実への無知から発せられる断章取義の放論が、思想史の衣装をまといながら、アクロバチックな論理ゆえにあたかも特異で新たな意匠をもたらしているかのごとき幻想をもって迎えられているという浮薄な事態がある。

こうした対極的な言説状況に鑑みるとき、東アジア共同体の可能性と必要性を論じるに際しては、不必要な警戒感を呼び起こさないような慎重な論の運びと同時に、不要な軽佻さに足元をすくわれないことが、今ほど要請されている時はないと思われる。そうであるとすれば東アジア共同体の必要性を論じるにあたって、前述のような歴史的経緯からして大東亜共栄圏のイデオロギーと直結して想起される「アジアは一つ」という言葉を掲げることの不用意さには、いかにも肯んじがたい。

過去を否定することだけが将来の前提とならざるをえないという事態は、なるほど不幸であるには違いない。しかし、過去に一切係わらない現在など何処にもありえない。だからこそ、そこからどう踏み出していくべきなのかについて安易であってはならないのである。いずれにしても、これらのことがらを前提にすれば、東アジア共同体の問題を論じるにあたって「アジアは一つ」という言葉やアジア主義と直接に結びつける主張は、私には有害無益としか思われない。

しかしながら、「モンゴルのアジア征服によって、仏教の地はばらばらに引き裂かれ、再び統一することは決してないのだ。アジアの諸国は今や何とお互いを知り合うことの少ないことか」（『日本の覚醒』一九〇四年）と明らかにアジアの一体性が喪失してしまって今や無いことを慨嘆しながら、そのうえでなおかつ祈願として、あるいは反語的願望として「窮極と普遍を求めることにおいてアジアは一つ」と発せざるを得なかった天心の想いとそこで問われた思想課題のなかには時空を越えて、なお私たち自身の思索にとって糧とすべきか否かについては慎重に検討する必要がある。そしてその現在性を一切無視することもできない。課題は現実を批判するために提起されるが、現実もまた課題によって批判されるからである。

そこで以下、既に東アジア共同体についての議論が奔流のごとく溢れていることに鑑み、アジアとりわけ東アジアという空間のなかでの「共同体」という存在の一面を確認することを通じて、地方公共団体と国家さらにはアジア地域と世界との関連をいかに構想していくのかという視点から考えてみたい。

二　東アジア共同体論の推移

東アジア共同体をめぐる議論は、賛否を含め現在も盛んであり、今後もまた活発化していくであろう。それに対しては、いや、東アジア共同体は既に進行している事態であり、それを押しとどめることはできず、もはや議論の段階ではない、という見解もある。ただ、東アジアにおける経済的な相互浸透と相互依存は日々に深化し、例えば日本にとって貿易の最大相手国はアメリカから中国へと転じた。そのため中国の台頭への警戒感から、その経済的崩壊を一種の願望を込めて必然視することも、それが日本経済の共倒れを意味するものである以上、自らの首を絞めるに等しい所為となった。その限りで、日中そして両国との貿易を不可欠とする韓国にとっても東北アジアは経済的な運命共同体となっており、さらにアジア全域にわたる経済市場としての成長に鑑みれば、この趨勢を否定することはできないようにみえる。

しかし、それはグローバリゼーションの波がアジア世界を覆いつつあることを意味するのであって、それを敢えて経済のグローバル化過程から切り出して強調するのは局面の肥大視であるとみることも可能である。何よりも東アジア共同体についての議論の盛行にも拘わらず、具体的にその共同体がいかなる内実をもつのか、というヴィジョンとそこに至る手順についての青写真が提示され、それが共有されているとは言い難い情況にあり、ブロック経済圏論にすぎないものも少なくない。

のみならず、日本が東アジア共同体を提唱することには、東アジア共同体という用語が定着してくる過程とも係わって、少なからず警戒感がつきまとっている[2]。そこには日本における東アジア共同体論のたどった経緯が反映している。しかし、現在では、もはや遠い過去のできごととして忘れ去られているかも知れないため、ここで再確認しておくと、日本における東アジア共同体構想は、二〇〇一年一一月中国が二〇一〇年までのアセアンとの自由貿易協定（ＦＴＡ）締結に合意したことに対抗的に提起されたものであった。具体的には、二〇〇二年一月、東南アジアを歴訪した小泉純一郎首相が日本とアセアンは「共に歩み、共に進むコミュニティーの構築」をめざすとし、翌年一二月に東京で開催された日本・アセアン特別首脳会議における東京宣言で「東アジア・コミュニティー」と表現するという経緯をたどった[3]。そして、二〇〇四年九月の国連総会演説において、「東アジア共同体」という言葉を用いたことによって、以後、政府の公式用語となりメディアにおいても定着することになったものである。そして、二〇〇九年九月に民主党政権で鳩山由紀夫首相が東アジア共同体構想を長期的ビジョンとして推進し、日米同盟強化の基礎とすることを唱えたことで外交政策の中軸として注目されることになった。しかし、鳩山政権の外交政策全体が空転していく中で東アジア共同体論を含むグランドデザインは、漂流を続け、今日に至っている。

こうした経緯を踏まえて改めて確認しておくべきことがある。それは何よりも、東アジア共同体において使用されている共同体すなわち英語のコミュニティーという概念によって、いかなるものが志向されているのかは必ずしも明確にされてこなかったという問題である。その表記に関しても外務省の発表では、East Asian community、略記してＥＡｃとされていたのに対して、多くの場合は community を大文字にしてＥＡＣと書かれる場合が少なくない。そして、現在ではＥＡＣは East African Community（東アフリカ共同体）の略語として外務省では使用されている。

もちろん、より重要なことは表記の相違という以上に、それぞれの人が各人各様の思いを込めて、この「共同体」を語っているために、そこには同床異夢の齟齬《そご》が生まれ、正確な対話が成立していない点にこそある。さらには、東アジア共同体が中国と日本のヘゲモニー争いの具として用いられるとすれば、それは更なる軋轢《あつれき》を招来するだけの障害にしかならないし、あるいはそれが特定の企業の利害関係に収斂するだけなら、その利害の推移によって共同体も動揺を重ねるだけであろう。そして、より重要な問題は東アジア共同体を、どこの誰が、どのように要望しているのかが一向にみえてこない点にもある。

しかし、それがコミュニティーの不在を意味するかどうかは視点をかえてみる必要がある。

三 「環地方」としてのアジア

ところで、現時点での東アジア共同体論の多くは経済共同体のあり方を論じるものであるが、安全保障共同体（不戦共同体）や環境保護・生態系維持共同体の結成こそが課題であるとする議論もある。[4] いずれにしても、一般的に了解されている経済的共同体論であれ、自由貿易協定締結や関税同盟を超えて共同体を創り出すという以上は、将来的には新たな共同体に主権の一部を移譲することが想定されていなければならない。にもかかわらず、東アジア単一通貨の採用などの提案はあるものの、その時期や内容さらには実施に至るプロセスなどについては具体的な共通認識や合意形成には未だ程遠い状況にある。

他方、コミュニティーの語義にも係わる問題であるが、国家間共同体として東アジア・コミュニティーを考えるという「常識」から一度は自由になってみることも、あながち無意味ではないはずである。もちろん、近代主権国家にとって、対外的な外交決定権としての主権は唯一・不可分のものとして構成されてきており、それゆえに外交権は中央政府だけが専有するものであった。日本国憲法においても、外交や軍事は中央政府の専権事項であり、地方公共団体はこれに関与できない、という理解が主流である。

だが、近年、地方公共団体が国境を越えて共通事業に関与するという事例は、増加してきている。もちろん、当初は姉妹都市提携などによる「国際交流」が主であったが、現在では技術援助による地場産業の育成、環境保護・公害防止のための技術研修など多岐にわたるようになってきている。

例えば、青森県のつがる市（旧、車力村）はモンゴルへの寒冷地米作り技術移転を図っており、青森県の板柳町が北京市昌平区に林檎栽培技術を移転したことによって中国有数の林檎産地となっている。また、長野県塩尻市（旧、楢川村）では漆器産業をミャンマーに移転し、島根県浜田市（旧、三隅町）はブータンに対する手漉き紙技術の移転を進めてきた。

さらに北九州市は自らが重厚長大型の工業都市からの脱皮を図る過程で作りあげた公害処理・環境保全技術をアジアに向けて伝達することをめざし、そのための中核施設として国際協力事業団の研修施設を誘致してアジアからの研修生を受け入れている。また、中国・大連市に協力して「大連環境モデル地区計画」を策定するなど大気汚染・水質汚染を克服したノウハウを提供しているが、こうした一連の活動によって北九州市はアジアにおける環境人材育成のための国際研修都市として自らの価値を創出しつつある。こうした地方公共団体のハブ化は、環境保護・生態系維持共同体としての東アジア共同体の一つのあり方を示唆しているといえるであろう。

この他、北九州市・下関市・福岡市・韓国の仁川・釜山・蔚山、中国の大連・青島・天津・煙台などによる環黄海経済圏構想、そしてロシアのサハリン・ハバロフスク・アムール州や中国の黒龍江省などがロシアの天然資源、中国・北朝鮮の安価な労働力、韓国・日本の資本力と技術力を相互補完的に組み合わせることで開発を進めようとする環日本海経済圏構想などがある。こうした地方自治体の連携による局地経済圏（Regional Economic Zone）形成として今後とも進展していくものとみられる。東アジア共同体が政府や東京だけを核として発想されなければならない必然性など、どこにも存在しないのである。

こうした地方自治体の国際連携を推進する機構として、一九九六年に設立された北東アジア地域自治体連合（NEAR, The Association of North East Asia Regional Governments）がある。これは北東アジア地域にある自治体が互恵・平等の精神に基づいた交流協力のネットワークを形成することによって相互理解に基づいた信頼関係を構築し、行政・経済・文化などすべての分野における交流協力を進めて北東アジア地域の発展を目指すとともに紛争を回避して世界平和に寄与することを目的として設立されたものである。この自治体連合の略語NEARは、近くて親しいことを示す英単語とも通じており、「開かれた地球村」をめざすものでもある。この他、環境共同調査などの国際連携の組織として東アジア酸性雨モニタリングネットワーク（EANET, Acid Deposition Monitoring Network in East Asia）があり、ロシア・中国・モンゴル・韓国・ベトナム・フィリピン・マレーシア・カンボジア・インドネシア・タイ・ミャンマーなど一三カ国の参加を得て二〇〇一年から本格的測定を開始しており、そのネットワークセンターとして新潟市にあるアジア大気汚染研究センターが活動している。

このような地方自治体による国際連携活動については、その調整機関としての国連の活動も無視することはできない。二〇一七年一月現在、日本には三〇に近い国連機関が置かれているが、唯一、中部地方に設置されたものとして国際連合地域開発センター（UNCRD, United Nations Center for Regional Development）がある。これは一九七一年、国連と日本政府の協定に基づいて、開発途上国における地域に根ざした開発を支援するための組織として設立されたものだが、中部地方に設置されたのは中部地域が自動車を中心とする工業分野のみならず農業分野や都市計画の実施などの分野において戦後四半世紀で荒廃から立ち直った経験を途上国の参照事例として伝えることが国際貢献に繋がると考えられたためであった。このセンターが対象としている空間としての地域とは、東アジアといった国家を超えた地域だけを指すのではなく、中部圏や名古屋圏といった国家内の一定範域における空間特性に見合った政策パックを開発とみなし、持続可能な都市の開発・管理に対する支援を目的としている。地域によって異なる特性に応じて、異なった政策の処方箋を描くのは当然であるように考えられるが、日本国内ではむしろ画一的な開発が地域間平等をもたらす民主主義的施策とみなされ、その結果として著しい東京への一極集中化が進んだことは逆の意味でアジアの今後に示唆を与えるものである。国際連合地域開発センターの活動資金は日本政府が拠出してはいるが、愛知県や名古屋市などの地方自治体からのオフィスの無償提供や地元企業からの支援が重要な機能を果たしており、ローカルな主体がグローバルな地域支援活動の拠点となりうるということを実証している。

これまで概観してきたような自治体の国境を越えた連携活動は、地域的固有性をもつ経済の特性と消費者の需要に応じた少量多品種生産の促進や地域金融の自立という方向での主体にもなりうるものである。ここに自治体の自発性よる「地域主体型開発協力 CDI, Community-based Development Initiative」が成り立つ契機があり、それは国家が外交権を独占することによって阻害されてきた国境を跨《また》ぐコミュニティー形成を促すものである。(5) そこにはまた自治体による補完外交ないし準外交（paradiplomacy）という二一世紀アジアにおける可能性が孕まれていることは、北東アジア地域自治体連合には日本とは国交のない北朝鮮の二つの自治体が参加していることにも示されている。この他、特異な事例として北朝鮮・元山と鳥取県・境港市の国際交流があり、国交なき国家間における自治体の補完外交とみることができる。

こうして国民国家を内破し、国境を跨ぐ共同体を創出する契機を含むものとしてローカル・コミュニティーは存立しているのである。(6) このローカル・コミュニティーの連環としてアジアという空間が存在するという「環地方」の視点から歴史を省み、将来を構想する学知やヴィジョンが、今ほど求められている時はないように思われる。

四　普遍と特性の「一元不二」

　さて、翻って考えてみれば、アジアの近代とは一七世紀のヨーロッパに生まれた主権国家体系＝ウェストファリア体制という国際システムの下で、植民地となるかヨーロッパ国際法の文明国標準に適合した主権国家となるのかという選択を強いられた歴史過程でもあった。その文明国標準に適合するための文明とは、天心が慨嘆したように、「病院と魚雷、キリスト教宣教師と帝国主義、膨大な軍備と平和の維持」という矛盾するものの奇妙な結合としてしか存立できない文明であった。かくして「西洋人は、日本が平和な文芸にふけっていた間は野蛮国とみなしていたものである。しかし、満洲の戦場で大々的な殺戮をおこない始めるや文明国と呼んでいる」（『茶の本』一九〇六年）という痛烈なアイロニーに日本はさらされることになった。そして、「西洋はわれらに戦争を教えてくれた。それなら一体いつ、彼らは平和の恵みを学ぶのだろうか」（『日本の覚醒』）との反問を突きつける衝動を抑えきれなかった。天心にとって「アジアは精神的なればこそ、アジアなのである（Asia is nothing, if not spiritual.）」（『日本の覚醒』）。その意味では「アジアは一つ」という課題を精神的領域以外に持ち込むことは、天心の本意から外れることになる。

　しかしながら、天心が希求して已まなかったことは、なによりもアジアや欧米といった空間を越えて存在するはずの人類にとっての「窮極と普遍」とは何かを突き詰めることであり、天心自身はそれを美術史の領野において試みたのである。おそらく、岡倉天心をはじめとする明治の人々の思索に学ぶべきことは、何が究極的に人類がめざすべき普遍的なものであるかという問題を、その始原に立ち帰って問い返すことであろう。そして今、世界もアジアもそして日本も大きな岐路にさしかかっているなかで私たちが問われているのは、自分たちの生活している空間をいかなるものとして再構成していくのかという問題である。

先に触れたように、近代主権国家は紛れもなく西洋の所産であり、非欧世界はその異物としての国家を受け入れることによってのみ独立と存続が可能であった。そして、まことに皮肉なことに、当のヨーロッパにおいては主権国家のあり方を克服すべく共通の議会や通貨をもった欧州統合が進められている。それに反し、東アジアではチベットや新疆・ウイグル地区を含む中国本土と台湾、そして朝鮮半島の南北など各地において主権国家としていかなる統合形態を採るべきか、が二一世紀最大の政治課題となっている。さらに、国境線を区切ることを国民国家の最大使命とみなす国家意識の浸透のなかで、竹島＝独島にせよ、尖閣列島にせよ、南沙・西沙群島にせよ、カシミールにせよ、その排他的領有こそが戦火も辞さない生命線であるかのように取りざたされている。本来は異物であるはずの主権国家というあり方に最も固執するという逆説にアジアは自らを追い込んでしまっているのである。

明治時代、当時の国際法の本質を抉《えぐ》りだした国民主義者にしてジャーナリストであった陸羯南《くがかつなん》は、「国際法なるものは、実に欧州諸国の家法にして世界の公道にはあらず」（『原政及国際法』一八九三年）と喝破しながら、それを排除するのではなく、アジアや日本の立場から全人類に適合すべく是正することを通じて「国際公法を正理公道に基づけんことを希望するなり」と説いた。国際法のもつ侵略性や欧米中心主義を十二分に認識しつつ、真の意味で国際法を「欧州の家法」から「世界の公法」へ転換させることをもって人類に寄与することを日本人の思想課題としたのである。この問題意識を継承するとき、私たちもまたグローバル、リージョナル、ナショナルそしてローカルという四つの空間におけるコミュニティーのあり方とは何か、ということをそれこそ根源的《ラディカル》に問い返していく必要があるのではないだろうか。

東アジア共同体論に二一世紀アジアを展望するための何らかの理念的契機が含まれているとするならば、それは主権国家という共同性のあり方を根底的に問い直すことであり、そこではまた東アジア共同体などの地域共同体が何らかの世界システムを達成するまでの過渡的な地域システムとして希求されるのか、あるいはそれ自体が永続を望まれる価値としてありうるのか、というアジア共同体の存在理由《レーゾン・デートル》そのものが問われていることを明確に認識すべきであろう。

少なくとも私個人にとって、アジア共同体ないしアジア主義を考える意義とは、さまざまな空間を基盤としたコミュニティーのあり方を考える契機となる点にこそある。それは決してアジアという空間を特殊化し、他の空間との間に断層線《フォールトライン》を敢えて引くことに目的があるわけではない。かつて国境線は、「私たちと彼ら」を分断させる境界であった。しかし、今後は交流を促す接合線となり、さらには「軋轢を架け橋に、辺境を最前線に」変え、ナショナルな空間の対立をローカルな空間から解消していく根拠地となる可能性を孕《はら》んでいる。国境はもはや人と人とを分断し対立させるために存在しているのではなく、境界＝ボーダーこそが人々を繋ぐためのフロンティアとして立ち現れようとしているのである。

もちろん、グローバル自由資本主義によって止めどもなく拡大していく社会格差や経済格差を是正するための所得再配分機能など主権・国民国家に課せられた任務も無視することはできない。

しかし、これまで見てきたように世界は国家の集まりとしてだけ成立しているのではない。むしろローカルなものの集積・結合として「諸共同体の共同体」としてグローバル（世界）が構成されているという側面があることに着目していく必要がある。

ローカル空間とは取りも直さず、人々と生物にとって「生命の住処《すみか》」としてのエコロジーとエコノミーとが統合される「生きられる空間」としての生活現場として、あるいは生活世界として存在しているからである。そして、コミュニティーがローカル空間を基盤にしつつインター・ローカルなものとして形成されていくとすれば東アジア共同体もまたその一つとしてある他はない。しかも、いかなるコミュニティーであれ、そこでは「何のための、誰による共同体なのか」についての共通認識が成立しなければならない。なぜなら、コミュニティー形成とは、相互交流の中から異質の価値観の共存を許容できる状態を生む努力であるとともに、それが成員にとってアイデンティティを育んでいく生成過程に他ならないからである。

そもそも英語のコミュニティー（Community）の原義は、思想・利害の共通性や一致あるいは財産などの共有、共用を意味するものであり、そこから利害・職業などを同じくする人々の集合、あるいはその人々の住む地域・空間を指すようになったものである。いかなるコミュニティーもニーズに応じて生み出される成員の相互交流の中から異質の価値観の共存を許容できる状態を生む努力を重ねることによって、その空間へ共属感が生まれ、安定を得る。逆にまた空間・地域の範域も、そこに住む人のアイデンティティの変化に応じて変容していく。アジアという空間の範域が未来永劫、不変である根拠などどこにもないのである。

もちろん、こうした共属感は「生きられる空間」における生活様式や価値観の共有の原因でもあるとともに、同時に結果としてもたらされるものである。アジアという空間においてその秩序構成原理となるものを「アジア的価値」と称することができるとすれば、私にとってそれは『老子』のいう「混成」であり、『荘子』にある「両行」であり、仏教・華厳にみえる「多即一」「一即多」の「事事無礙法界《じじむげほうかい》」

であり、インドネシアにおいては「多様性の中の統一」を意味する「ビネカ・トゥンガル・イカ」として表現されるものであるように思われる。それは南アジアにおいては「多様性や差異のなかの一致（Unity in Diversity）」というスローガンとして掲げられてきたものと相通じる。

このDiversityという語は、元来は人種・性別・宗教による多様性を指していたが、今日ではＬＧＢＴなどの様々なマイノリティを含めた多様性のなかに一致を求めるものとなりつつある。そして、このような「多にして一」というあり方こそ、天心が『東洋の理想』において喪われ分断されたアジアを一つに恢復することを求めて提示した「一元不二（Advitism）」や「複雑の中の統一ともいうべきアジア的特性」と表現したものとも通底しているように思えてならないのである。[7]

ただし、私にとってこのアジア的価値あるいはアジア的特性というものが、意義をもつとすれば、それは西洋や西洋文明に対抗し排斥するための拠点としてアジアが固有な存在意義をもつからではなく、普遍である限りアジア以外の空間においても妥当するという点においてである。それらはアジアという空間域を超えて他の空間においても適応可能であることにおいて初めて「価値」たりうる。そうでないとすれば、それはあくまでパラキュアル（特異）なものとして存在するに過ぎないことになる。特性は普遍を排除しないし、普遍ならば特性を含み込む。それはあたかも天心が孔子の共同主義をもつ中国人とヴェーダの個人主義をもつインド人とをヒマラヤ山脈が分け隔てているのも「両者それぞれの特色を強調しようとするためにすぎない」と見たように、アジアとヨーロッパ、アメリカ、アフリカを分け隔てている空間的障壁が存在するとしても、それはそれぞれの特色を際立たせるためにあるはずであり、アジア共同体なるものが他を隔絶することを目的とするとすればそれは跨境団体のあり方としては背理でしかない。

しかし、その反面で現今のアジアは、アジア的価値を日々に喪失しつつあることを明確に認識しておく必要があるだろう。天心は「巨大さは真の偉大さとはいえず、豪奢《ごうしゃ》な生活を享楽することが文化であるわけでもない。近代文明という巨大な機械を作りだした個々人は機械的習慣の奴隷となり、自らが生みだした怪物に呵責《かしゃく》なくこき使われている。西洋は自由を誇っているが、富を得ようとする競争によって真の個性は損なわれ、幸福と満足は止むことのないより多くの渇望の犠牲となっている」(『日本の覚醒』)と一世紀前に看破した。この疑念は当然に西洋文明とその「進歩」のもつ偏頗性を否定し、アジアの側からの価値の提示を企図するものであった。しかしながら、現在、「富を得ようとする競争によって真の個性は損なわれ、幸福と満足は止むことのないより多くの渇望の犠牲となっている」のは、それを否定することに嘗ては存在意義を見いだしたはずのアジアであり、皮肉にもそれが経済成長の駆動力となっている。

かくして、文明や個人の自由などに関する根底的な問い返しを真正面から受けとめなければならないのは、二一世紀アジアに住む私たち自身であり、そこにこそ同時代的課題として天心に向き合う、真の思想的現在性があるのではないのだろうか。(8)

そしてまた、ここで模索したように、二一世紀において東アジア共同体という問題を考えるということは、取りも直さずこれまで国家論という範疇で議論されてきた問題を空間論と共同体論との関連のなかで再構成し、「環地方」という視点から新たなコミュニティー論を提起していくことと真っ直ぐに繋がっているのである。

(1)「アジアは一つ」という命題に対しては津田左右吉の文化史や宗教学の関連からの否定論を始めとして種々

の学知から議論が提起されたが、それはまた「アジア」という空間をいかに境界づけるのかという問いに答えることでもあり、アジア外交をいかなるプロジェクトとして位置づけるかの政策課題でもあった。これらの諸問題の歴史的実相については拙著『思想課題としてのアジア——基軸・連鎖・投企』（岩波書店）において論及した。

（2）逆に、東アジアにおける共同体形成の背後には中国による地域覇権主義が存在する以上、東アジア共同体形成は日本のみならず東アジア全域にとってもパクス・シニカに屈する道を開くだけに過ぎないと説く渡辺利夫「東アジアに共同体はなじまない」（『中央公論』二〇〇六年二月号）などの反対論も少なくなかった。

（3）小泉演説においては、オーストラリアとニュージーランドのオセアニアの二国も東アジア共同体に含まれていたが、これも中国のへゲモニー拡張主義に対抗するためと受けとめられた。この他、ブリックスの経済発展のなかでインドを東アジア共同体に入れるとの議論もあるが、その論拠は日本にとっての経済的必要性という以上に「共同性」の意義を何ら究めたものではない。それをあたかも先見性があるかのごとく自賛するのは、不可思議というしかない。

（4）現在の欧州連合が石炭鉄鋼共同体から始まっていることは周知の通りだが、ヨーロッパ統合構想に関してはヨーロッパ安全保障共同体さらには非戦共同体としての世界（連邦）政府をめざすものとして、サン・ピエール、ルソー、サン・シモンそして第一次世界大戦後のマックス・シェーラーなどに至るまで脈々たる思想伝統が基底にある。この点も東アジア共同体を構想していくための引照基準として考察されるべきであろう。なお、サン・ピエールなどの非戦共同体構想や小野梓らの世界政府論などについては、拙著『憲法9条の思想水脈』（朝日新聞出版）参照戴きたい。

（5）ここでは日本とアジア地域における自治体の国際連携を取り上げたが、ローカルなコミュニティーによる「世界変革への地方からの挑戦（Local challenge to global change）」は、アジアに限られた運動ではない。私は、こうしたインター・ローカル運動を支えるための研究分野としても「環地方学《リーローカロジー》（Relocalogy）」を構想していきたいと考えている。ちなみに、一九九五年オランダのハーグで組織された国際自治体連合は、二〇〇四年には「都市・自治体連合（UCLG：United Cities and Local Government）」として活動を展開しており、二一世紀においてはNGOやNPOとともに自治体が国際政治における主要なアクターとしての機能を果たすことになる可能性がある。なお、広域共同体構想の引照基準としての日本では欧州連合（EU）が先例として参照されることが多い。しかし、二〇一七年一月、イギリスのメイ首相がEUの単一市場からの完全離脱を表明するなどEUの一体性に崩壊のきざしがある。そうした趨勢にある中で、私はユーロリージョン（euroregion）方式こそ、アジアにとっての引照事例としては有意義ではないかと考えている。ユーロリージョンとは一九五八年のドイツとオランダの国境にうまれたオイレギオ（Euregio）から始まったものであり、「国境を越えた複数の地方および地域当局によって組織された常設事務局および技術・行政チームを有する連合体」として、伝統的産業保護や中小企業支援などの経済援助・外国からの投資の招請のほか、自然保護・自然災害への共同対処、教育・観光などを推進するための文化協力などソフト・セキュリティの分野で「国境を越えた協力（transfrontier cooperation）」を進めてきている。中でも注視すべきは、民族・歴史的遺産の保存事業や交換教育などによって民族間対話による対立・紛争の融和事業において成果を挙げてきたことであり、日・中・韓にわだかまる対立感情を解消していくためにも参考とすべきであろう。

（6）　東アジア共同体を具体化していくうえではアセアンを重要な構成員として考えなければならないが、アセアンが今日まで発展してきた基盤には政治体制の相違などを含めて、内政不干渉原則が厳守されてきたことを無視できない。そうである以上、東アジア共同体が現実的に機能していくためには、いずれの国も覇権をもつことなく、内政不干渉原則を核としなければならない。その限りで、東アジア共同体はEUとは違って国家主権の共有に至るには実態的な相互交流の進展を待たなければならない。

（7）　多中心的な柔らかな相互受容を秩序編成原理におけるアジア的価値とみることについては、拙稿「『多にして一』の秩序原理と日本の選択」（『ユーラシアの岸辺から』岩波書店、所収）を参照戴きたい。そこでは鈴木大拙の「朕兆未分以前」や『荘子』の「渾沌」などにも論及したが、天心の号をもつ岡倉覚三がまた「渾沌子」と名乗ったように、天心の発想の基底に老荘思想の影響があったことも想起されるべきであろう。

(8) この点に関し、小山正太郎「書は美術にあらず」に対して天心が一八八二年に書いた反論もまた現状を省みるうえで重要である。そこで天心は「嗚呼、西洋開化は利欲の開化なり。利欲の開化は道徳の心を損じ、風雅の情を破り、人身をして唯だ一個の射利器械たらしむ。貧者は益々貧しく、富人は益々富み、一般の幸福を増加する能わざるなり」と告発したが、天心が警戒していた事態はアジアにおける経済発展として賞揚されている中で私たちの眼前で進行している情況であり、かつグローバル経済が世界にもたらしているものではないだろうか。

Ⅲ　平和思想の史脈

第七章　日本の非暴力思想の史脈とその展開

一　「非暴力」とは何か

「毎日が記念日」と言っていいほど、記念日や国際デーがあふれていますので、一〇月二日は何の日だったか、と問われると答えに窮します。しかし、インドでなら「独立の父」と称されるマハトマ・ガンディーの生誕記念日として知られています。そして、二〇〇七年六月一五日、国連総会は一〇月二日を「国際非暴力デー」とすることを決定しました。この日が「非暴力デー（International Day of Non-Violence)」と定められたのは、もちろんガンディーの誕生日に因んだものです。

ここでガンディーの誕生日をもって非暴力の日とする理由として挙げられているのは、ガンディーが「非暴力の哲学と戦略のパイオニア」であるからだとされています。マハトマ＝「偉大なる魂」と呼ばれたガンディーは、南アフリカやインドにおける不当な人権差別や迫害を体験し、その抑圧された人々の人権を擁護するためにサティヤグラハ運動を組織し、指導しました。しかし、ガンディーがサティヤグラハというヒンディー語を使ったのは、非暴力にあたる英語 non-violence では弱いと考え、「真実と愛から生まれる力」を自らが堅持する必要があると考えたからでした。その意味では、「国際非暴力デー」の英訳名では、ガンディーの真意とは、やや離れているのかもしれません。

しかし、もちろん、そのことは国際的に非暴力を訴えたガンディーの希望を損なうものではありません。いや、それどころか、連日、世界の各地で空爆やテロなどによって幼子から老人まで無辜《むこ》の人々が殺傷されている現状においてこそ、最も要請されているに違いないはずです。そして、ガンディーのサティヤグラハ運動の根底にあったアヒンサーの思想に学ぶ必要があるあずです。

アヒンサーは、不殺生や不傷害を意味し、インドにおける宗教の基軸となってきました。ジャイナ教では、動植物など一切の生類の殺害を禁止しています。しかし、人が生きていくうえで一切の生類を殺害しないということは困難です。他方で、人が人に対して不殺生や不傷害であることは、そのまま非暴力となるのでしょうか。そもそも非暴力とは、何を意味するのでしょうか。戦争など物理的暴力で人を傷つけるということは、もちろん傷害であり暴力であることはわかりやすいのですが、それ以外の暴力はないのでしょうか。つまり、物理的な力を使わない暴力は存在しないのかどうか。もしあるとすれば、非暴力をどう考えたらいいのかという問題があるわけです。

たとえば、強制力を用いて意思に従わせることが暴力だとすれば、それがない状態が「非暴力」であるという定義になってくるわけです。また生きものを殺さないというノー・キリング（no killing）、あるいは殺される脅威とか殺生を助長するような状況がないことが「非暴力」とも言えるかと思います。

さらに、人間が自然の一部であるとするならば、暴力や非暴力は、人間と人間の関係だけにおいて存在するわけではありません。生きとし生けるもの、動物・植物等を含めて、自然に対して人間が行うことが暴力であり、自然や生態系を傷つけないことも「非暴力」であるはずです。

「市民的不服従」と「薫化」と「不殺生」

さて私たちが一般的に「非暴力」として先ず思い浮かべるのは、ヨーロッパの思想史でいう「市民的不服従（civil disobedience）」という考え方かと思われます。

市民的不服従とは、良心に基づいて、あくまでも物理的な暴力を使わずに自らが不正ないし悪と考える法令や命令に従うことを拒否するものです。この悪法や暴政に対して抵抗することは、抵抗権（right of resistance）の思想ともつながりますが、暴力的な反乱や革命を容認するものではありません。こうした抵抗運動としては、ガンディーがイギリス植民地政府による塩の専売に反対することで植民地統治の土台を揺るがした「塩の行進」があり、南アフリカにおけるネルソン・マンデラに代表される反アパルトヘイト闘争がありました。また、アメリカのマーティン・ルーサー・キング牧師の六〇年代の公民権運動なども挙げられます。ガンディーの非暴力思想は、インドの伝統的思想に基づくとともに、アメリカの思想家デヴィッド・ソローの市民的抵抗の思想を、もう一度ガンディーの中で消化したものと考えられています。

もちろん、私は、その思想がヨーロッパで生まれたかアジアで生まれたか、そのこと自体を問題にしているのではありません。いかなる国の、いかなる時代の人の思想であろうが、私たちは人類の一員として、その知的遺産を受け継いでいく権利と義務があると思っています。

それでは、非暴力について、ヨーロッパ的な「不服従」以外の考え方はなかったのでしょうか。そこで想起されるのは「不殺生戒」と「薫化」ということです。

「薫化」については、中国の『菜根譚《さいこんたん》』に、「欺詐《ぎさ》の人に遇《あ》わば、誠心を以て之を感動し、暴戻《ぼうれい》の人に遇わば、和気を以て之を薫蒸《くんじょう》す」とあります。この「薫蒸す」ることを「薫化」というわけです。

これを私なりに解釈しますと、「人を欺いたり、偽るような人間に会ったならば、ひたすら真心をもってこれに接し、こちらの誠意によって相手を変えていく」ということになるでしょうか。決して力を使うのではなくて、誠意によって相手を変えていく。そして、非道な暴力を用いるような人に会ったならば、暴力で対抗するのではなく、真摯に全身全霊で相手を理解しようという和気をもって、これに対する。それによって、あたかも薫り高いお香が悪臭を除き、芳香をしみこませるように、相手を変えていく――これを「薫化」といい、「非暴力」の一つのあり方と考えることができるかと思います。

暴力に対して暴力で立ち向かうのではなくて、相手がこちらを傷つけようとすればするほど、誠心誠意をもって接し、相手を変えることによって、その暴力を抑えてしまおうということを考えたわけです。そういうふうにすれば、どんなに道を誤った人々でも必ず正道に立ち返るのだという考えが中国の思想にあります。しかも、『菜根譚』では、人間対人間の関係だけでなく、自然との関係でも同じように考えています。

また、例えば『正法眼蔵随聞記』で道元禅師は「人は我を殺すとも我は報《むくい》を加へじと思ひ定めれば、用心もせられず盗賊も愁《うれ》へられざるなり。時として安楽ならずと云ふことなし」と言っています。人が自分を殺そうとも自分は報復しないと決心すれば、身を護る用心もせずにすみ、盗賊への不安もなくなって、いつも安らかな気持ちでいられるということでしょう。これは悟りの境地かもしれませんが、相手が悪だからといってそれに報復しようとすれば、その段階で自分も悪になってしまう。だから、それを避けなければいけないという考えであります。

ところで、個人的な体験になりますが、私が子どものころ、近所に蚊を殺すことさえ怒るおじさんがいて、「蚊を殺してはいけない」と、おっしゃる。私が子どものころは、蚊帳《かや》をいうものを吊っていました。蚊帳というのは、虫とかを殺すのではなく、生かしつつ、自分たちも一緒に生きていくという文化だったとも言えますが、ともかく、蚊を殺してもいけないと言うおじさんは、魚を釣っても「食べないのだったら、川に返すべきだ」とおっしゃるわけです。ところが、このおじさんは、「実は、自分は中国戦線で、こういうふうに人を殺してきた」と洩《も》らされることがあり、それが、私にはずっと疑問でした。このおじさんだけでなく、「一寸の虫にも五分の魂」といって日常的には生命を慈しみながら、戦争に行ったら全く違った行動を取ることになることがよく理解できなかったのです。

そこには、戦争に駆り立てるようなシステムがあるだろうし、戦場という空間においては、日ごろは不殺生ということが自然に身についている人でも、自分でも思いつかないような行動に駆り立てるというシステムがあるとすれば、それは何なのか。さらに、日清戦争以後、一九四五年まで、ほぼ十年ごとに戦争してきた日本人は本当に好戦的な民族だったのだろうかという疑問が、私には漠然としたわだかまりとしてあったわけです。

おそらく、日本人は決して戦争にだけに狂奔したわけではなくて、むしろ戦争をどうやって止めるかということについて一生懸命考えていたのではないか。それは確かに大きな力にはならなかったとしても地下の水脈のように、眼前には見えなくとも、足元を掘ってみれば今も流れてきているのかどうかを確かめてみたいと思います。

そこで、「非暴力」ということを「非戦」そして「平和」について関連させて考えたいと思います。ただ、非暴力といっても、非暴力の《思想》と、暴力をやめさせる《システム》の問題があるわけですから、それを単に心の問題だけでこれを終わらせるわけにもいきません。それでは、どのようにすればこの社会から暴力・戦争をなくしていけるのだろうか、そのために、どういう方向を目指せばいいのかについて、日本、あるいはアジアの中の歴史を振り返りながら模索してみたいと思います。なお、史料の引用については、適宜、私なりに解釈して説明しますが、原文などにつきましては、拙著『憲法9条の思想水脈』(朝日新聞出版、二〇〇七年)でご確認ください。

二 幕末・明治前期の非暴力思想

幕末に活躍した思想家に横井小楠《よこいしょうなん》という人がいます。肥後熊本藩の出身で、越前藩の松平慶永《まつだいらよしなが》に招かれて政治顧問となります。そして、慶永が政事総裁職になると幕政改革や公武合体運動を推進し、改革派による雄藩連合構想を指導した儒学者です。小楠は「四海同胞主義」を主張しました。これは儒教にある普遍主義的な考え方で、国境や民族などに関係なく、「四海」すなわち世界の人間はみんな平等で同胞《はらから》つまり兄弟であるというのです。

小楠はその思想を次のように表明し、実行しようとしました。

「堯舜《ぎょうしゅん》孔子の道を明らかにし、そして西洋器械の術を尽す。なんぞ富国に止《とど》まらん、なんぞ強兵に止まらん。大義を四海に布《し》かんのみ」。

堯・舜・孔子の仁政、平和の道、道義というものを明らかにして、それを世界に広めていくことが日本人の使命だということを幕末に唱えたわけです。それとともに、小楠は「富国」や「強兵」を唱導しました。それはアヘン戦争以後の東アジアでは、単に道義的に正しいだけでは、大義を世界に広げることは難しいとして、相手から攻められた場合には、それに対しては守る必要があると考えたからです。しかし、それは武力を用いずに仁徳によって政治が行われる「堯舜孔子の道」としての平和を世界に呼びかけるための前提としてであって、富国強兵そのものが目的ではありませんでした。
そして小楠は、日本こそが「世界の世話やき」にならなければならないと主張しました。そのためには、自分たちがまず率先して兵を止める。つまり、相手を攻めるという意味での武力・武装を止めて、あくまでも専守防衛に徹する。同時に、日本だけではなく、アメリカに対して〝一緒に戦争廃止をやりましょう〟と訴えかけようと論じます。「米国と協議して、もって戦争の害を除くべきなり」というのです。

この発想は、幕末の対外的危機状況の中での発言としては奇異なものに聞こえるかもしれません。しかし、小楠という人は常人にない議論をする人であり、小楠と交流があった勝海舟の『氷川清話』に、こういう言葉があります。「おれは今まで天下で恐ろしいものを二人見た。それは、横井小楠と西郷南洲（隆盛）だ」。そして、小楠の思想が西郷によって実行されていたら、幕府はつぶれるが、日本は優れた国になっただろうとみて二人が志半ばで逝ってしまったことを嘆いていました。

横井小楠は、明治維新後、すぐに暗殺されてしまいましたので、彼の思想は生かされませんでした。しかし、その思想は徳富蘇峰や徳冨蘆花をはじめとする熊本実学党につながる人々にも非常に大きな影響を与えたのです。また、土佐の坂本龍馬が「日本を今一度せんたくいたし申候」という言い方をするわけですが、この言葉も、もとは横井小楠の言葉です。

それから、「五箇条の御誓文」における「万機公論に決すべし」という考え方も、実は小楠の発想です。それを、小楠に学んだ由利公正という人が受け継いで、「五箇条の御誓文」を起草することで明文化したわけです。

「世界合衆政府」と「世界憲法」の提唱

次に明治期に入って注目される人として小野梓《おのあずさ》がいます。現在の早稲田大学の前身である東京専門学校をつくった実質的な中心者です。大隈重信が創設者ですが、そのブレーンとして実際に学校の制度、建学の精神等をつくったのは小野梓や高田早苗《たかださなえ》らでした。

小野は一八歳のときに中国に行って、上海などで人々が抑圧される植民地の実情を見て憤りを禁じえませんでした。そういう状況を見て、大国、強国の不正義をやめさせるにはどうしたらよいかを小野は考え、「世界大合衆政府」というものをつくるべきだと言います。世界の賢哲が集って「一大合衆政府」をつくるべきだという、世界政府構想、世界連邦論を訴えました。

ご存じかと思いますが、日本の国会は戦後六〇年間、世界連邦をつくることを課題として努力していることになっており、超党派の両院議員による世界連邦日本国会委員会が、一九四九年の結成以来、現在も活動していることになっています。これは実は、一八歳の小野梓がすでに明治のはじめに提言していたことなのです。

それから中村正直という人がいます。『自由之理』とか『西国立志編』などの翻訳書によって、明治の人々に大きな影響を与えた人で「江戸川の聖人」と称されました。中村もまた儒教とキリスト教を深く究めた人でしたが、民族や国家が違うことによって世界の人々に強弱優劣をつける思想が生まれ、それを正当化するために優勝劣敗論などが流布する事態はおかしいと考えました。ヨーロッパの思想の影響もありますが、中村は人間というのは「世界同郷人」だというのです。決して、民族とか国境によって隔てられるものではない。全ての人が等しく、世界の同郷人として平和をつくるための努力をすべきだと主張します。

中村正直は「同人社」という英学塾をつくって朝鮮からの留学生も受け入れた人ですが、訓盲院《くんもういん》を設立して盲唖教育に着手し、従来は軽視されていた女子教育を推奨した人でもあります。良き妻や賢い母をつくることが良き社会をつくることになり、良き世界をつくる基盤になるという考えから同人社女学校を開設しました。中村の「良妻賢母論」という考え方は、女性を家庭に閉じ込めることになりますから問題がありますが、家庭というもの、母というもの、そして妻というものの社会的役割を、中村は考えたわけです。これが朝鮮や中国では「賢妻良母論」になるなど、アジアからの留学生を通じて次第に広がっていきます。

さらに、植木枝盛《うえきえもり》という人がいます。この人は、自由民権運動の中で「民権数え唄」などを作って民権思想の普及において指導的役割を果たしました。植木が考えたのは「宇内《うだい》無上憲法」という世界憲法論です。世界の人々が共に遵守する憲法をつくることによって、戦争というものをなくしてしまおうという発想です。

同時に、また植木は人民の「抵抗権」という思想をもっていました。先ほど触れました市民的不服従という考え方です。つまり、憲法によって定められた人民の権利を、もしも政府が侵すなら、政府に抵抗する自然的権利を人民はもっているというわけです。政府が正しいことをやっているときには、反抗してはならないとしても、政府が間違ったときには、反抗すること自体が市民の権利だという考え方です。これについても、反抗する手段として何が適切かなどいろいろな意見がありますから、植木がそれをどの程度具体的な戦略として持っていたかが問題とはなりますが、植木はそういう考え方をしたわけです。これも非暴力思想のもう一つの表れ方です。

非武装の「風」になる

さて、自由民権運動の主導的な理論家であった中江兆民に『三酔人経綸問答』という今でも読み継がれている本があります。これは、三人の異なった思想的立場の人が架空の討論をするというものですが、その一人に洋学紳士という人がいます。この人がヨーロッパのサン・ピエールやカントの永久平和論などを参考にしながら主張するのが、完全非武装国家としての日本のあり方でした。

洋学紳士が言うには、日本が完全非武装になったなら、よその国が攻めて来るのではないかという人がいるが、そうではない。もし日本が、軍備に使っている多額のお金を文化国家の建設に使い、あるいは他国の鉄道建設や科学の進歩のために使ったとする。もしそういう国が日本にできたとするならば、そういう文化的な国家を攻めた国こそが世界の非難を浴び、生き延びることができないだろうと言うわけです。これは「文化国家建設」という考え方ですが、ご存じのように戦後の日本が取った考え方です。

そして、中江兆民は「私たちは風になりましょう」と唱えました。身に寸鉄も帯びない、銃も持たない、風になる。すなわち、相手が剣をふるってきても、あくまで道義と礼儀で迎える。風というものは剣では斬れない。こちらが剣を持っていれば、剣と剣の戦いになるが、こちらは風なのだから斬ることはできない、相手は心に恥じて、どうすればよいか困るに違いないのではないかと言います。

これについてはもちろん「それではもし相手がそういう配慮をしなかった場合はどうするのか」といった反論があるかもしれませんが、そういう思想をもっていた人がいたという事実があります。

ただ、現在も世界的に広がっている実践として一九八一年一一月にイギリスのマンチェスター市が非核宣言を出して以降、世界的に普及した非核自治体の国際会議は国連NGOとなっています。日本でも非核自治体宣言をした自治体は全体の九〇%にも達し、さらに日本非核宣言自治体協議会は二〇一〇年に「北東アジア非核兵器地帯」を創設することを運動課題と決定しており、問題はいかに実現していくかということにあります。

三　日清・日露戦争と非戦論

さて、日本は一八九四年以降、日清・日露の戦争をすることになり非戦論が現れてくるわけです。ただ、公然と主張され、支持を得るようになったのは日露戦争のときです。

日清戦争のときには、ほとんどの人が反対しませんでした。日清戦争を「伊藤〔博文〕さんの朝鮮征伐」と呼んで強く反対をしたのは、勝海舟です。勝海舟は「朝鮮は、まさに再生しようとしている民族で、それに対して日本が介入する必要はない。そして、中国は日本がずっとお師匠様として学んできた国である。そういう国に対して兵隊を進めること自体、恩を忘れるような行為である。むしろ、中国との間は貿易によってお互いが助け合うことのほうが遙かに有益だ」という趣旨のことを言いました。

しかし、福沢諭吉は日清戦争を「文明と野蛮の戦争」と呼び、多くの人々は朝鮮を清国から独立させるための戦争であるとの名目を信じて日清戦争を支持したのです。日露戦争では非戦論に転じる内村鑑三も、「日清戦争は、正義の戦争（義戦）である」と主張しました。しかし、それが間違いであったということに内村鑑三は戦後に苦い思いをもって気がつくことになります。

トルストイと平民社の交流

ちなみに、非戦論——「戦争をしない」ということに関して考えなければいけないことは「では、な

ぜ近現代の世界で戦争が起こるのか」という原因についての問題です。これには二つの考え方がありま
す。

一つは、ユネスコ憲章の前文が訴えているように「戦争は人の心の中で生まれるものであるから、人の心の中に平和のとりでを築かなければならない」というような考えです。

もう一つは「戦争というのは基本的に世界化した資本主義という社会の構造が生み出すものだ」という考えです。たとえば、アメリカがほぼ十年ごとに戦争をするのは、新しい兵器に取り替えるためだと指摘する人もいます。軍産複合体という、軍隊と軍需産業を中心とした私企業が一体になったものが存在し、それが圧力団体となって政府機関を動かしているために戦争が起こされるというわけです。日本においても、そういう発想がありました。日露戦争の非戦論として有名なのは、幸徳秋水や堺利彦などの平民社に集まった、社会主義的志向をもつ人々でした。幸徳たちは、戦争というのは資本家が自分たちの利益のために起こすものであり、資本主義的な社会構造そのものを変えなければ戦争は終わらないと考えたわけです。

これに対して、「そうではない」と考えたのが、トルストイです。トルストイの「Bethink Thyselves!」という論説があります。

「汝、悔い改めよ」「反省せよ」という意味ですが、日露戦争に反対するトルストイがイギリスの『ロンドンタイムズ』紙に寄稿しました（一九〇四年六月二七日付）。この翻訳は、まず『東京朝日新聞』に掲載され始めますが、その途中で、幸徳秋水と堺利彦による全訳が平民社の『平民新聞』に載ります（一九〇四年八月七日号）。

このように実は、一九〇四年から〇五年の日露戦争の時代には、世界は密接につながるようになって

いました。例えば、日本で平民社の人々が非戦論を書くと、それがアメリカに渡り、アメリカの社会主義者の間で英訳されて、今度はヨーロッパに渡ります。そこで次はドイツ語訳されてロシアに行くといった議論のネットワークが作られていきます。こうして、ロシアの社会主義者と平民社の間では戦争や革命をめぐって意見の交換が進んでいきました。二〇世紀というのは、このように世界的な思想連鎖の同時化が進んだ時代ですが、平民社とトルストイの意見の往復もその典型的な一例です。

平民社では戦争の原因を資本主義というシステムにあると考えましたが、トルストイは「そうではない」と主張します。あくまでも、戦争の原因は人の心の中にあるという考え方でした。そして、今や、また「人類の愚化、獣化」が起ころうとしていると憂えたわけです。「遠く隔てること幾千里」、一方の日本は殺生を禁じる仏教徒であり、他方のロシアは博愛を標榜するキリスト教徒である。その両者が、なぜ戦争を起こすのか、ということをトルストイは問い詰めるわけです。本当にあなた自身が戦争を必要としているのか、誰をあなたが殺そうとしているのかを「自分でもう一度深く反省してください、もう一回考え直してください」とトルストイは訴えたのです。

戦争というのは、自分がまったく知らない人と、ある日、戦場で遭って相手を殺傷し合うわけですから、これほど暴力の最たるものはないわけです。つまり、何かの原因で相手に対して怨みを抱いたり、何か直接的な関係性をもって互いに争うのであれば、まだしも人間的といえるかもしれませんが、戦争はそうではないわけです。互いに一切何も知らない人、見も知らない人が突然に戦場で遭って殺し合うわけです。こんな非人間的なことがあるのか、というのがトルストイの根本的な疑いです。

そういう発想に立ってトルストイは、それを止めるのも人間しかないと考えます。実際、ロシアにはそういう思想を実践した人たちがいました。ドーホヴォール教徒の人たちです。この人たちは徴兵にも一切応じなかったし、与えられた武器を全部焼きました。皆さんご存じの『復活』というトルストイの大河小説がありますが、あの本の著作料は、ロシア政府から弾圧を受けるドーホヴォールの人々をカナダに移住させるために提供されました。

トルストイは、このような「武器を焼く」という行為を支え、まさにそれを実践しようとしたわけです。そして、このドーホヴォールの動向についても明治の人々は知っていました。ロシア政府から激しい弾圧を受けながらも、一切屈することなく、自らの信念を貫き通している人々の動向を、内田魯庵をはじめとする人たちが『平民新聞』などで紹介していました。

このトルストイの思想が、一般的には「絶対非暴力の思想」と呼んでいます。一切、暴力を用いないで異なった立場の人々を、あくまでも心によって感化しようとするわけですから、絶対非暴力ということになります。

「獣の道に死ねよとは」

皆さん、与謝野晶子という歌人の名前にはなじみがあると思いますが、「君死にたまふこと勿《なか》れ」という晶子の有名な詩があります（『明星』一九〇四年九月）。

「親は刃《やいば》をにぎらせて　人を殺せとをし《教》へしや／人を殺して死ねよとて　二十四までをそだてしや」という詩句の後に、こうあります。「すめらみことは戦ひに　おほみづからは出でまさね」、つまり、天皇陛下は国民に戦争に行けと命じられるけれども、自分では戦争に行かれない。

それでいながら、「かたみ《互》に人の血を流し　獣の道に死ねよとは」——お互いに人の血を流しあうという獣の道に死ねよと言われるのだろうか。「死ぬるを人のほまれとは　大みこゝろの深ければ　もとよりいかで思《おぼ》されむ」。いやいや、そんなはずはない、死ぬことが人の誉れというようなことは、天皇の心は慈悲深いはずのものであるから、決しておっしゃるはずがない。こういう反問という形式で、実はいかに無慈悲な命令を出されているのかについて自覚されているのでしょうかと非常に強い抗議の示し方です。天皇が国民に戦場に行けと命じ、名誉の戦死をしろというのであったら、何よりも先ず自分で行って戦うべきではないでしょうか、そしてもし本当に慈悲の心をもっていらっしゃるならば、まず天皇が戦争をやめるように言うべきではないか。こう言いたいわけです。

なぜこの話をしたのかといいますと、実はこれもまたトルストイの影響と思われるからです。「獣の道」という言葉にそれが出ています。トルストイの「Bethink Thyselves!」の原文では「Animal」や「Beast」になることを厳しく戒めています。「戦争をしているのは人間でなくてアニマルであり、野獣である」という言い方です。そこが、晶子の「獣の道」という表現に反映されていると考えられます。

先ほど言いましたように、何か関係をもった上で殺すのではなくて、見も知らない相手を命じられて殺すようなやり方は獣のような生き方ではないかと言うわけです。さらに、与謝野晶子は「旅順の城はほろぶとも　ほろびずとても何事ぞ　君は知らじな　あきびとの家のおきてに無かりけり」と歌います。つまり、旅順のロシア要塞が落ちようが落ちまいが、あなたはあきびと（商人）の息子なのだから、そんなことは関係ないでしょうと言うわけです。

そういう主張に対して、もちろん強い非難が噴出しました。大町桂月という人は「皇室中心主義の眼を以て、晶子の詩を検すれば、乱臣なり賊子なり、国家の刑罰を加ふべき罪人なりと絶叫せざるを得ざるものなり」と激しく批判します。それに対して、与謝野晶子は反論します。私が言っていることを危険だとおっしゃるけれども、「当節のように死ねよ死ねよと申し候こと」のほうがはるかに危険ではないか。そして、それを「忠君愛国の文字や、畏《おそ》れおおき教育御勅語を引きて論ずる」ような風潮を煽り立てるほうが、かえって危ういことではないかと疑義を呈します。大町桂月は教育勅語にある「義勇公に奉ずべし」という言葉を引いて、晶子の詩はこれに反していると批判していましたので、晶子は、そういう言い方で他人の思想を弾圧しようとすること自体がおかしいのだと反論したわけです。実際、晶子が懸念したように教育勅語は異論を圧殺する錦の御旗として使われていくことになりました。

もちろん、トルストイの影響は、与謝野晶子一人にとどまったわけではありません。『大菩薩峠』を書いた中里介山もトルストイに深く傾倒しましたし、武者小路実篤や有島武郎といった白樺派の人々は、トルストイから大きな影響を受けたわけです。「獣の道」ではなく「人の道」とは何かを問いつめるのですから人道主義者ということになります。トルストイの思想を実践する人々のことを指して、人道主義者という言い方もされたわけです。大正五年(一九一六)から大正八年にかけて『トルストイ研究』という個人研究のための雑誌が刊行されましたが、これは世界的にみても異例なことといえます。近代日本における非暴力の精神の系譜については、トルストイを抜きに語ることはできません。

「戦争廃止の法」こそ「法律の勝利」

日露戦争で社会主義やトルストイ思想とともに独自の非戦論を訴えた人として内村鑑三がいます。内村は日清戦争については、義戦論を唱えて戦争を強く支持し、英語で国際的にも日本の正当性を訴えましたが、結局、それが「獣の道であった」ということを悟ります。「日露戦争より余が受けし利益」という文章では次のように省みます。「日清戦争はその名は東洋平和のためでありました。然《しか》るにこの戦争は更に大なる日露戦争を生みました。日露戦争もまたその名は東洋平和のためでありました。然しこれまた更に更に大なる東洋平和のための戦争を生むのであろうと思います。戦争は飽き足らざる野獣であります」(一九〇五年一一月)。ここでもまた戦争が野獣の行為であることが指摘されています。

そして、内村が注意を喚起しているように日清戦争は「東洋ノ平和」のためという目的が開戦の詔勅の中で掲げられていることを看過してはならないと思います。日露戦争では「東洋ノ治安ヲ永遠ニ維持シ」ということが宣戦の詔勅にあります。その後、日本の戦争というのは一貫して「東洋平和のため」ということを掲げてきました。しかし「東洋の平和」という美名のもとに、一体何がおこなわれたかということもなければいけないということです。

そして、内村鑑三も中江兆民と同じように「戦争にお金を使うくらいなら、それで世界に鉄道や大学をつくるべきだ」と訴えました。そして「戦争の廃止は決して痴人の夢ではない……法律最後の勝利は戦争廃止においてある」(「基督教と法律問題」一九一〇年)と主張します。法律というものが、もし最終的に勝利することがあるとするならば、それは戦争廃止を規定した法律においてであるというのです。言うまでもありませんが、「憲法9条」はこれに当たります。日本国憲法第9条のような規定ができることが人類が法律を作るという営為の最終的達成となるということを内村は想定していたと思います。

さらに、彼はこう問います。「私たちはよく悪しき平和と善き戦争という言い方をするけれども、悪しき平和と善き戦争のどちらがいいのか」。それに対し、内村は明確には「最も悪しき平和であれ、最も善き戦争よりも望ましい」と断言します(「平和成る」一九〇五年)。

どんなに善い戦争といっても、戦争は人を殺すことであり、それ以外のなにものでもありません。政府は、善き戦争は人を生かすための戦争だ、平和を作るための戦争だと言って国民を戦場に送ります。しかし、本当にそういう人を生かすための戦争や平和を作るための戦争が歴史上あったのでしょうか。

結局、それはなかったのではないかというのが内村の発想でした。

ガンディーはじめ多くが人も同じようなことを指摘していますが、日常においては、人を一人殺せば殺人です。ところが、戦場においては十人、百人、一万人と、より多くの人を殺せば殺すほど英雄として称えられます。こういう論理で、日常の倫理とはまったく違う倒錯した世界に入ってしまいます。そのこと自体が問題である、ということを内村鑑三は指摘しているわけです。

しかし当時、多くの人は、そのようには考えませんでした。日露戦争というのは、まさに日本人が欧米の白色人種に圧倒的に打ち勝った戦争であると、過剰なまでの自信をもちました。言うまでもありませんが、実は日露戦争はロシアを圧倒して勝ったという戦争ではありませんでした。日本は戦力をほとんど使い果たして、それ以上戦争を続けることはできない局面にまで追い込まれており、モスクワでの革命のきざしがなければロシア軍の大反攻も想定される状態でした。

しかし、日本政府は一切そういう戦争の実態を明らかにしませんでした。そのため日比谷焼討事件などの暴動が起きました。そして、戦後にまとめられた戦争史においては、常に日本が優勢で勝利した、将校たちが優秀であったということだけを書きましたから、結局、その後の教訓には、まったくならなかったのです。もし、日露戦争後に戦争の実態はどうであったのか、日本がどれほど危険なところにいたかという事実をきちんと書き残して、伝えていたならば、次の戦争は起きなかったかもしれません。

しかし、それをしなかった。なぜか。それは軍人の昇進や褒賞のためです。つまり、勲章を与え、位階を上げるために事実を隠して書いたために、日露戦争の勝利がサクセスモデルとなって実戦を体験しなかった昭和の軍部指導者に引き継がれてしまったのです。

「真の文明は、山や川を荒らさず、人を殺さず」

話が少し脱線しましたが、戦争と平和そして非暴力とは何かについて思索する際に、忘れてはならないのは田中正造の無戦主義という考え方だと思います。

田中正造については足尾銅山鉱毒事件にかかわって、女性や農民を先頭に行進して東京へと出てきて、鉱毒事件の解決を訴えた「押出し」でよく知られています。ガンディーの「塩の行進」を想い起こさせます。

田中は、「小生の主義は無戦論にて、世界各国皆海陸軍全廃を希望し、かつ祈るものに候。ただ人類は平和の戦争にこそ常に奮闘すべきもの。もしこれを怠り、もしくは油断せば、終《つい》に殺伐戦争に至るものならん」（一九〇四年九月）という無戦主義を唱えます。

要するに、田中正造は、人間は戦うべきだが、武力によって戦うのではなく、人間の証としての言葉によって戦うべきであると言うのです。なぜ戦うべきか。それは人間の正道を守るためです。戦わなければ、悪に駆逐されてしまう。しかし、戦いはあくまで「平和の戦争」でなければならない。自分がやっているのは、力を使う戦いではなくて、言葉による戦いだという信念でしたから、田中は厳しく長く苦しい闘争というものを持続することができたわけですし、宮崎滔天の妻ツチなども乏しい家計からの支援をおこなうような共感を呼んだのです。

この無戦主義を実行していくためには、当然、軍備の全廃をしなければ駄目だと言います。先ほど述べた「押出し」で女性や農民が東京に出て行くときに、それを弾圧したのは警察であり、軍隊でした。結局、警察や軍隊というのは、国の権力を守るために存在するのであって、国民を守るためにあるのではないというのが田中の確信となっていきます。鉱害への戦いは、軍備との戦いでもあったわけです。

だからこそ、次のような思想に到達します。

「真の文明は山を荒らさず、川を荒らさず、村を破らず、人を殺さざるべし」。

つまり、田中に言わせれば、鉱毒のような「自然環境破壊」そして「戦争」によって命や健康を奪う。これは、両方とも文明ではなく暴力です。戦争だけが暴力ではなくて、自然環境の破壊によって人の命や健康が奪われること、これもまた暴力であり、非命です。全うすべき命を奪われるわけですから、非命です。環境破壊は、人間の存続条件としての平和を脅かす暴力となります。こう田中は考えたわけですが、原子爆弾にしろ、クラスター爆弾にしろ、劣化ウラン弾にしろ、殺傷力が大きい「優秀な武器」ほど生態系を破壊し、山も川も村も荒らし、人を殺す「偽りの文明」であることは紛れもない事実でしょう。

この田中の考え方というのは、ある意味で現在のノーベル平和賞の考え方につながっているのではないでしょうか。ご存じのようにケニアのマータイさんが受賞し（二〇〇四年）、アメリカのゴアさんが受賞しました（二〇〇七年）。二人が唱導したような植林運動や地球温暖化への対抗は、それ自体、平和の構築である。そういう考え方から、平和賞が与えられたと思いますが、すでに百年以上前から、そのことを田中正造は主張していたわけです。

四　「非暴力の社会」を求めて

このように田中正造の無戦主義や環境平和主義とでも呼ぶべき考え方は現在でも学ぶべき必要があるように思われます。しかし、自然との関連という意味で、着目すべき思想としては、牧口常三郎の「依《え》正不二《しょうふに》」という考え方もあるのではないかと思います。

田中の場合は、先ほどの言葉のように「山を荒らさず、川を荒らさず、村を破らず」で、主体はやはり人間です。人間が自然に対して主体となって、それを壊したり、破ったりするということです。しかし、本当は、人間もまた自然の一部のはずです。そうであるとするならば、〝人間が自然を壊さない〟だけではなくて、〝自然と一体としてあるべき人間〟と自然との関係を考えるほうが、非暴力につながる可能性もあるわけです。

「依正不二」というのは、自分と自分の回りの人や環境とが一体のものであるという仏教の考え方です。正報《しょうぼう》すなわち主体はもちろん人間なのですが、その人間は過去の業《ごう》をもって現世を生きています。また、依報《えほう》とは正報の拠り所となる環境や国土ですが、両者はともに相互に規定し合う一体性をもちますから「不二」となります。形影《けいえい》相伴うというか、一方がなくて一方があるということではないわけです。両方があってはじめて存在するものとして、自然と人間の関係を考えるのです。もちろん、これは日蓮の仏法における、すべての生命体が宇宙全体とつながっているという考え方が基本にあります。

牧口の場合は、田中の考えとやや違っていて、人間と自然を結ぶのもまた自然です。そして、人間同士を結びつけるのもまた自然なわけです。牧口が説いた「人生地理学」は、そういう自然環境のあり方のことを指していると思います。東京で何を生産しているとか、どこに山や河があるとかの名前を記憶するだけの、通常、私たちが習っているような地理学ではなくて、自然と人間の関係というものを考える。さまざまな空間の違いによって生じるところの〝人間と自然の関係〟の諸相を考える。それを牧口は地理学と考えていたようです。

人間と社会、そして人間と自然との相互関係の中で生まれてくる、それぞれの環境の違いというのを、まず考え、そこから、人間と社会のあるべき姿を考えようとしていたのではないかと私は思います。

人道的競争――薫化による変革

そして、牧口は柳田国男や新渡戸稲造らと明治四三年（一九一〇）に郷土会を組織して、土地と人の結びつきを考えるために、自分たちの住む「郷土」とは何かについての研究を進めていきます。我田引水になりますが、ここには「環地方学」につながる視点があります。自分たちが生まれ育った「郷土」にこそ自然と文化があるわけですから、それを奪い合うことは暴力です。植民地支配というのは、その典型ということになります。何も関係ない人間が、アフリカやアジアに行って、勝手に「無主地」と規定してその土地を自分たちの所有物として排他的に使用します。そして、そこから生み出される自然の産物を全部自分たちのために勝手に持ち出していくわけですから、植民地支配というのは明らかに「郷土」を奪う暴力です。その土地に生きる人間と自然との関係をも壊してしまう暴力です。

牧口は、克服すべき対象として「政治的競争」を挙げていますが、これは、そういった理不尽な植民地支配に対する批判にもなっているわけです。

そして、批判するだけでなく、その解決策を追い求めます。そこで出てくるのが「武力若《も》しくは権力を以《もっ》てしたると同様の事をなしたるを、無形の勢力を以て自然に薫化するにあり」（『人生地理学』）という考え方です。最初に申し上げた「薫化」という言葉はまさにこれに当たります。力によってやってきたことを、力ではない無形の力によって、つまり、言葉、思想などで相手を説得することによって、内面的に変えていきましょうということです。

軍事的競争、政治的競争、経済的競争を超えた異なった立場の人々との「人道的競争」ということも牧口は主張しましたが、それはまさに「薫化」のための競争と、いうことであって、「競争」といっても、決して相手を突き落として自分だけが勝ち誇るという意味ではありません。むしろ、「共走」——共に走るといいますか、相手と平等の立場で、進んでいくなかで共に向上していくという意味ではなかったでしょうか。

最初に挙げた非暴力としてのガンディーやネルソン・マンデラなどの思想や行動は基本的には、何らかの圧迫に対する抵抗の言動でした。しかし、市民的不服従に見られるような〝抵抗〟としてではなくて、目に見える物理的な暴力があたかも存在しないように感じられる社会においても、「無形の勢力」としての非暴力によって自然に世界を変えていくための原理として「薫化」が必要なはずです。

一般に言われている非暴力は、あくまで相手が自分に圧力をかけたときに、どう対応するかという話です。そこに、明らかに暴力があり、それに非暴力で対抗する。しかし、私たちが住んでいる世界では、一見してそれとはわからないような圧力や暴力というものが、人々に迫り抑えつけているわけです。それに対して、では、どういうふうに変えていくのか。それを考えなければならないということを「薫化」という考え方は教えてくれているのではないでしょうか。

そして、変えるといっても、牧口が「自然に薫化する」といっているように、自然でなければならない。決して強制して変えるのではない。日本の自然観というのは「自然」を「自《おの》ずから然《しか》る」ととらえます。「自然《じねん》」と言いますが、そのようになる内発的な力の発露を待ちます。何かの強制力を加えてしまったら、自然ではないし、「薫化」ではなくなります。しかし、それは決して「無為」ではありません。あくまでも言葉や思想、人格の力で「然るべき方向に」変えていくということです。

「勝利の悲哀」と「力の賛美」

さて、日露戦争の後、徳冨蘆花は、「勝利の悲哀」というものを痛感するに至ります。日露戦争が終わって、日本中が勝った、勝ったと戦勝に酔っているときに、そうではなくて、勝利というものが、さらなる憎悪と次なる戦争を導いていく危険があると感じ取っていたのです。

日露戦争後、蘆花はトルストイに会いに行きますが、その旅行記『順礼紀行』（一九〇六年）によりますと、トルコやブルガリアなどを通ったときに、ロシアを破った日本人が来たというので大歓迎されます。ロシアから圧迫を受けていると感じていたトルコや東欧の人々は、日本人がロシアを破ってくれたことに対して、自分たちも戦う自信ができたと喜んでいるわけです。

図1　左から、トルストイ、徳冨蘆花、トルストイの三女・アレキサンドラ（1906年、ヤースナヤ・ポリャーナにて）

ところが、蘆花はそれを非常に悲しみます。日本が勝ったことによって、日本人はこの人たちに、「力の賛美」を教えてしまったのではないか。民族間の戦争を鼓舞し、戦争をして死ぬという方向へ押しやってしまったのではないかと危惧《きぐ》したのです。

そして、彼らだけではなくて、日本人自身も戦勝によって「力への依頼」を当然のことと考え、人間性を失ってしまうのではないかと心配したのです。「勝利の悲哀」とは、そういうことです。勝ったことは、決して喜ばしいことではない。勝ったことこそが、実は破滅へ至る道を歩み始めたのだと蘆花は考えたわけです。

そして、彼はトルストイの居所であるヤースナヤ・ポリャーナを訪ねて、トルストイの生き方を実地に学んで帰り、恒春園と名づけた土地で農業と著述に従事するわけです。神は土地を作った一大農夫であり、自分はそれを耕す「美的百姓」となるべくキリスト者としての求道の生涯を送ります。これが、蘆花恒春園（現在の東京都世田谷区・芦花公園）です。この帰農主義には、鉄砲に使う鉄を鍬に変えるという考えも反映しています。

また蘆花は、一九一九年のヴェルサイユ平和会議に宛てて、女性参政権の実現や植民地の放棄という自己の理想を書いて伝えます。これはエルサレムから書き送りました。

差別こそ暴力、暴力こそ差別

次に、差別という暴力に屈することを拒絶した人として西光万吉《さいこうまんきち》の思想と行動をみておきたいと思います。西光万吉（本名、清原一隆）は被差別部落の地位向上と人間としての尊厳の確立をめざして「水平社宣言」を起草した人です。これは一九二二年三月、京都の岡崎公会堂で開催された全国水平社創立大会で発表されたもので、「人間を勦《いたわ》る事が何んであるかをよく知ってゐる吾々は、心から人生の熱と光を願求禮讃《がんぐらいさん》するものである。水平社は、かくして生れた。人の世に熱あれ、人間《じんかん》に光りあれ」という有名な一節を含む、日本で最初の人権宣言といわれるものです。

西光は、自分が被差別部落の出自ゆえに徹底的に差別されてきた経験から、差別こそが暴力であると考え、暴力こそが差別を生むと考えました。そして、あらゆる生命に対する慈しみというものがないかぎり、差別というものは永久になくならないだけでなく、対立抗争や戦争を生むに違いないと考えました。その点だけをみると、西光という人は、人権を重んじた非戦論者ということになりますが、その後、思想的には非常に振幅の大きい人生を送りました。ある時期は非常に熱烈な天皇崇拝主義者になって、戦争を賛美したりしました。戦後になると一転して、社会主義の支持者になったりもしました。西光はまたエスペラントによって世界の人々がつながることをめざして一九二二年ごろからエスペラントを学び、一九六七年に世界連邦主義者エスペラント会に参加しています。

西光はまた、ガンディーへの共感、あるいはマルティン・ルーサー・キングへの共感のもとに、さまざまな思想遍歴を重ねていきます。たとえば、ガンディーには、アンティオディア（antiodia）という考え方があります。これは「最も小さきものの安全と幸福が、その共同体全体の安全と幸福の前提条件である」という考え方であると解釈できます。つまり、何が幸福かを考えるときには、一番虐げられたもの、一番弱く小さいものの幸福や安全を考えることから出発する。そうすれば社会全体あるいは世界全体が幸福になっていくための道筋が現れてくるのではないか、というものです。

これは、現在の政治哲学の中でも重要なジョン・ロールズという人の『正議論』（A Theory of Justice）にも近い発想です。最も恵まれない人の立場に立って、社会というもののあり方を考えていきましょうということです。西光はこうした考えに共感しています。

さらに、ガンディーの『わたしの非暴力』の言葉を引きます。それは「一時は強力な武力をもっていた国が改心した場合には、その国は世界に対して、それゆえに彼らの敵に対しても、一層よく非暴力を示すことができる」（一九四六年五月）というものです。すなわち、日本が軍事大国としておこなった戦争というものが残酷で悲惨であったとするならば、その日本が改心して、非武装国家として新しくつくった平和であれば、それは相手に対して、より強く訴えることができるはずだというのです。

こうした考えに共感した西光は、それを単に言葉で言っただけでは無効だと考えて、「平和省」をつくるべきだと訴えました。一九五一年のサンフランシスコ平和条約締結のときです。さらに、一九六六年には平和を構築するための「和栄隊」という部隊の創設を提唱しました。国際平和と共栄のための科学技術による奉仕隊を構想したのです。

先に紹介しましたように、中江兆民や内村鑑三などは、日本が文化国家になり、文化で世界に貢献することによって、日本の平和も達成されると説きました。戦後の日本は、一国平和主義ではないか、「日本だけが平和であれば、それでいいのか」と批判されることもありますが、これに対して西光は「日本だけが平和であるというのではいけない。世界平和をリードするための平和省を創設しよう」と説きます。しかも、武力による平和ということではなくて、科学技術によって世界の人々を助け、共に栄えるような和栄隊を派遣すべきではないかと論じたわけです。

なお、西光らが水平運動を提唱したのは、イギリス・ピューリタン革命時のレヴェラーズ（水平派）にちなんだものでした。そして、日本で全国水平社が設立されると、その思想的影響を受けて翌年の一九二三年四月には、朝鮮で被差別民である白丁《はくてい》への差別撤廃を目的に朝鮮衡平社《こうへいしゃ》が設立されます。差別撤廃を求める思想連鎖が植民地と本国との境を越えて生まれたのです。朝鮮の衡平運動は日本の水平運動と連携するという他の社会運動にはみられない交流を進めましたが、この交流は一九三五年に治安維持法によって衡平社が非合法化されるまで続きました。

「人殺しは悪」という公理

最後に、北御門二郎《きたみかどじろう》という人の生き方と思想について触れておきたいと思います。二〇〇四年に九一歳で亡くなった北御門は熊本の旧制五高時代にトルストイの『人は何で生きるか』を読んで感銘し、東大英文科入学後にトルストイを読むためにロシア語を修得しようとハルビンに行きます。トルストイの絶対非暴力思想に共感した北御門は、一九三八年、「良心的徴兵拒否」をするにいたります。兵役拒否といっても、実際は徴兵検査を担当する役人が、自分の村から拒否者などの面倒な者が出たら困るということもあって、「この男はちょっと兵士としては使えない」といった理由で「兵役とは無関係」とされたというのが事実であったようです。しかし、その後も長く様々な非難と中傷に家族ともどもさらされ続けました。

東京大学も中退して、故郷である熊本県の水上村で農業を続けました。トルストイのいう「銃を鍬や鎌に変える」生活をしたのです。これは、徳冨蘆花と同じです。北御門は、滝川事件の滝川幸辰、それから河上肇などとも交流があった人ですが、トルストイが言った「農業が一番罪の少ない生活だ」という思想を実践したわけです。

そして、トルストイの教訓として「絶対非暴力」と「人の上に人なし、人の下に人なし。人間は皆平等である」、この二つを生涯かけて追求すると決めて、トルストイ作品の翻訳を続けました。昼間は農業をし、夜は灯りのもとで翻訳をする。北御門は言います。自分のトルストイ訳というのは、決して語学的に優れているわけではない。もし意味があるとすればトルストイの心をくみ取るための訳であり、自分の翻訳は心で訳す「心訳《しんやく》」なのだと思い至ります。まず、トルストイの心を知ることから厳密に翻訳をしていこうとしている、それを知ってほしいのだというわけです。

さらに、北御門はマルティン・ルーサー・キングの「『非暴力は強力な、正義の武器である。それは傷つけずに切り、それを行使する人を高貴にする、人間歴史におけるユニークな武器である」（『黒人はな

図2 『イワンの馬鹿』

ぜ待てないか』）という思想に共通した考えを表明していきます。つまり、非暴力は相手を傷つけないだけではなくて、その「傷つけない」ということによって、自分自身が高貴になり得るというのです。

抑圧や暴力に対して同じく抑圧や暴力でやり返してしまったら、相手と同じ立場になる。そうではなくて、相手が悪意をもち、武力をもって自分に暴力を加えたとしても、非暴力によって思想や言葉で対抗する。そうすれば、自分を圧迫する相手よりも、精神的に尊い武器を自分は手にすることになる。こういう考え方です。

北御門もそのように考え、それを若い人たちに伝えるために熊本県の宇土高校などを回って話をし、生徒と一緒に『イワンの馬鹿』の版画本（図2）を作ったり、トルストイの思想を広める活動を続けました。トルストイの思想は日本に多方面の影響を与えましたが、その中にあって終生トルストイアンとしての生き方を貫き通したのが北御門でした。

そして、北御門は、次のように繰り返し、飽くことなく語り続けました。「人は私にこう問う。なぜあなたは非暴力でないとダメだというのか」と。そのときに北御門は答えます。「暴力は悪い。人殺しは悪い。悪いから悪い。それ以外のことを私は答えられない」と。これは答えになっていないかもしれません。しかし、そう答えることによって、自分を支えることができたわけです。人殺しや暴力は悪である、絶対的な悪は絶対的に無くすしかない、と信じたわけです。そして、その思想はトルストイの作品の中に生きていると考え、それを信じて、九一歳で亡くなるまでトルストイを「心で読み解く」という課題を一貫して追求できたわけです。これは、人の持続力というものが一体どこからくるのかという問題につながってくるわけですが、人を支える根源の思想とは何なのか、についても考える必要があろうかと思います。

五　日本国憲法の非暴力思想とその展開

こうして問題は「本当に平和に生きるとは何なのか」、あるいは「どうやってそれを追求すべきなのか」ということに直面することになります。

万人に「平和的生存権」がある

「平和的生存権」という考え方があります。これには幾つものとらえ方があり、国連の「世界人権宣言」等の中で取り上げられていますが、日本国憲法の「前文」が世界で最初に規定しました。

日本国憲法の第9条は、憲法の第2章に規定されていますが、第2章にはこの第9条の1カ条しかありません。ふつうは、いくつかの条項が集まって、ひとつの章をつくるわけですが、日本国憲法は「第9条」だけで「第2章」です。それはなぜなのか。実は、起草過程で、戦争放棄の章の一部を「前文」に移したからです。ですから、「第2章」は第9条の1条だけになってしまっているわけです。このため「第2章」は、条文はひとつですが、「前文」と緊密な一体性をもっています。「前文」で、9条の趣旨が明確になっており、「前文」が9条を解釈するための規準となるわけです。

そして「平和に生きる」とは何かについて、前文では「専制と隷従、圧迫と偏狭を地上から永遠に除去しようと努めてゐる国際社会において、名誉ある地位を占めたいと思ふ」とあります。つまり、日本国憲法にとっての「平和」とは、単に戦争がない状態ではないのです。専制とか、誰かに隷従するとか、あるいは誰かから圧迫を受けるとか、偏見によって差別・排除されるとか、そういったものを地上から永遠に除去することが「平和」なのだと明確に宣言しているのです。ここが大事な点です。

前文ではまた「全世界の国民が、ひとしく恐怖と欠乏から免れ、平和のうちに生存する権利を有することを確認する」と謳っています。この「平和のうちに生存する」権利すなわち平和的生存権を「世界人権宣言」が明示したのは、「日本国憲法」の後です。

ちなみに、いま私は「全世界の国民が」と読みましたが、ここには実は翻訳の間違いか、翻訳の意図的なすり替えがあると思われます。なぜかといえば、「全世界の国民」と訳した部分の原文は「オールピープルズ（all peoples）」なのです。「ネイション（nation = 国民）」という言葉は使っていません。国籍とは関係なく「世界のすべての人々が」と言っていたはずなのです。憲法というのはもちろん主権者である国民が決定して権力者に与えるものですが、しかし、日本国憲法は日本国内にだけ向けて将来の方向性を訴えたのではなく、世界のすべての人々がこういう社会で生きていけるように努力することを誓っているはずなのです。

「闘争本能」は社会的につくられる

さて、この「平和的生存権」の考え方が、私たちがいま問題にしております「非暴力」の思想の展開につながってきます。

しかし、こういう議論をすると、必ず、次のような反論が出てきます。「人間というのは闘争本能をもっている。だから、戦争はなくならない」と。はたして、そうでしょうか。これについては、一九八九年にユネスコ総会で採択された「セビリア宣言」（暴力についてのセビリア声明）があります。これは世界から精神医学者や行動遺伝学者など諸分野の科学者二〇人が、スペイン・セビリアで開いた国際会議で戦争の原因を討議した結果として出されたものです。そして、遺伝や本能によって闘争があるということは、科学的には証明できないという結論を出しました。「戦争は人間性に内在する」という考えを否定したわけです。つまり、人間が戦争したり、闘争するのは本能ではなくて、社会がそういうシステムをつくっており、競争をさせ、闘争させているからだと結論づけたのです。もちろん、反論があるかもしれませんが、そういう声明を出しました。

このように、闘争行動というものが社会的につくられるものだとするならば、当然、それは社会的に変えられるはずです。ここから、牧口常三郎の思想にもつながっていきます。

牧口は『人生地理学』で「他の為めにし、他を益しつつ自己も益する方法」とについて考えています。そういう方法の可能性を考えていた。相互性ないし互酬性（reciprocity）という考え方ですが、その思想を明確に印象的に示したのが、『人生地理学』の冒頭にある記述です。

日常生活を省みると、物に恵まれない自分のような田舎に住む人間でも、いかに世界とつながりながら生きているかがわかるということです。たとえば、着ている衣服や靴も、各国の材料と人々の労苦の結晶である。人間というのは一人では生きられない。自分の子どもも、ミルクを飲むたびに世界の人々の恩恵を受けて生きている。それも決して、自分が恵まれた特権階級であるからではなくて、貧しく、権勢とは無縁の人間であっても、そうである。世界というものの一つながりの中に、人間は生きている。とするならば、当然のことながら、世界の人間は助け合わなければいけないという。これが『人生地理学』の執筆の動機にあった考えです。「社会的同胞」としての考え方です。

もちろん、一方で、牧口は、当時の有力な思想であった社会進化論の影響を受けていましたから「適者生存」の考え方ももっています。生存競争を本能を見ていました。しかし、忘れてはならないのは、社会進化論から発展したクロポトキン等の「相互扶助論」という考え方があることです。つまり、相互に助け合うというのも、人間の本能であり、それなしに人類は存続できないという事実があります。競争するのも本能かもしれませんが、助け合うのも社会的存在としての人間の本能であることも否定できません。この二つの本能に、どうやって折り合いをつけていくのか、という話になっていくわけです。

もちろん、それについてまだ解答はないかもしれませんが、牧口は「人道的競争」という考え方を出してくるわけです。

構造的暴力を作り変える試み

暴力について、平和学で重視されてきているのは「構造的暴力」のことです。ヨハン・ガルトゥングというノルウェーの平和学者が提唱していることですが、暴力には二つある。一つは軍事力や個人による「直接的な暴力」であり、それがない状態が「消極的な平和」です。もう一つは不平等や貧困など、それぞれの人がもつ潜在的能力を十分に発揮させないような社会構造による暴力があります。これは構造的暴力であり、「間接的暴力」です。これがなくなった状態が「積極的な平和」ということになります。

つまり、その人が本当はこれだけ能力を発揮したいと思っているができないような社会構造、これも暴力です。あるいは、その人に責任がないことについて責任を負わせること、これも暴力です。

例えば、いまバングラデシュではグラミン銀行というのができています。資力の乏しい女性たちに比較的低利の資金を無担保で融資するものですが、単にお金を貸すだけではなくて、彼女たちが共同で責任をもち、仕事をすることによって、個人の能力を発揮できるようにするわけです。グラミン（村gram に由来）銀行の試みは、多角的な企業の集合体としてのグラミン・ファミリーと呼ばれるソーシャル・ビジネスを展開し、これらをモデルとした試みが世界的に広がっています。その創唱者であったムハマド・ユヌスは二〇〇六年にノーベル平和賞を受賞しました。

また、ブラジルの教育思想家であるパウロ・フレイレは、人間の潜在能力の発揮が可能となるような平等で公平な社会をもたらすために、人びとにその人が本来持っている生きる力を湧き出させるような取り組みとしてエンパワーメント（Empowerment）を提唱しました。このエンパワーメントもラテンアメリカを始めとして、世界の先住民運動や女性運動の中で実践されています。このように、それまで抑えられて発揮できなかった個人の能力を発見し、相互に助け合って発揮させていくことも、実は「平和」構築の方策であり「非暴力」である。こういう考え方が広がってきているわけです。

すなわち、暴力とは、単に物理的な力を振るうか、振るわないかの問題にとどまらず、目に見えない社会的な暴力についても認識し、それをどう変えていくのか。これが今、課題になっているわけです。

社会構造に起因するような貧困や飢餓、抑圧、差別、疎外といった状態をなくすこと、これが構造的暴力のない「構造的非暴力」の社会といえます。

こういう非暴力を日本国憲法に即して言えば、戦争の廃絶は憲法9条が追求するものです。また、憲法の前文には「専制と隷従、圧迫と偏狭」「恐怖と欠乏」から自由になるとありますから構造的暴力も視野に入れていることになります。

そして憲法第二五条には「すべて国民は、健康で文化的な最低限度の生活を営む権利を有する」とあります。そういう生活でなければ「平和」に生きているとはいえない。単に社会保障のことを言っているわけではなく、「健康で文化的な生活」を送ることは、人間の根源的な権利として保障されなければならない。それが保障された社会が「非暴力の社会」だということになります。

さらに憲法第二四条では、男女の平等を規定しています。これは、性差に基づいて男性が女性を、女性が男性を抑えつけることが暴力だと言っているわけです。男女間あるいは家庭内の暴力の廃絶も、第二四条に当然に含まれる要請です。

暴力を正当化するような思想・文化による文化的暴力の否定については、「幸福を追求する権利」等を定めた憲法第一三条などがそれを求めているわけです。

こうした平和的生存権を保障する非暴力思想のもっと大きな流れの現れとして、国連が提唱している「人間の安全保障」の考え方があります。インドの経済学者アマルティア・センや日本の緒方貞子さんなどによって提唱され、日本の外務省でも「日本は二一世紀の国際協調の理念として「人間の安全保障」を掲げ、その推進に努力しています」と公表してはいます。つまり、安全保障の中心は、もはや「国家の安全保障」ではない。一人ひとりの人間が国境の垣根を越えて安全を求めているわけです。

その端的な例は、テロの問題です。テロは国家と国家の戦争で起こるのではなくても、私たちの安全を脅かします。あるいは、アヘンなどの薬物やエイズやサーズなどのパンデミックも人間の安全に対する脅威であり、暴力です。こういう身体や精神に対する暴力にもきちんと対処しなければいけない。それを言っているのが、この「人間の安全保障」という考え方です。「国家の安全保障」から「人間の安全保障」へと、私たち人類はすでに一歩踏み出しているわけです。

そういうなかで、何をなしていくべきなのか。飢餓、貧困、それから経済的不平等――いま経済のグローバル化の中で世界的に著しく格差が広がっていますが、これもまさに社会的な暴力です。そして、自然環境や社会環境の悪化、麻薬の生産取引、こういった課題と取り組んで、それらを抑え、改善していく。欠乏や恐怖からの自由を目指していくといった努力なしにテロを爆撃によって抹殺しようとしても問題は解決しません。さらに、そういった社会的暴力を減らしていく動きを広げて、アジアにおいて不戦共同体というものを、どうつくっていくかという問題があるわけです。

六　持続する志操の先へ

これまで述べてきたように、非暴力というものはさまざまな局面で考えるべきであって、単に圧制や権力への対抗だけにとどまらないとするならば、「非暴力の社会」を今後どうやってつくっていくのか、が改めて課題となってきます。当然、一方では、社会保障や安全保障の確立、あるいは憲法にある権利を現実化する、司法的にも保障するという、そういったシステムの確立も重要です。

しかしながら、これまで、そういう社会が実現してこなかったという現実があります。なぜだったのか。非暴力の思想を持続して追求する力がなかったということです。

もちろん、憲法9条につながる思想の水脈は確かにありましたが、しかし、水脈は残念ながら、細々とつながってはきたものの、奔流とはなりませんでした。ある時代、ある人々が提起した、さまざまな流れはありましたが、結局、それらが一つの大きな流れになることはなかったし、そういう憲法を自分たちで独自につくることもできませんでした。言うまでもなく、現在の憲法を含めて、生活様式や価値観において戦後日本の人々がアメリカをモデルとしてきたことは一面の事実です。そのことを否定することはできません。それどころか年々その従属度は強まっているようにさえ思えます。

そうした外からの状況の変化や圧力のことを考えたときに、揺るぎなく思想を持続し、維持していく力は何なのか。それがおそらく「志操」を守っていくということではないかと思います。そういった志操を維持できるかどうかに「非暴力の社会」の実現がかかっているのではないかと思います。思想そのものを内面化し、強靭な志としてそれを維持していく、貫く、そういうような志操が一人ひとりの人にないと、いかに優れた思想家や実践家が出ても、水脈は続かず、理想は実現しないでしょう。

ハンナ・アーレントという女性の思想家は「世界への愛」の必要性を説きました。アモーレ・ムンディ（Amor Mundi）というラテン語ですが、「世界への愛」というのは単に「人類は互いに愛し合うべきだ」といった意味ではありません。たとえ七四億分の一であっても、自分は人類の一員であり、世界がどうなっていくかについて、それは自分自身の問題であるとして責務を負うということです。世界の変化に自分がどうかかわっていくかを決して忘れない。そういう気持ちを持ち続ける。こういう意味で、アーレントは「世界への愛」と言ったのではないかと私は解釈しています。

ここで申し上げたような「非暴力の世界」は、十年後、百年後にも実現していないかもしれません。しかし、私たちは今、この時代に、ここに生きています。この時代がなくては、絶対に百年後もなく、十年後もありません。そうであるならば、私たちは今、この時代において、やるべきことをやらなくてはいけないのでしょう。そうしてこそ、世界は成り立つということです。

そしてこれもよく知られた言葉ですが、「愛の反対語は何か。それは憎悪ではない、無関心である」ということも想起する必要があるでしょう。個人の力は七四億分の一の力しかないかもしれませんが、しかし、その七四億分の一の力で動かせるところまで動かす。関心を持ち続けるということです。私は『憲法9条の思想水脈』という本の終わりに、憲法9条のような非戦思想を現実化していくということは「重い何トンもある鉄扉を小指一本で押し開けていくような営み」なのではないかと書きました。

憲法9条を含む日本国憲法が公布されたときに、南原繁という政治哲学者は、「平和民主日本建設の成否、したがって新憲法の成敗は、一にかかって国民資質の向上にある。これはひとり知性と道義の高揚のみならず、日本国民が『聖なるもの』の新たな発見なくしては遂に不可能であるであろう」(「新憲法発布」一九四六年一一月三日)と憲法公布の記念式典で述べています。

たしかに憲法9条は日本国民にとって重すぎる負担かもしれません。日本人が今後も本当に維持できるかどうか予断を許さない状況になりつつあります。その真の実現のためには、国民の知性と道義の高揚と、南原が指摘したような何か「聖なるもの」を獲得する必要があるのではないかと、今にして、そして今だからこそ強く意識されるのです。

憲法9条というのは前文と一体性をもつものであり、単に戦争放棄とか、交戦権を否認した、ということだけを言っているのではないのです。それは、まさに非暴力の思想なのです。そして、憲法全体が、さまざまな暴力を除いていこうということを謳っているのです。

憲法というのは法律の概念がかかわってきますから、なじみにくいかとも思いますが、そういう目で今一度日本国憲法が前文から始まっていかなる社会をめざす体系性をもっているのかについてご確認いただきたいと思います。

第八章　安重根・未完の「東洋平和論」——その思想史脈と可能性について

一　二つの日記から

ここに二つの日記がある。明治四二年一〇月二六日、中国・ハルビンで安重根が伊藤博文を射殺した事件の報道をうけて書かれたものである。

当時の人々が、この事件をどのように受けとめたかを知るうえで極めて重要な史料と思われるため、長文ではあるが引用することから始めたい。

先ず掲げるのは、後にアリストテレス研究の哲学者として知られる出隆《いでたかし》の日記であり、当時は岡山市にあった第六高等学校の学生であった（なお、文中の「伊藤公」「藤公」は、伊藤博文をさす）。

一〇月二七日

昨夜、「伊藤公、ハルビンにて韓人に狙撃さる」との報あり。同室の諸君を始め全寮の面々深く悲しみ、顔色を変えて、「日本帝国の将来はどうなるだろう。」「陛下の御心配はどんなだろう。」と口々に言い、「公を殺した韓人の肉をくれればナイフでみじんに切って切って切りきざんでやる」だの、または「六高在学の韓人をなぐれ」だのと悲憤慷慨、周章狼バイし、また「この伊藤公の薨《こう》去《きょ》に涙なきは日本人に非ず」とまで言った。僕にあてつけて言っているようにきこえる。まるで蛮人であり狂人である。僕はその気勢に圧倒されて言葉が出なかった。しかし、涙も出ない、心で笑った。そして思った。憤慨した。このような青年のいる限り、日本は到底改革されない。救われない。諸君は小さな感情で、ただ小さな島国日本を思って、これを大きな理智で、大きな人生と世界を、天外から考えることを知らぬ。ただ小さい現実的な血に狂った近視眼で、血走った眼で、古くさい黴《かび》の生えた大和魂や愛国心で、しかも生誕以来自然に植えつけられた盲従的な記憶で、藤公とその死に対する。——標的を高くせよ。高処から見よ。藤公その他の日本人に屈辱されつつなお性存せんと黙々たる韓人の位置に諸君の身を置いて客観するがよい。しかる後、更に各自の心を天外に置けよ。藤公も何も地球上にこの瞬間に生えた小さな黴にすぎない。ことに公は、一片多情の漁色漢のみ。漁色大使の死に依りて日本の前途危うしと惧《おそ》れる青年の衆合せる日本こそ危うき哉《かな》、哀れなる哉。かかる盲信的狭量の愛国青年によって日本は成立し増大するのか。哀れなる哉、大なる（?）大日本帝国よ！　僕には彼等の心事が解せない。

「己れの立てる所を深く掘れ、そこには必ず泉あらむ。自らの心の中に求むるところあれよ、世は即ち汝らのものならん」——この句を彼等に捧ぐるは惜しいが。（朝十時半）

以上、引用は、『哲学青年の手記』（出隆著作集第6巻、勁草書房、一九六三年、一八〇～一八一頁）に依る。

次は、この年の九月に明治大学経緯学堂に入学していた中国人留学生・黄尊三《こうそんさん》の日記である。

一〇月二六日

夜、新聞を読む。それには、伊藤博文公爵が今日午前九時、韓国人の安重根によって、ハルビンで撃たれ、重傷まもなく死んだ、とある、この一撃は、侵略者の肝を震えさせ、亡国の民の意気を振い起こすことが出来るのであって大いに我々の心を痛快がらせた。

一〇月二七日

（この日、大学の授業において、教師が演説して伊藤公の死は日本帝国の一大不幸であるが、落胆することなく発奮して伊藤公の志を自分の志にしなければならない。そうすれば、日本の国力は伊藤公の生存時よりも遙かにまさるであろう、と諭したと書いた後に黄は、「僕はこれを聞いて、ひどく腹が立った。日本人の侵略主義は、深く人々の心に侵み込んでいることがわかる。」という感想を記述している。そして、日記に「僕の伊藤観」をまとめたとして、次のように記している）。

伊藤は侵略者であり、陰険な政治家である。彼の死は日本の侵略派に一大打撃を与えた。各国の陰険な政治家も一大教訓を与えられ、世界の亡国の民は、これによってどのように振い起つがよいかを知り、彼等の意気を鼓舞された。伊藤の死は、常人のそれと違い、政治的にも、道徳的にも、相当な意味がある。〔中略〕伊藤の死は、韓国にとって気を吐いてよいことで、日本にとっては損失と言えようが、中国にとっては、ホッと一息というところである。それにしても、安重根は永遠に光を放つであろう。

以上、引用は、黄尊三『清国人日本留学日記：一九〇五～一九一二年』（さねとうけいしゅう・佐藤三郎訳、東方書店、一九八六年、一九六～一九七頁）に依る。

今、この二つの日記が、どのような社会的背景や思潮の中で書かれたかについては、敢えて触れないでおきたい。ただ、確認しておきたいのは、六高の学生たちのような反応が大勢であったと推測されるにもかかわらず、岡山では出隆が、東京では黄尊三がこのような日記を綴っていたという事実だけである。

二　評価の対極性の彼方に

現在、日本で安重根の名を知る日本人は多くはない。そしてまた、かつては元勲と称せられ、紙幣の肖像画にもなったこともある伊藤博文その人の事績についても関心をもつ人は多くはない。他方、安重根の名前を知る日本人の多くにとって安は、伊藤を暗殺したテロリストであり、それによって日本の韓国併合を早めることに作用したという理解がなされているようである。

しかしながら、韓国併合についての閣議決定「対韓政策確定の件」は、安重根が伊藤を射殺した一九〇九年一〇月二六日よりも四カ月ほど早い七月六日に「適当の時期に於て断然併合を実行し、半島を名実共に我が統治の下に置」くことが決められており、暗殺事件が韓国併合の直接的な引き金となったわけではない。ただ、これによって日本国内では併合断行すべし、との国論が高まったことは否定できない。また、こうした論調の高まりの中、一二月四日には一進会会長・李容九《りようきゆう》が会員百万名の名をもって声明書を発表し、同時に韓国皇帝や李完用《りかんよう》総理、曾禰荒助《そねあらすけ》統監に「合邦請願書」を送って日韓合邦を要請するという事態も生じた。しかし、他方では李完用総理が韓国人青年に襲撃されるなど、安重根の行動が刺激となって日本統治への抵抗運動も激化していく趨勢にあった。こうした動きが「適当な時期」を図りかねていた日本政府に韓国併合への危機感を生み、安の処刑から五カ月後に併合断行に踏み切らせることとなった。その意味では、安重根の行為は韓国併合という日本政府の既定方針を変更させる効果がなかっただけでなく、むしろ併合に反対する議論の提起を困難にした逆作用をもたらしたという評価も可能である。

いずれにしても、韓半島における「民族英雄」、「万古不滅の義士」、「殉国の義士」、「烈士」、「亜洲《アジア》第一の義俠」としての評価と日本での暴虐なる「大罪人」や「国賊」、「無頼漢」、「兇徒」、「兇漢」、「暗殺者」、「テロリスト」という評価という対極的な見方の間には、現在でもなお埋めがたい深淵がある。それが二つの民族の置かれた相容れない歴史的立場を表徴するものであり、さらにそこから生じた歴史認識の齟齬《そご》の根幹に係わる事態であるとすれば、一挙に解消できないまでも相互の違和感を埋めるためにも歴史的実態についての検証を欠かすことはできないはずである。

こうした視点から安重根の「東洋平和論」にアプローチしていくにあたって、ここで予め私自身のスタンスを明らかにしておけば、私個人は暗殺という手段によって自らの政治的目的を達成することには、いかなる状況であれ、賛成できない。しかし、暗殺という手段によってしか声を上げられない抑圧された時代があり、暗殺によってしか民族の希望を語ることができないような社会のあり方を強制した歴史があった事実から目を逸らすこともまた許されないと考えている。そうでなければ、暗殺という手段によって殺された側は当然のこととして、暗殺によってまた自らもまた命を失った側にも残る、無念さと生きながらえていたならば実現されていたかもしれない可能性を奪い去ってしまう悲劇の連鎖から人類は逃れえなくなってしまうからである。

そして、その奪い去られてしまった可能性は、その時代、その社会においては到底実現されることはなかったとしても、時代や社会を越えて人々を動かすものであるとき、国境や民族を越えた人類にとっての可能性として希望や目標を人々に与え続けることになるはずだからである。むろん、そうした視点を採ることは、暗殺という手段を決して正当化することではない。いかに英雄的行為として称賛されたにせよ、それは憎しみと暴力の連鎖を生むだけであり、暗殺者の遺族が強いられた苦難と流浪の人生は報いられることはないからである。しかし、だからこそ、その結果を含めて、あるいはそうした危難を予期しつつ、暗殺者が何に対して抵抗し、いかなる社会、いかなる世界の実現を願って命を賭していったのか、その事実と論理を明らかにしていくことこそ、事件の歴史的な意義を見定めるとともに、今日の私たちに問いかけられている課題の焦点とは何かを確認することにが必要となるはずである。

それでは殺した側であった安重根にとって暗殺という行為を経て獲得した可能性や東アジアの将来展望とはいかなるものであったのだろうか。そのことを確認するために、先ず安重根の暗殺という行為が国際的にいかなる反響を呼んだのかを瞥見し、次にそのうえで未完の「東洋平和論」が切り拓いた地平とは何であったのかを考えてみたい。

三　東アジアからの視点

安重根の伊藤博文射殺事件が、日本で引き起こした反応については、その一端を先に紹介したが「韓人にして韓国の大恩人たる伊藤公を暗殺するが如きは恩に報ゆるに讐《あだ》を以てする」(『萬朝報』一九〇九年一〇月二八日号)ものとして安重根を忘恩の韓国人の象徴とし、無思慮、無分別の暴漢が再び生じないように厳罰をもって処罰することを主張するものなどが溢れ出た。この事件における論評は洪水のごとく溢れ出たが、韓国への反発を増幅させるとともに、他方で伊藤の政治主導に対する批判者からすれば、伊藤が暗殺されたことによって国家に殉じた功労者として扱われるようになったため表立った批判ができないという雰囲気を生み出した。伊藤の称賛と英雄化を否定することは、国益を害する行為として憚《はばか》られる状況となったのである。さらにまた、韓国の保護国化や併合に疑問を感じていた人にとっても暗殺という行為が介在したために、全面的な否定ができなくなったことも無視できない。

他方、韓国併合以前に植民地となっていた台湾に目を転じると、安重根の行為は民族独立解放戦争における象徴ともなっていった。一九一〇年の辛亥革命の影響を受けて続発した台湾における抗日蜂起の一つである羅福星(苗栗《びょうりつ》)事件では、「我は日本の国法を犯すと雖《いえど》も、我が事業はこれ天の命ずる所なり。台湾総督府の官吏よ、我は今年失敗すと雖も明年の成功を期す。我台民の独立を承認せざれば必ず事を挙げん。……汝ら忘るる勿《な》かれ、伊藤〔博文〕を刺せし安重根のある事を。今我一死せんとするは只《ただ》台民をして虎口より救出せんがためのみ」(山辺健太郎編『現代史資料21・台湾1』みすず書房、一九七一年、四二頁)と、その行為に倣うことが力説されたのである。

また、ポーツマス条約によって、日本の関東州租借にさらされることとなった中国でも身を挺して戦った「反日の闘士」としての安重根の事績が評価され、黄世仲(筆名・次世郎)は広州の『南越報』で一六章からなる「朝鮮血」を連載し、鶏林冷血生は『醒世小説・英雄涙』(一九一〇年)を公刊して安重根の「義挙」を称えている。また、周恩来やその夫人・鄧頴超《とうえいちょう》などが天津で「愛国英雄安重根」

や「七国憤」などの演劇を上演したことも知られている。さらに張学良は一九二七年から中国東北部の各地の小学校で授業前に安重根を讃える歌を合唱させていた。

ただ、事件発生と同時に上海で発行され、その訳文が小村寿太郎外相宛に送られた『民吁《みんう》日報《にっぽう》』の一〇月三一日社説では、日本が東亜大陸を併呑しようとする対外政策を採り、韓国に対して残酷至極の人道無視の施策を進めているなかで伊藤が主導者のように見られているが、伊藤は最も穏健派であったがゆえに統監の地位を追われたものであり、伊藤が死亡したといっても日本の東亜政策は変わることがない。いや、むしろ急進派が勢いを得て更なる強行手段に出て来ることを警戒しなければならないとの見通しが述べられていたことにも留意しておかなければならないだろう。

図1　安重根の絵葉書

こうした中、きわめて限られたものではあったが、安重根の行為に共感を示すものもあった。安が処刑された後、明治天皇暗殺計画というフレームアップであった大逆事件において死刑となった幸徳秋水が書いた「舍生取義　殺身成仁　安君一挙　天地皆振（生を舍《す》てて義を取る　身

を殺して仁を成す　安君の一挙　天地皆振《ふる》う）」という「秋水題」との署名入りの漢詩と安（JUNG-KEUN AN と印刷されている）の写真を組み合わせた絵葉書がサンフランシスコ平民社の岡繁樹によって制作されていた（図1）。その絵葉書では、安重根を殉教者（Korean Martyrdom）として称賛していたことも一部では知られていた。また、伊藤が射殺された当日の日付の記事において「韓国革命党青年の襲う所となり」（「百回通信」『岩手日報』）と、通例の記事とは異なって安を「革命党青年」と書いた石川啄木は、さらに「吾人は韓人の愍《あわれ》むべきを知りて、未だ真に憎むべき所以《ゆえん》を知らず」と世論とは違う感懐を敢えて記していた。この啄木が大逆事件による幸徳秋水らの処刑から半年後に書いた「ココアのひと匙」にある「われは知る、テロリストのかなしき心を」について韓国の研究者・呉英珍は、ここに詠まれたテロリストが幸徳らではなく、安重根その人ではないかという所説を発表している。

その当否は門外漢の私には判断できないが、門外漢であることを前提にして、あくまで私見として啄木と安重根との係わりについて触れておけば、「九月の夜の不平」（『創作』一九一〇年一〇月短歌号）には「地図の上　朝鮮国に　くろぐろと　墨を塗りつつ　秋風を聴く」という良く知られた歌が発表されたが、その次に掲げられたのは「誰《た》そ我に　ピストルにても　撃てよかし　伊藤の如く　死にて見せなむ」という歌であった。この歌は通説では伊藤の死に様を英雄的なものと見なし、その見事な死を称賛して歌っていると解釈されているようである。しかし、啄木はまた「雄々しくも　死を恐れざる　人のこと　巷にあしき　噂する日よ」という歌を詠むことによって、元勲・伊藤を暗殺した極悪人として痛罵されている安重根が死を覚悟しつつも「雄々しくも」民族に殉じた憂国の義士としての生き方に共感を示していたことも事実である。そして、それとは裏腹に死をも恐れずに自らの信じる所を堂々と述べる安重根の生き様を悪罵してやまない日本人への嫌悪感を、「邦人《くにびと》の顔　たへがたく卑しげに　目にう

つる日ぞ　家にこもらむ」と歌っていたのである。この安重根への共感と同胞たる日本人への嫌悪感とを考え合わせたうえで、「地図の上　朝鮮国に……」と「誰そ我に　ピストルにても　撃てよかし……」

とがぴったりと二つ並んでいることをいかに解釈すべきであろうか。

そこに韓国を併合し、その名を「朝鮮国」ではなく「朝鮮」として、「国」と称することさえ禁じた日本人の一人である自分もまた、安重根が伊藤を撃ったようにピストルによって撃たれて死ぬべき存在ではないのか、という意識を表明したものとして受け取ることはできないであろうか。啄木にとって自らが「国」を奪った日本人の一人であること自体が、「同種隣邦を迫害する者」の一員として伊藤と同じくピストルで（おそらくは安重根と同じ韓国人によって）射殺されるべき、万死に値することと感じられたかも知れないと私は勝手に想像しているのである。言い換えれば、ひとつの民族から「国」を奪った側の民族の一人としての贖罪感を歌ったものであるように私には読めるのである。ちなみに、一九一〇年一二月一二日、『東京朝日新聞』の一面広告には、啄木の『一握の砂』発売が報知されたが、その紙面の一段下には「僅か六円五〇銭で一生無難に暮らせるとはピストルも安いものなり」という拳銃購入を勧める広告が掲載されており、一般人でも護身用拳銃が購入可能であった時代の様相が示されていたのである。このことは取りも直さず、安重根の時代、ピストルは暗殺用にも護身用にも容易に手に入れることのできる資本主義的な商品ないし消費物としてあったことを示している。そのことは安重根の時代を顧みる際に、何よりも留意しておくべきことがらなのかも知れない。なぜなら、それこそが安重根の言う「殺人機械」に満ちた文明社会の一面であったことも間違いないからである。

それでは、安重根は自らもまた「殺人機械」であるピストルを使って敢行した暗殺という行為から出発して、いかにして東洋平和という思想を結晶させていくことになったのであろうか。

四　「東洋平和論」への道

安重根がいつの頃から東洋平和について想到するに至ったかは、確定できない。しかし、安重根が東洋平和を攪乱《かくらん》してきた伊藤を暗殺することによって東洋に平和が訪れると信じていたことは、事件直後の一九〇九年一〇月三〇日、ハルビンでの最初の尋問において明言していることから明らかである。

ここで安は「罪状十五箇条」(1)を挙げたがその中で「伊藤さんは東洋平和を攪乱しました。その訳と申すは則ち日露戦争当時より、東洋平和維持なりと言いつつ韓皇帝を廃位し、当初の宣言とは悉《ことごと》く反対の結果を見るに至り、韓国民二千万皆憤慨しております」と断罪するとともに、「韓国の将来は如何に為《な》ると心得て居るか」という問いに対して、「もし伊藤さんが生存せば一人韓国のみならず、日本も終に滅亡することと思います。伊藤さんが亡くなった以上は、今後日本は十分に韓国の独立を保証せられ、実に韓国に取りては大いに幸福で、今後は東洋その他各国の平和を保たることと信じております」と断言していたのである。事件直後のことであり、伊藤射殺という第一目的が成就した興奮も与っていたと思われるが、この段階では東洋平和と伊藤暗殺との関係について、きわめて短絡的に考えていたことは否定できない。いずれにしても、ここでは、東洋平和の攪乱者としての伊藤を暗殺することの正当性が主張されているだけであって、それはあくまでも過去に対する矯正策ではあったにせよ、それだけでは将来に向けての東洋平和の設計構想とはなりえてはいなかった。

おそらく、安重根は伊藤射殺という行為によって日本が自らの外交政策の歩みを振り返れば、日本が自らの滅亡を未然に防ぐ意味でも韓国の独立を保証することが必須の課題であることを悟るはずであり、延《ひ》いてはそれが東洋の平和に繋がると期待していたのであろう。それは日本自身が自ら覚醒する以外にはありえないことであった。少なくとも安重根は伊藤の射殺という行為を投げかけることによって、そこに生まれるかも知れない日本の善意と自省に賭けてみたのである。

だが、それが甘い期待にすぎなかったことは、溝淵孝雄・高等法院検察官との尋問の過程ですぐに明らかになったはずである。溝淵検察官は繰り返し韓国は自力で独立することができないために日本が韓国を保護し、インフラ整備や教育の普及を図っていることを強調し、その統治の正当性を安重根に納得させようとしていたからである。日本を代表する立場で安重根と対峙していた検察官は、伊藤の射殺を通して安重根が訴えようとした韓国独立の可能性を認めないだけでなく、むしろ保護以上に日本が直接に統治することが韓国にとっても幸福であり、それが東洋に平和をもたらす最善策であることを安重根に納得させようとしていたのである。

以後、一九一〇年二月一四日の判決言い渡しに至るまでの安重根と日本側官憲との交渉過程は、暗殺によって一時的な打撃を与えることができても、それが更なる対立の激化や取り返しのつかない心理的軋轢《あつれき》や怨恨を残すだけであって、必ずしも安重根が暗殺によって待望したような「東洋の平和」が達成されないことを否応なく悟っていった過程であったと、推測してほぼ誤りはないであろう。そのことが安重根をして、自らの履歴と所信を明らかにすべく自伝と「東洋平和論」とを執筆させる動機となって衝き動かしていったものと思われる。

それは同時にまた、安重根が伊藤射殺後に逃走もせず、懸念された獄中での自殺という手段を選ばなかった理由でもあった。さればこそ、安重根は伊藤暗殺の後で自殺する意志はなかったのかの問いに対して、「自分等の目的は、東洋の平和を図り、大韓国の独立を期するに在《あ》るものなれば、この目的を達せざる間は決して死するの考えなし。さればとて逃走せんともせず」（『時事新報』一九一〇年二月一七日）と毅然と応答していたのである。

このような「東洋の平和」と「韓国の独立」をめぐる応酬のなかで明らかになっていったことは、安重根がいう「東洋の平和」と日本が唱える「東洋の平和」とは、同じ言葉ではありながら、まったく異なった志向性をもっていたということであったはずである。この相違を明らかにしておかなければ、安重根の「東洋平和論」のもつ意義と位相を知ることはできないであろう。

五　二つの「東洋平和」

安重根は一九〇九年一〇月三〇日の最初の尋問以来、一貫して「日露戦争当時より東洋平和維持なりと言いつつ」、その実、韓国の独立を毀損《きそん》してきた伊藤の不実不義を舌鋒鋭く非難してやまなかった。だが、字句に拘泥すれば、「露国に対する宣戦詔勅」（一九〇四年二月一〇日）では「韓国の存亡は実に帝国安危の繋《つなが》る所」であるとして、「韓国の独立」は開戦の正当性論拠とはされていない。この詔勅においては、「韓国の安全」が「帝国の安全」に直結しており、「韓国の保全」によって「東洋の治安」がもたらされ、それによって「極東の平和」が達成されるとしていう論理構成が取られていた。あくまで「韓国の独立」ではなく、「韓国の保全」が目的とされていたのである。安は『安応七歴史』の中で日露開戦時に宣戦布告書に「東洋の平和を維持し、韓国の独立を鞏固《きょうこ》にするとあった」と記しているが実際には、そのようには書かれていない。おそらく「清国に対する宣戦詔勅」（一八九四年八月一日）において「帝国は是に於て朝鮮に勧むるにその秕政《ひせい》〔悪政〕を釐革《りかく》〔改革〕し内は治安の基を堅くし、外は独立国の権義を全くせしむことを以てしたる」ことに対して清国が妨害したとして、これを改めることが「東洋の平和」をもたらすとして、開戦目的と書かれていたことが念頭にあったのかもしれない。

しかし、もう一歩踏み込んで安重根の議論に沿って考えれば、韓国の独立という問題に直結していたのは一九〇四年二月の日韓議定書であったはずである。そこでは「日韓両帝国間に恒久不易の親交を保持し、東洋の平和を確立するため」、韓国政府が日本政府を「確信し、施設の改善に関し其の忠告を容《い》るること」を容認させていた。これを見れば「韓国の独立」と「東洋の平和」が密接な関係をもったものとして韓国に示されたものとして解釈することは可能であった。おそらく安は、「東洋の平和」が日露戦争の宣戦詔勅においては「東洋の治安」に代わっていたことを知らなかったのであろう。もし知っていれば日本を含めた東洋平和論は構想しなかったかもしれない。いや、知っていたからこそ敢えて希望を後世に託す意味でも「東洋平和論」を書かざるをえないと意を新たにしたかもしれない。

顧みれば、日露戦争以前、日本は既に一九〇〇年の義和団事件において八カ国連合軍の先兵として最大数の派兵をおこない「極東の憲兵」としての役割を担う存在となっていた。それは日本にとっては欧米諸国の一角として「極東の治安」に責任をもつという意識と誇りを与えるものであった。だが、それは東アジア諸民族による自治としての「東洋の平和」ではなく、欧米に対してその責務を代替することによって治安を確保するということであり、「東洋の治安」を維持する主体はあくまで日本だけであるとの自負に支えられていた。もちろん、日本は「東洋の治安」を対外的に振りかざしたわけではなく、あくまで「東洋の平和」をめざすことが対外的な国家目標として喧伝された。

そのことは「韓国の独立」に最も係わるはずの「韓国併合に関する条約」（一九一〇年八月）におい

ても「両国間の特殊にして親密なる関係を顧《おも》い、相互の幸福を増進し東洋の平和を永久に確保せしむこと」になると強調されたのである。日本からすれば地政学的な問題と共に、時にロシアと結び、時に中国とも結ぶ韓国の外交こそ危難を招いてきたものであり、「東洋の平和」にとってはその韓国の内政・外政を全て掌握することが必須の要請とみなされたのである。そうした観点から「東洋の平和」を見るとき、安重根とは全く違う評価が伊藤の事績に対してもなされることになる。

すなわち、伊藤追悼特集号として刊行された『冒険世界』（一九〇九年一一月一五日号）で樺山資紀《かばやますけのり》・海軍大将は伊藤を「日清・日露の二大戦役の結果、ようやく統監政治をみることになり、元勲の随一にして国家の支柱たる伊藤公が、みずから出て難局にあたり、東洋平和の大根元を確定することになった」と評価していたのである。

このような「東洋の平和」観はより直接的に「韓国併合に関する詔書」においては「朕東洋の平和を永遠に維持し帝国の安全を将来に保障するの必要なるを念《おも》い」として、韓国の併合こそが日本の安全を将来に保障し、それによって「東洋の平和を永遠に維持」するとして正当化されていたのである。

もちろん、この韓国併合の国際法上の有効性については、異論が出されている。しかし、当時の日本では正当な手続きを取って行われたとみなされていた。溝淵検察官は、日本が国際法を遵守しており、国際的に環視されているなかで不法な外交政策など採り得ないことを安重根に対して説き続けた。その中で、「日本が東洋平和を唱えて韓国を亡すとか又併呑するとかしても列国が監視して居るからその様な事は出来る筈のない事を知って居るか」（「第六回尋問調書」一九〇九年一一月二四日）と溝淵検察官は安重根に問いかけたが、これに対して、安は「私は日本が韓国を併呑せんとして居る野心があるにも拘わらず列国が黙視して居る理由も知って居ります」と冷静に反論していた。国際法が強国に都合よく運用されるものであり、そこでの国際法上の認知という基準もまたパワー・ポリティクスにおける狡猾な詐術にすぎず、必ずしも正義や道理に基づいて施行されるものではないことを見抜いていたのである。安重根は「自伝」のなかで「国土を掠奪《りゃくだつ》し、生霊《せいれい》を辱《はずか》しむる者が暴徒なのか、みずから国を守り、外敵から防御する者が暴徒なのか」とその背理を突いていた。

しかしながら、同時に安重根にはいかに便宜的なものにすぎないとはいえ、国際法に皆無ではないはずの正義に賭けたいという思いがあったことも否定できない。それは結局、否定されることになったが、自らの裁判の弁護人として日本以外の国から選定できることを望み、そして裁判を国際的に公開していくことを求めたことにも現れている。安重根は溝淵検察官に宛てて「人類社会代表重任」との揮毫を贈っているが、これは溝淵をはじめとする司法関係者の事績そのものが人類社会の歴史そのものとして永遠に遺る重責を負っているものであることについての自覚を促したものであった。しかし、同時に安を含めて、この裁判そのものが人類社会にとって重大な意義をもつことを自ら確認した言葉でもあったはずである。安重根の「東洋平和論」は、国際法への不信とそれにもかかわらずそこに願望を賭けざるをえない、針の穴を通るような祈りにも似た想いのなかで執筆されたことを窺い知ることができるのである。

もちろん、日本の中にも韓国の併合ではなく、その独立・自立こそが「東洋の平和」に繋がるものであるという声が全く無かったわけではない。日清戦争を「義戦」と呼んで正当化した内村鑑三は日露戦争において、日本における「東洋平和」の真義を知ることとなり、「日清戦争はその名は東洋平和のためでありました。然るにこの戦争は更に日露戦争を生みました。日露戦争も東洋平和のためでありました。しかしこれまた更に更に大なる東洋平和のための戦争を生むのであろうと思います」(「日露戦争より余が受けし利益」一九〇七年一一月）と「東洋平和」のスローガンこそが戦争を際限なく生んでいく源泉であることを看破していたのである。また、「韓国の独立」という政府の言明に対しても、一九〇七年七月二一日の「東京社会主義有志者決議」は「吾人は朝鮮人民の自由、独立、自治の権利を尊重し、これに対する帝国主義的政策は万国平民階級共通の利益に反対するものと認む。故に日本政府は朝鮮の独立を保証すべき言責に忠実ならんことを望む」として、日本政府が日清戦争時に言明したはずの「朝鮮の独立」を達成するという言葉の国際的責任を忠実に実行すべきであることを要求していたことも看過することはできない。

だが、そうした僅かな事例を除けば、日本は韓国併合こそが「東洋の平和」を維持する所以であることを強調し、東アジア国際秩序の「治安維持」を図ることをもって「東洋の平和」とみなし、それを「伝統的国策」とすることを対外的には喧伝していった。一九三三年三月の国際連盟脱退に際しては荒木貞夫・陸軍大臣が「我が国はその伝統的国策たる東洋平和確立の道念に於て国際連盟を互に相容れざるものありし結果、ここに国際連盟より脱退するの已《や》むなきに至った」との訓辞を発して、日本の「国策たる東洋平和確立」が国際連盟や国際法の理念と相容れないことを宣言していた。そして、一九三七年以降の日中戦争においては、「今や皇軍は、東洋平和確立のため北支に中支にあるいは南支に華々しい活躍を続けている」として、同じ東洋の民族の中でも日本に同調しないものを殲滅《せんめつ》させる軍事行動こそが「東洋平和建設」事業に繋がるものであることを国民に説き続けたのである。

こうした日本が「伝統的国策」とした「東洋平和」のあり方と安重根が思い描き、実現を期待した「東洋平和」とは対極的なものであったことは、言うまでもない。

それでは未完に終わってしまった安重根の「東洋平和論」とはいかなる論理構成から成り、どのような将来の世界像を提示したものであったのだろうか。

六　「東洋平和論」の理論構成

さて、東洋平和論の執筆状況については、栗原貞吉・典獄から境喜明・警視に宛てた一九一〇年三月一八日付け書簡において、序文だけは完成し、本論に入っているが本論は三、四節に分けられ、各節ごとに思い浮かぶままに書いているため「到底死期までには」完成する見込みはなく、また秩序立たない「雑感」を記したものであるため「旨義一貫したる論文」にはなり得ないだろうと記されている。ここからも明らかなように、執筆時間が限られていたこともあって、それは熟慮の上に完成を期されたものではなく、執筆当初から未完となることを宿命づけられていたものであった。

しかし、序文の執筆時期を「二月」と安重根が記していたことを勘案すれば、本論に書き込まれるはずであった思想や希望は、尋問や公判廷において述べられ、また同時期に執筆していた『安応七歴史』や『安重根伝』の記述とも重なっていると見るのが自然であろう。この栗原書簡が真相を伝えるものとしたうえで、「東洋平和論」の執筆過程を確認しておけば、安重根は『安重根伝』と「東洋平和論」を併行して執筆しており、序文を二月に書き終えたのち、三月一五日に『安重根伝』を脱稿した。そして、「東洋平和論」の本論を「一．前鑑」、「二．現状」、「三．伏線」、「四．問答」という構成をもって書く構想を立てたうえで、それぞれについて書くべき事柄を書き出すという作業を続けていた。そして、この論説の完成まで処刑を一五日間延期するように求めたが認められなかった。そのため処刑される三月二六日の二、三日前まで執筆を続けたものの、結局、「前鑑」の部分で終わったことになっている。こ

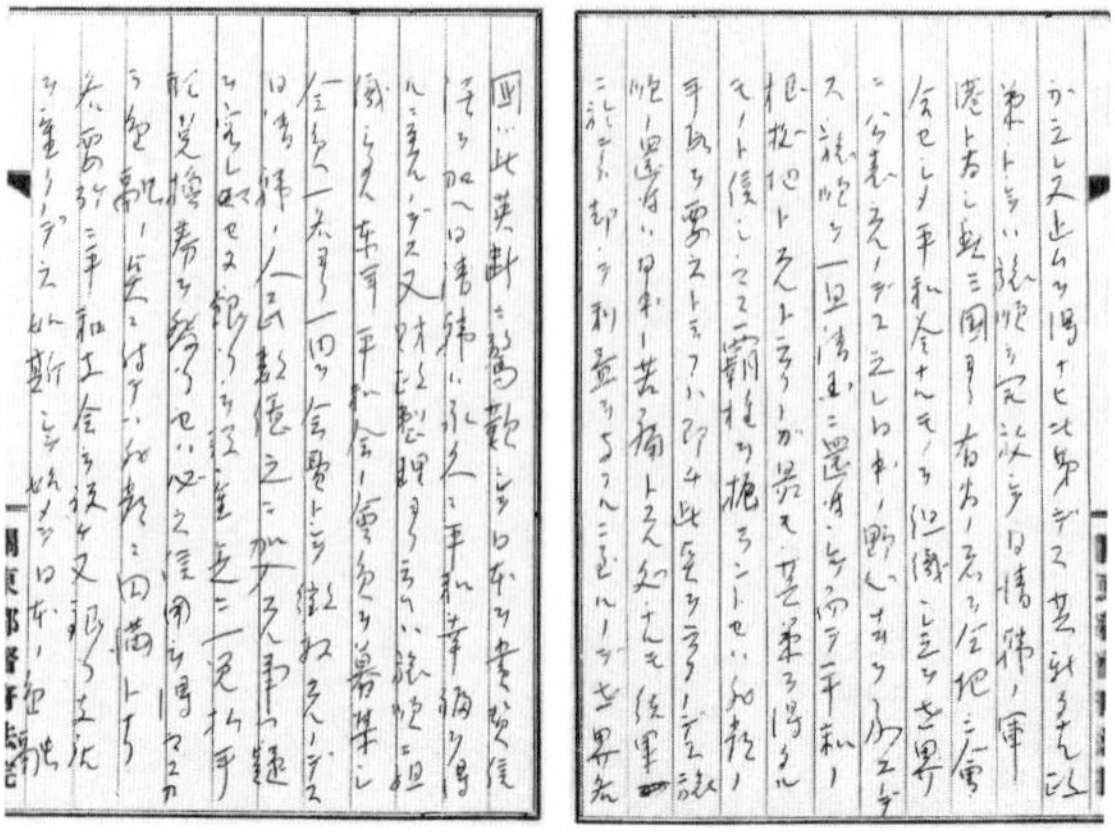

図２　死刑判決言渡から３日後の1910年２月17日、関東都督高等法院長との面談記録「聴取書」の一部。旅順を永世中立地域とする構想などが記されている。

の「前鑑」も完成したものか、中途であるのかは内容的には確定できない。

また、その執筆構想を見るかぎり、「現状」分析は「前鑑」と重なり合う部分が多かったと考えられるが、東洋の現状から更に踏み込んで欧米文明とその植民地統治の現状分析に及んだ可能性がある。また、「伏線」とは安重根がその到来を展望する東洋平和の事態を明らかにしたうえで、そこに至るための道筋やその萌芽的な思想が東洋にいかに存在してきたかを「伏線」という視点をもって見出そうとしたものと考えられる。そして、「問答」では、「前鑑」、「現状」、「伏線」のそれぞれについて安重根と反対の意見をもつ立場からの議論を提示して、それに安重根が答えることによって「東洋平和論」の趣旨を明確にし、その実現可能性を問い詰めていく作業としての想定問答集を予定したものであったと考えられる。ただ、その多くは尋問や公判廷での検察官や判事との議論で問題となったこと、そしてその中で安重根が言い残したことや発言を抑えられた主張を明確にしておくことであったと思料される。

なお、安は園木末喜・通訳に東洋諸国の「紛争の揺籃」でもあった旅順を永世中立地帯とする構想などを口述していたとされる。その内容は、ある意味では安重根ならではの発想によるものではあるが、私見の限りでは『安応七歴史』『安重根伝』や「東洋平和論」そして裁判の過程で示された発論を反映したものとは言い難く、異なった文脈で発想されたアイデアないし期待感の表明という印象を拭いきれない。そのため、ここでは「東洋平和論」の構成の特質を明らかにすることに課題を限定し、「旅順・東洋平和会構想」(2)(図2)などについては触れないこととする。

天賦人権論と文明論

それでは安重根の「東洋平和論」の基軸となっている概念や思想とは何であったのだろうか。

まず、第一に注目しなければならないのは、前提としての天賦人権論と文明論があったことである。安重根は獄中での「所懐」として一九〇九年一一月六日午後に、伊藤の「罪悪十五箇条」を提出したが、その前文として自らの世界観を述べている。その「所懐」の冒頭では「天は蒸民《じょうみん》を生み、四海三内、皆兄弟となす。おのおの自由を守りて生を好み、死を厭《いと》うは人の皆常情なり」として、人の性情として自由と平和を希求することは誰も奪うことのできない本然の性として備わっていることを切言していた。この人間観そのものは梁啓超《りょうけいちょう》らの思想的影響を受けた愛国啓蒙運動における「新民」観などの影響という思想史脈があると見て誤りないであろう。しかし、天賦人権論という同じ地点から出発しながらも、安重根の文明観は当時、日本や韓国のみならず中国の梁啓超や胡適《こてき》らによって主張され、支配的であった社会進化論に必ずしも同調していない点に特徴がある。

すなわち、「所懐」においては文明時代と呼ばれる状況に対して、「それ文明とは東西洋の賢愚、男女、老少を論ずることなく、おのおの天賦の性を守り道徳を崇常し相競う無きの心にて安土楽業し、共に泰平を享《きょう》す、これを文明というべきなり。現今時代は然らず。いわゆる上等社会の高等人物の論ずる所は競争の説にして、究むる所は殺人機械なり。故に東西洋の六大洲に砲煙弾雨絶えざる日は無し」（『日本外交文書』第四二巻第一冊、二〇八頁）として生存競争や適者生存といった社会進化論に強く反対する立場を取っている。そこで重視されているのは、生存競争説を信奉しているのは「いわゆる上等社会の高等人物」であり、強権者にすぎないという批判である。

この議論は、一八八〇年代の日本において天賦人権論を社会進化論の立場から科学性を欠いた蜃気楼にすぎないとした加藤弘之に対して、馬場辰猪らが加えた反論を想起させるものである。さらに、殺人機械の発展こそが近代文明に他ならないという見方は、西洋文明批判者としての安重根の相貌を浮かび上がらせるものである。この西洋文明批判は、自らがキリスト教信者であった安のキリスト教の実態に対する批判とも繋がっていた。そのことは『安応七歴史』に、「現在、世界の文明国の博学の紳士で天主イエス・キリストを信奉しない者はいない。しかし、現在は、偽善の教えがはなはだ多い」とあることからも知ることができる。

日本においても例えば岡倉天心は、西洋文明が切っ先鋭い機械文明であることを特徴としつつもそれが非西洋世界を圧迫し植民地化するための道具を生んできただけではないかと批判し、まさに安が批判した日露戦争について「西洋人は日本が平和でおだやかな文芸に耽っていたとき、野蛮国とみなしていたものである。しかし、日本が満洲の戦場で大殺戮を犯し始めて以来、文明国と呼んでいる」（『茶の本』一九〇六年）として、西洋文明がもつ野蛮性を喝破したが、安重根の視点もこれと同じ志向性をもつものである。岡倉はさらに「もしもわが国が文明国となるために、身の毛もよだつ戦争の栄光に依らなければならないとしたら、われわれは喜んで野蛮人でいよう」（同上）と呼びかけたが、これこそ安重根が日本に訴えたかったことではないだろうか。

いずれにしても、こうした軍事強国が文明国と同視されるような国際社会のあり方とは異なる方向においてのみ、初めて東洋平和が達成されることを安重根が願っていたことは疑いない。そのことは『安応七歴史』において伊藤射殺の場面を思い返しながら、「突然怒りがこみ上げてきた。どうして世界はこのように公平ではないのか。隣国を強奪してこのように欣喜雀躍して少しも憚《はばか》るところがない男〔=伊藤〕がいるのに、他方では何の理由もなく仁弱の人種は却ってこのような困難に陥るのか」と憤激の想いを新たにしていることが証明している。

安重根の東洋平和論にとって欠かすことのできない要因は、武力をもった国家や人々が強権者として振る舞うのではなく、「仁弱」の国家や人々を尊重しあう道義的社会のあり方であり、世界秩序であったはずなのである。そして、「仁弱」な側にある生存権を根拠とすることによって、「脱亜入欧」すなわち実態としての日本の優勝劣敗の論理に基づく「侵亜入欧」のあり方を道義的平和共存論の立場から批判する可能性が開かれたのである。

安重根の揮毫の中にある、「弱肉強食風塵の時代」とは兵乱が絶えることのない時代を生んでいる弱肉強食という思想自体を廃絶しないかぎり平和が世界に訪れることはないという訴えを込めたものであろう。そこからは単なる文明批判にとどまらず、西洋が提示しきれなかった真の文明とは何か、それを欧米に対抗して東洋から提起することが次なる要請として出てくるはずであった。そしてそれを提示することが西洋文明では達成できなかった東洋平和論を生み出していくことになるはずであった。

ただ、安重根にはそれを提起できるだけの時間的余裕が与えられることはなかった。それは現在においてもなお課題であり続けているが、日本では足尾鉱毒事件で西洋文明のもたらす災厄と闘った田中正造が、「道は二途あり。殺伐をもってせるを野獣の戦いとし、天理をもってせるを人類とす」（一九一一年六月・日記）と述べて、武器によって争うのではなく、論理によって戦う「無戦主義」を主張した事例を挙げることができる。その意味するところは、武力をもって戦えば、人間は獣と同じになってしまうが、人間は言論の力によって「権利のための闘争」を戦うことが肝要であるということであった。田中はまた、「真の文明は山を荒らさず、川を荒らさず、村を破らず、人を殺さざるべし。……今文明は虚偽虚飾なり、私欲なり、露骨的強盗なり」（一九一二年六月・日記）とも述べ、戦争は、人間を殺すだけではなく、生態系をも破壊するものだと喝破し、併せて文明の強奪性を指弾していた。田中の「無戦主義」という考え方の中には、自然と社会の調和ということも含まれており、それは戦争こそが自然破壊そして人権抑圧の最大のものであり、反文明だという指摘でもあったのである。

人種抗争史観

ところで、天賦人権論と文明批判論として安重根の「東洋平和論」を見るとき、そこにはもう一つの重要な基軸となっている問題が浮上してくる。それは安重根の議論のなかに繰り返し現れる人種抗争史観ともいうべき歴史観である。確かに同時代においては岡倉天心をはじめとして東西両洋の対立を人種的観点から論じる思潮が盛んであった。それはアジアが自ら望んだものではなく、押しつけられた抑圧に対する抵抗としての人種抗争であった。そこに「西洋の栄光は、東洋の屈辱である」（岡倉天心『日本の目覚め』一九〇四年）という逆説も生まれた。

そして、この人種抗争史観は、安重根においてはロシアの南下という背景とともにシベリアでの自らの体験も大きく係わっているのかもしれない。そこには、とりわけ白人種としてのロシアに対する脅威感、不信感が前面に押し出されており、日露戦争が人種戦争であったことを強調する文脈において突出している。それは一種異様な印象さえ受ける。

だが、私自身、正直に告白すれば、安の「東洋平和論」の「前鑑」を読んで虚を突かれたような衝撃を受けた記述がある。それは日露戦争時に、中国が日清戦争の復讐戦として日本に敵対したかもしれず、韓国も日本に協力しなかったら勝敗はどう転んだかわからないはずだという指摘においてである。おそらく当時の日本人は――そして現在の日本人も――そうした発想をほとんどしたことはなかったはずである。それは単に日本が清朝に中立を約束させたことや大韓帝国が事実上の保護国化に踏み入っていった、ということでは説明がつかない。

安が指摘するように、自国の利益のためには、国際法がいかようにも踏みにじられていた事実に鑑みれば、中国や韓国がロシア側として参戦しても何ら不可思議ではなかったはずだからである。確かに、日露戦争は交戦国とは無縁な中国や韓国を戦場として戦われた戦争であった。そのなかで韓国の保護国化は一挙に進んだ。また、日露戦争開戦とともに中立宣言をし、戦争の結果いかんに拘わらず、満洲は中国の主権下に帰すべき旨の声明を発表した中国政府に対し、日本は「戦争の結果、清国を犠牲として領土獲得を行うが如きは毫《ごう》も帝国政府の意図に存せざる所に候」とし、「貴国の主権に対し毀損《きそん》を加えるにあらざることは貴国政府において篤《とく》と御了解相成り候ように希望いたし候」(『日本外交文書・日露戦争I』一九〇四年二月)と言明していたのである。

だが、中国とって、日露戦争とは二つの帝国主義国家が中国の領土において、中国の主権を無視し、そこに住む人々を戦火にさらすことによって戦われたという事実は揺るがない。現在でも、旅順などの戦跡は「愛国主義教育基地」に指定され、「帝国主義列強は中国を侵略し分割した。この旧跡は近代中華民族が強いられた屈辱の歴史の証である」として記憶されている。しかも、中国に中立を強いたその戦争の結果として、中国に対する領土獲得や主権侵害の意志はないという日本政府の声明が反故にされたことも事実であった。日本はポーツマス条約において、旅順や大連を含む遼東半島南部と満鉄附属地を関東州として租借し、中国東北地域を支配するための基盤としたからである。

そうした歴史を省みれば、安重根が指摘するような事態が起こっても何ら不思議ではなかったはずである。だが、日本の政府も国民もほとんどその可能性を疑うことはなかった。なぜか。それは安が「東洋平和論」の前提にしているような同人種としての共通性を無意識の裡に信じていたためではなかったろうか。安重根の議論からは、同人種であるがゆえに敵対するはずはなく、しかも対等に扱う必要もないという思い込みが、日本国民の暗黙の前提となっていたことに気づかされるのである。にもかかわらず、同時にまた反面で、日本人は日露戦争が人種戦争であるとの評価がなされることを極力警戒していたこともまた事実である。何よりも戦争を遂行するために、ほとんどの戦費をイギリスやアメリカなどの外債に依存していた日本にとって黄禍論が再燃することは、極力避けなければならなかったからである。ましてや白色人権を禍《わざわい》として排撃する「白禍」論などは厳しく抑えられた。

しかし、安重根に即して考えれば、韓・中・日による「東洋平和」を築いていくための基盤となるのは、地域的近接性という自然的条件以上に、黄色人種という同一性による連帯が不可欠であった。それはロシアの脅威には黄色人種連合として対抗する以外には手段がないと考えられたことが重要な前提となっている。だが、おそらくそれ以上に安重根には、同色人種であるはずの日本が清国と戦い、それを敗北させたことによってロシアをはじめとする欧米列強の東洋への侵犯を招き寄せ、さらに韓国を保護国化して連帯すべき東洋各国を分裂させ、対立を激化させていることへの厳しい批判と危機感があった。

安重根が単に白色人種と黄色人種の対立・抗争を煽り立てるという意図から人種闘争史観を持ち出したものでないことは、文脈からも明らかであろう。すなわち、安重根が人種対立、人種抗争を強調せざるをえなかったのはロシアなどへの白色人種への反感もさることながら、他ならぬ黄色人種間の抗争が自ら白禍を招き寄せたという認識に発するものであり、さればこそ同じ黄色人種の植民地や従属国になるぐらいなら白色人種の植民地になる道を選ばざるをえなくなるのではないか、という選択を苦衷を込めて提示していたのである。

その意味でも「東洋平和論」の「前鑑」が「同種隣邦を迫害する者はついに独夫《どくふ》の患から免れられない」という一句で閉じられているのは、象徴的意味をもつ。「独夫」とは、暴虐な行いによって天からも人民からも見放された孤絶した存在という意味合いであり、それが日本を指弾したものであることは間違いないからである。安重根の人種抗争史観における最大の批判の対象は、白色人種にではなく、「同種隣邦を迫害する者」すなわち黄色人種たる日本人に間違いなく差し向けられていたのである。

そして、この安重根が日本へ宛てた警句は、中国の章炳麟《しょうへいりん》が「日本がまだ盛んにならない頃、アジア諸国には常に小さな争いはあったが、なお平和というべきであった。しかし、今やそうではない。……白人を引き入れ、同類を侮《あなど》った者は誰か！」（「印度人の日本観」一九〇八年四月）と発した糾問とも通底するものであり、さらに孫文が「我々は結局どんな問題を解決しようとしているのかと言えば、圧迫を受けている我がアジア民族が、いかにすれば欧州の強盛民族に対抗し得るかと言うことであり、簡単に言えば、被圧迫民族のためにその不平等を撤廃しようとしていることである。……今後日本が世界文化の前途に対し、西洋覇道の鷹犬となるか、あるいは東洋王道の干城となるか、それは日本国民の緻密な考慮と慎重な採択にかかっている」（「大亜細亜主義」一九二四年一二月）と日本人自らに迫った選択とも等質のものだったのである。

東洋の範域

ところで、そもそも安重根の「東洋平和論」に言う東洋とはいかなる空間範域を指しているのであろうか。また、東洋平和論とは「東洋の平和」ということだけをめざすものだったのであろうか。

この問いに対しては、安重根自身が一九〇九年一一月二四日の第六回尋問調書で明確に答えを出している。それによれば、安重根の言う東洋とは、アジア洲のうち「支那（中国）・日本・韓国・シャム（タイ）・ビルマ（ミャンマー）」を指すとしている。これはインドなどの南アジアを除いた東アジアを想定したものであるが、おそらく中国と冊封・朝貢関係をもった地域を東洋と考えていたものと思われる。この点は、現在の東アジア共同体論議において、インドを含めるか否かが分岐点となっていることを想起させるものである。他方、この時期の日本では、「極東の平和」という表現で、中国・日本・韓国の三国をもって東洋と考えるのが通例であった。さらに、一九三八年の近衛新体制下で唱道された東亜協同体論においても、蠟山政道は「東洋が地域的運命協同体であるという意味は、まず政治的意味である」と論じ、三木清は東亜協同体の基盤には「東洋文化の伝統というが如きものでなければならぬ」と規定していたが、いずれも満洲国を含む中国と朝鮮・台湾を含む日本とが東亜ないし東洋と見なされていたのである。もちろん、この東亜協同体に対しては日本の覇権を前提にし、中国の主体性を無視したものとして蔣介石はじめ郭沫若《かくまつじゃく》などの反対もあって、東亜ないし東洋としての一体性や平和共同体としての一体性を確保することはできなかった。

日本がビルマに至る空間範域を含めてアジアを政策対象と本格的に捉えるようになったのは、一九四〇年代に大東亜共栄圏を唱えるようになってからであったことを思えば、安重根が想定した東洋は日本とは大きく異なっていた。そして、なぜその範域が東洋として想定されたかと言えば、それらが「平和」を考えるための前提となっていたからである。

自主独立の平等性

この第六回尋問において、安重根は「東洋平和論」において欠くことのできない枢要なことがらに言及している。それは、そもそも安重根のいう東洋「平和」とは何か、という最も根源的な問いに係わるものであり、これに対して「それは皆自主独立して行く事ができるのが平和です」と明言している点である。さらに、溝淵検察官の「然らばその中の国が一ヶ国でも自主独立が出来ねば東洋平和と言うことができぬと思うが左様《さよう》か」という問いかけに対して、決然と「左様であります」と回答していたのである。つまり、この問答の中には、安重根が「韓国の独立」という伊藤射殺の目的から出発しながらも、事件から早くも一カ月後には中国・日本・韓国・タイ・ビルマの全ての国が自主独立し、相互にその自主性と平等性を尊重しあうことが東洋平和を意味するとの展望を描き出すに至っていたことが示されている。

そして、見逃してはならないのは、このときビルマは一八八六年以後イギリスの植民地となっており、韓国もまた併合への道を歩んでいたという事実である。つまり、安重根は韓国のみならずビルマが独立することもまた東洋平和における当然の前提としていたのである。それがイギリスとの対立を前提とするものであることは言うまでもない。そうした立論をするに当たって、安重根は日本が一九〇二年にイギリスと日英同盟を結び、イギリスが「日本国に取りてはその清国において有する利益に加ふるに、韓国において政治上ならびに商業上および工業上格段に利益を有する」ことを確認し、その利益擁護の措置を取ることになっていたことを知っていたはずである。さらに一九〇五年八月の日英同盟改訂によって適用範囲はビルマを含むインドにまで拡大され、同時に日本の韓国への「保護権」が確認されていた。つまり、ビルマの独立とは、そのまま中国や韓国における自主独立の問題とも密接に繋がっていたのであり、それはイギリスからの独立と共に日本からの自主独立をも意味していたのである。日英同盟を媒介項として考えるとき、「東洋平和論」は決して韓・中・日三国の民衆に向けた東洋連携論にとどまるわけではなく、東南アジアまでを視野に入れた各民族の平等を前提とした自主独立国家の連帯論であったと解釈されるべきなのである。

さらにまた、自主独立の平等性という問題において安重根が批判していたのは、中国の中華意識であった。「東洋平和論」の「前鑑」において「古より清国人は自ら中華の大国と自称し、外邦を夷狄と呼び、驕り高ぶること甚だしかった」と冊封・朝貢体制の下での階層構造をもった「平和」を批判したのも、「東洋」とはまさしくそうした階層秩序を受け入れることによって治安を保ってきたという歴史的事実を見逃さなかったからである。それは「東洋」一般というよりも先ず清国が韓国を「西の藩屏《はんぺい》」とみなして、その自主独立を妨げてきたことに批判の矛先を向けることでもあり、民族や国家としての平等性を大前提としなければ韓・中・日の間でさえ平和が画餅となることを知悉していたためであったと思われるのである。

東洋平和から世界平和へ

それでは中国・日本・韓国・タイ・ビルマ(ミャンマー)という空間範域のなかで自主独立の平等性

が確保されたとき、「東洋平和」は達成されるのであろうか。
言うまでもなく、答えは否である。なぜなら、そもそも安重根の「東洋平和論」は、西洋文明が「殺人機械」を生み出し、弱肉強食の絶え間ない争いを「文明」として世界に押し広げたことへの批判から発し、そこに人種抗争史観が組み込まれることへの批判の書として書かれていると理解すれば、その「東洋の外部」からの圧迫を取り除くことなしには「平和」となりえないことは明らかだからである。当然のこととして、安重根の視線は単に東洋平和にとどまらず、世界平和へと向かわざるをえない。いや、ただ単に視線の広がりが問題なのではない。その視線の先に何を見据えていたのかが、決定的に重要である。そして、安重根がその視線において捉えていたのは、国民というよりも「市民」としての人間存在であったように思われる。

安重根が世界平和の担い手として、国境を越えた市民という存在を意識した地平に立っていたことは、一九一〇年二月九日の第二回公判において「私は日本天皇陛下の宣戦の詔勅にある如く、東洋の平和を維持し韓国の独立を鞏固《きょうこ》にして日韓清三国が同盟して平和を称《たた》え、八千万以上の国民が互いに相和して漸々開化の域に進み延《ひい》ては欧州及び世界各国と共に平和に尽力せば、市民は堵々《とと》安んじ初めて宣戦の詔勅にも副《そ》うものと思います」と陳述していることに着目すれば明白になるはずである。もちろん、ここで安が「八千万以上の国民」と言っていることの意味は明白ではなく、また安自身が「市民」という表現を使ったのかどうかも、通訳の問題もあって不明ではある。しかし、少なくともここでは「国民」と「市民」が訳し分けられているだけでなく、平和の成果を享受する主体となっているのが他ならぬ「市民」である、と読み取ることは可能なはずである。

「市民」と「仁弱」

そして、安重根における「市民」への眼差しということに、私が重要な意味を認めたいと思うのは、それが「仁弱」なる個人存在に行き着いたところに安重根の思索の結晶があったと思われるからである。

先に指摘したように、安重根は「仁弱」なる存在としての朝鮮民族を自覚していればこそ、驕慢なる存在への憤激を発し、それが安重根の行動を衝き動かした。伊藤暗殺はその止むに止まれぬ感情の発露としての行動であった。そこには「丈夫世に処して　その志大なり　時、英雄を造り　英雄、時を造る天下に雄視して　何れの日か業を成さん　東風漸く寒して　壮士の義熱せり」と賦したように、自らの慷慨に浸り、自らを英雄、壮士と呼び、その行動を義挙と自賛する安重根があったことも否めない。

しかし、獄中で記した『安重根伝』にある一節からは、そうした自らを英雄、壮士と恃み、悲壮感に奮い立つ安重根とは対極的な地点にある安重根の姿が浮かび上がってくる。そこには自分にいかなる罪があり、どのような過ちを犯したのかと反問し苦悩する安重根がいる。そして、千慮した末に安重根は「忽然と大覚し掌をたたいて大笑して思った。我は果たして大罪人なり。我の罪は他でもなく仁弱なる韓国人民の罪なり。そう考えると疑いも解け、心も安らかになった」という境地に至る。

これはいかに解釈すべきであろうか。自分の罪は韓国人民の罪であり、私一人のものではないと悟ったのであろうか。いや、おそらく、それとは反対の解釈をすべきであろう。韓国人民にも確かに罪はある、しかし、自分もまた何よりも韓国人民そのものなのであり、義士でも壮士でもない。しかし、そうした自明なはずの事実に気づかないままに自分の行為だけが英雄であり、時代を造るという思い上がりをもって生きてきたことこそが自分が犯した最大の過ちであったことに思い至った、というのが真意であるように私には思われる。それは当然のこととして、大日本帝国の罪人であるわけはない。

それでは何が過ちであり、なぜ自らを大罪人と規定しなければならないのか。

ここで問題となるのは「仁弱」である。「仁弱」とは物事を武断によって決しないがゆえに軍事的には脆弱ではあるかもしれないが、他者を慈しみ、柔和であることにおいて、それ自体が決して罪であるはずはない処世の道である。しかし、その「仁弱」さによって他者を同じく「仁弱」に化すことが本来的な「平和」というべきものであり、「殺人機械」を駆使することによって相手を屈服させ、沈黙させることが「平和」ではない。伊藤や日本がおこなおうとしたことは、まさにその軍事力によって相手を屈従させることであり、そうであるからこそ伊藤を暗殺しなければならないと決断したのである。だが、その暗殺とは「仁弱」なものが取るべき方法であったのだろうか。おそらく、安重根は自らがその「仁弱」というもののもつ意義を自覚しえないまま、「仁弱」を押し隠すために暗殺というテロ行為に走ってしまったことが罪である、と考える地点に最終的に立ち至ったのではないだろうか。その悟得《ごとく》の境地において「私は大罪人である」という言葉が発せられたのではないか。むろん、その一方で安重根は自らが義兵闘争という独立戦争を戦い抜く「義兵参謀中将」であり、戦争捕虜として国際法に従って裁判を受けるべきであるとの主張を棄てることはなかった。それを捨て去ることは、今なお戦っている義兵闘争の戦士たちの存在意義を無にし、その行動を否定することになるからである。

しかし、東洋平和が、そして世界平和が真に達成されるとすれば、それは決して軍事力によって達成されるはずはない。軍事力による平和とは、累々たる屍の上に成り立つ「墓場の平和」そのものだからである。東洋平和が、そして世界平和が真に達成されるためには、その手段も、その道筋もまた平和そのものでなくてはならない。そうした平和を作り得ない自分も、そしてまた韓国人民もまた、そのこと自体において罪人である、というのが安重根が最後に私たちに遺した言葉ではなかったのか。その言葉を受け取るとき、罪人は韓国人民だけでないことを、世界中のあらゆる人々は自覚せざるをえないであろう。私もまた大罪人である。だが、安重根が人々に求めたのは、ただに罪人としての自覚だけではなかったはずである。罪人であることを自覚せよというのは、出発点に立ち戻れ、というにすぎない。その出発点に立ち戻って、私たちは何を手にして再び旅立つのか。それが「仁弱」という自覚ではないのだろうか。

「仁弱」なる個人とは安重根であり、私自身であり、そして国籍に拘ることなく人類の一員として生きる「市民」という存在そのものもまた「仁弱」であることによって平和を追求する主体となりうるのである。——それが一人の人間としての私が安重根の「東洋平和論」から受け取ったメッセージであることを告白しておきたい。そしてそれは他でもなく、一九一九年の三・一独立宣言書が訴えたメッセージに真っ直ぐ連なっていると思うからである。

そこには、こう記してある——「憤りを抱き、恨みを持つ二千万の民を威力でもって拘束するのは、ただに東洋の永久平和を保障するゆえんでないのみならず、これによって東洋安危の主軸である四億中国人の日本に対する危惧と猜疑《さいぎ》をますます濃厚にさせ、その結果として東洋全局の共倒れの悲運を招致することの明らかである。今日、われわれの朝鮮独立はわれわれをして正当な生存の喜びを遂げさせると同時に、日本をして悪の道から出て東洋擁護者としての重責を全うせしめ、中国をして夢にも忘れられない不安恐怖から脱出せしめることである。また、東洋平和を重要な一部とする世界平和、人類幸福に必要な段階とするためである。これがどうして区々たる感情上の問題であろうか」——と。

そしてまた、五・四運動の先頭に立った「北京中等学校以上学生連合会」が出した「日本国民に告ぐるの書」でも中国の自存と真の東洋平和との関連について次のように訴えていたことも忘れてはならない。「われわれ中日両国の国民の地位は等しく、利害は一致している。わが国民は、東亜の真の平和と中日両国間の真の友好を謀《はか》るには、まず貴国の国民の覚醒を促し、ともに侵略主義への反抗に起ちあがらねばならない。……謹んで血と涙をもって、日本国民に忠告する。醒《さ》めよ、そしてわが国人民とともに手を携えて共に進み、この人道の害虫、平和の障害たる侵略派を根こそぎにし、平和と福祉の東亜新天地を建設しよう」(「五・四愛国運動資料」『近代史資料』第二四号)——と。

こうした韓国や中国からの訴えの声に呼応するかのように起きた三・一独立運動について日本人・柳《やなぎむねよし》宗悦は同胞に対して問いかけた——「吾々とその隣人との間に永遠の平和を求めようとならば、吾々の心を愛に浄め、同情に温めるより他に道はない。しかし、日本は不幸にも刃を加え、罵りを与えた。……人は愛の前に従順であるが、抑圧に対しては頑強である。日本は何《いず》れの道によって隣人に近づこうとするのであろう。平和がその希望であるなら、何の穉愚《ちぐ》〔稚愚〕を重ねて抑圧の道を選ぶのであろう」(「朝鮮人を想う」一九一九年五月)——と。

七　「白鳥の歌」——書かれざる「東洋平和論」の意義

さて、最後にそれでは安重根の「東洋平和論」は、その後のアジアに、そして今後の世界に何を遺したのであろうか。

安重根が「東洋平和論」を執筆していたことは、日本でもその処刑の報とともに知らされていた。例えば、『時事新報』(一九一〇年三月二七日)では「安重根死刑執行」の記事のなかで「彼が獄中執筆中なりし東洋平和論は序文のみ脱稿したるも、二、三日以来筆を執らず、祈祷《きとう》にのみ耽《ふけ》りたり」と伝えていた。また、『大阪毎日新聞』（一九一〇年三月二七日）は、より詳しく「栗原典獄死刑執行の旨を告げ、言い残すことなきやとの問いに答えて「予のここに至りしは元、東洋平和のためなれば更に遺憾なきも、これに立ち会われたる日本の官憲は、今後日韓の親和と東洋平和のために尽力あらんこと切望す」と述べ、最後に「絞首台上にて東洋平和の万歳を唱えたし」と希望し、祈祷をなすこと三分間にして、徐《おもむ》ろに刑台に上れり」と、その場で実際に見ていなければ書けないような臨場感をもった内容を特派員発の記事として掲載していた。さらに、『東京朝日新聞』（一九一〇年三月二七日）では、「遺言の有無を質《ただ》せしに、別に申残すべきことなけれど唯《ただ》最期に臨んで臨検諸公に翼《こいねが》うは東洋平和を期することに御尽力ありたしと言い、他に何事も語らず」と報じている。

これらの記事によれば、「日韓の親和と東洋平和」のために尽力すべきことを立ち会いの日本人に遺言として託していたのである。本来、その遺志を継ぐとすれば、未完であったにせよ「東洋平和論」は公表されるべきであったろう。しかし、日本への期待と共に自省を促すはずの議論が公にされることはなかった。それが近代日本への批判を焦点としていた以上、それは必然の宿命であったかもしれない。

こうした中で、安重根から秋田県選出の代議士・近江谷栄次《おうみやえいじ》に宛てて獄中から書簡が届けられていた。子息の小牧近江《こまきおうみ》は書簡が届いた経緯は不明であるとしながらも、「とにかく、安重根は、死刑になる前、人を通じて父へ書を寄せており、私たち一家は、彼が死刑になった日、仏前に線香を上げて冥福を祈りました」（『ある現代史』法政大学出版局、一九六五年、一六頁）と記している。近江谷栄次は黒龍会の内田良平らと交流もあり、日韓併合運動とも係わっていたため、安重根が何を近江谷に伝えようとしたか、その内容は不明であるが、獄中から日本宛てに書簡を出すことが可能であったとすれば、何らかの形で「東洋平和論」の趣旨が他にも書簡として伝えられた蓋然性は残っている。

しかしながら、「東洋平和論」が公になったのは一九七九年になってからであり、安重根の「東洋平和論」そのものの所在さえ知られることがなかったため、直接的な呼応関係や思想連鎖が生まれることはなかった。だが、思想連鎖とは、直接的な継受関係がないにも拘わらず、そこに相通じる思想なり志向なりが存在することに着目する方法的視座を意味するものである。その意味で、安重根の文明批判が「殺人機械の廃絶」にあった以上、それは軍備撤廃への要請と繋がることは当然の理であろう。また、その文明論の前提には、日本の自由民権運動に学んだ梁啓超とそしてそれを受け取りつつ愛国啓蒙運動を展開した安昌浩らの唱道する天賦人権論の思想水脈を受け継いだ個人の自由・平等の思想があった。そうであるとすれば、それが更に国家を越えた「市民」というトランスナショナルなシチズンシップへと広がっていく志向性を看取することも不可能ではないはずである。これらの思想水脈が日本において は憲法9条として結実したと私は考えているが、もちろんそれが内実を伴ったものとなるためには、なお多くの時日を要するであろう。

安重根の「白鳥の歌」である「東洋平和論」は未完に終わった。

しかし、それが未完であることは、完成したものである以上に重要な意味をもつこともある。なぜなら、安重根の「東洋平和論」は、「書かれざる章」をもつことにおいて、未来の世代が自由にその余白を書き継いでいくために、敢えて白紙で託されたものとして私たちの前にあると考えることもできるからである。

そして、未完であることによって、そこに胚胎されていたはずの議論から、書かれざる本論を推測していく作業を繰り返し試みていくことは、後代に生まれた者の責務でもある。それはかつて二つの民族の対立という悲劇が生み出したものであるという宿命を負っているとしても、決して果てしなき対立や軋轢を繰り返すために存在しているのではなく、「親和と平和」の二つを希望として指し示す可能性の書として、時代と空間を越えて来たるべき世代に託されているに違いないからである。

それは安重根が希求した「東西洋の六大洲に砲煙弾雨絶える日」をめざすという「仁弱」ではあるかもしれないが、しかし雄勁《ゆうけい》な志によって支えられた営みとして受け継がれていかれることになるのであろう。

(1) 一九〇九年一〇月三〇日の第一回訊問の際、安重根は伊藤博文の「罪状十五箇条」として挙げた項目の概略は、以下のようなものであった。①一八九五年、伊藤の指揮で韓国王妃(=閔妃)を殺害した。②一九〇五年、伊藤は兵力を以て五ケ条の条約(第二次日韓協約、韓国では乙巳《いっし》保護条約。外交権の譲渡・朝鮮統監府の設置などを定めた)を締結させた。③一九〇七年、伊藤が締結した一二ケ条の条約(第三次日韓協約、韓国では丁《てい》未《び》七条約。実際は法律制定権の譲渡・日本人官吏の採用など七ケ条)は韓国の軍事上不利益を生じた。④伊藤が韓国皇帝の廃位を強制した。⑤軍隊を解散させて不利益を与えた。⑥条約に反対して義兵が起ったが、伊藤は良民の多数を殺害させた(朝鮮駐劄軍司令部編『朝鮮暴徒討誌』(一九一三年)によれば、一九〇六年から一九一一年までの「暴徒」=安重根のいう「良民」の死者一万七七七九名・負傷者三七〇七名となっている)。⑨⑦韓国の政治、その他の権利を奪った。⑧韓国の学校で用いていた良好な教科書を伊藤の指揮で焼却した。⑨韓国人の新聞購読を禁じた。⑩韓国官吏を買収し、韓国民に知らせることなく第一銀行券を発行した。⑪韓国国民の負担となる国債二三〇〇万円を募り、官吏の間で勝手に処分した。また、土地も奪った。⑫伊藤は東洋の平和を攪乱した。⑬韓国が望まないにも拘わらず、韓国保護に名を借り、韓国政府の一部の者と意を通じて韓国に不利な政策を施した。⑭明治天皇の父(孝明天皇)を殺害した。⑮韓国民が憤慨しているにも拘わらず、伊藤は明治天皇や世界各国に対して韓国は平穏で問題がないと欺いている。なお、訊問調書では、伊藤について安重根は全て「伊藤サン」と称したように記録されている。また、これらの罪状に関しては、安重根の誤解や誤聞・誤伝などが含まれている。なお、一九一〇年二月一四日に安重根に死刑判決を下した真鍋十蔵による判決文では、「被告が伊藤公爵を殺害したる所為たるやその決意、私憤に由るものにあらず」と認定している。

（2）　一九一〇年二月一七日に平石氏人《ひらいしうじんど》・関東都督府高等法院長との面談記録である「聴取書」で安重根が述べたもので、仮に「旅順・東洋平和会構想」と名付けておく。その構想は、以下のようなものである。まず、日本が旅順を中国に返還して中立化し、そこに日・韓・中が共同で管理する軍港を作る。旅順港の警備には、日本が当たることによって、領有と同じ効果を日本にはもたらす。また、三国が代表を派遣して常設の「東洋平和会議」を組織する。各国の人民が常設委員会の会員となり、財政は会費で賄うというものであった。「東洋平和会」による具体的な事業としては、①共同銀行を設立して共通貨幣を発行する。②三国の青年によって共同の軍団を組織し、青年には自国語以外の二カ国語を修得させて友邦としての観念を高める。③韓・中の二国は、日本の指導によって商工業の発展を図る。④日・韓・中の三国の皇帝が、ローマ教皇を訪問し、そこで協力を誓約して王冠を受ける（これは安重根が多黙《トーマ》という洗礼名をもつキリスト教徒であったことによる）――などが挙げられている。なお、日本が旅順を返還する意義について、「返還は日本の苦痛となるかもしれないが、結果的には利益を与えるものであり、世界各国はこの英断に驚嘆して日本を称賛し、信頼を置き、日本・清国・韓国は永久に平和と幸福を得るに至る」（図2の中央部分、参照）と説いている。

第九章　正岡子規・四百年後の夢——理想を紡ぎ出す力

一八九九（明治三二）年元旦の新聞『日本』には、現在と同じく分厚い新年特別号として「初刊」と題する特集記事が並び、その「第五」として「四百年前の東京」と「四百年後の東京」という論題の記事で一面が埋められている。筆者は「升《のぼる》」、すなわち正岡子規その人である。

当時の子規が描く「四百年前の東京」は、太田道灌が江戸に城を築いた室町時代。日比谷以東、浅草以南が海であり、根岸に海水が進入しつつあったとしている。

他方、「四百年後の東京」では三層の橋が架かった「御茶の水」の地上の繁栄とともに、地下街の殷《いん》賑《しん》きわまる様を描き、さらに東京湾が海上の市街と化して移動商船や医療船さらには見世物船などが海面を埋める盛況ぶりを活写している。

これに対し、二年後の一九〇一年一月、『報知新聞』は「二十世紀の予言」と題する記事を掲げたが、子規のように海上についての記事はなく、「チェッペリン式の空中船は大に発達して空中に軍艦漂《ただよ》い、空中に修羅場を現出すべく、従って空中に砲台浮ぶの奇観を呈するに至らん」と予測している。

さらに、第一次世界大戦開戦直前の一九一四年には、『透明人間』や『タイムマシン』などの小説で知られるイギリスの作家H・G・ウェルズが、小説『解放された世界』において飛行機が飛び交う時代の到来、そして原子核反応による爆弾を飛行機から投下する世界戦争と戦後における世界政府の誕生という未来図を描き出した。

そこでウェルズが訴えたのは、世界戦争を避けるためには各国が主権を放棄して世界政府を作るしかないということであった。第一次大戦中に『戦争を終わらせるための戦争』を執筆したウェルズは、その後、戦争と主権国家の根絶を実現するために世界の人々が平和の基盤となる思想と知識を共有するための新百科全書運動を展開し、第二次世界大戦が勃発すると基本的人権の保障による平和実現を呼びかけることになる。そして、ウェルズが一九四〇年に作成した「サンキー権利章典」は、翌年一月にルーズベルト米大統領が年頭教書で提唱した「四つの自由」に影響を与えた。「四つの自由」とは言論・表現の自由、信仰の自由、欠乏からの自由、恐怖からの自由を指し、その精神は後に「われらは、全世界の国民が、ひとしく恐怖と欠乏から免かれ、平和のうちに生存する権利を有することを確認する」として成文化されることになる。言うまでもなく、わが日本国憲法の前文である。

さて、翻って子規は「四百年後の東京」において一体なにを訴えたかったのであろうか。

それは東京の経済的繁栄などでは決してなかったように思われる。叙述の中心テーマは、あくまでも「第十四回平和会議の紀念《(ママ)》として建てられたる万国平和の肖像」の主旨を実現することにあった。この肖像の高さは、世界第一の大軍艦の帆檣《ほばしら》が満潮時にさえ台石に及ばないものとされている。ちなみに、この平和会議が一八九九年五月に開催されたハーグ国際平和会議の後継であるとすれば、第一回会議が開催された年の初めに子規は世界平和を祈念してこの文章を書き、再び戦争で血が流されることになれば、「これより十倍大の平和肖像を建設する」必要があると訴えていたのである。

もちろん、こうした未来記は単なる夢物語に過ぎないと見ることもできよう。しかし、幕末から日露戦争までの時代、それが「坂の上の雲」をめざす時代でありえたのは、万国対峙のための富国強兵を目指したことにあるのではなく、厳しい現実に直面しながらも世界や人類のために日本や日本人がいかなる貢献をなしうるかを自らに問い、その将来像を描き出そうと知恵を絞った情熱に萌していたとも言えるはずである。

人類平和のために「世界の世話やき」になることを切望した横井小楠《よこいしょうなん》、世界連邦構想にあたる「世界大合衆政府論」を唱えた小野梓《おのあずさ》、世界憲法の制定を「無上政法論」として説いた植木枝盛、軍備全廃を訴えた中江兆民や田中正造など、その熱情には迸《ほとばし》る激しさがあった。他方、それらを夢想や幻想として冷笑した人々も少なくなかったが、内村鑑三が反論したように「理想を説くことは決して無益ではない。説かれざる理想の現実となって顕《あら》わるる時はない」というのも厳然たる事実ではないであろうか。

私が二二世紀に向けて提言できることがあるとすれば、願わくば日本人がもう一度、人類や世界の未来についての夢や理想を語る力を養う必要がありはしないか、という一事に尽きる。

自戒を込めて言えば、私たちは余りにも目先の現実の複雑さに打ちのめされて、四百年後とは言わないまでも次世紀において実現すべき夢や理想を語る意欲もそれを紡ぎ出す方法も、見失ってしまってはいないだろうか。それこそ日本社会が「坂の下の沼」に向けて徐々に滑り落ちている一因ではないかと私には思えてならないのである。

ところで、子規が構想した平和の肖像が東京湾に建てられているのは、一八八六年に落成した「自由の女神」をヒントにしたように思われるが、果たして二二世紀、平和の肖像は東京湾に屹立しているのであろうか？

それとも映画『猿の惑星』の衝撃的ラストシーンのように、その肖像が砂に埋まっている姿に人類は出会うことになるのだろうか?

子規の「四百年後の東京」の末尾は、呪文のような次の詩句で締めくくられている。

よのなかにわろきいくさをあらせじと
たたせるみかみみればたふとし

Ⅳ　学知と外政――井上毅の日本とアジア

第一〇章　日本の国民国家形成と国学知の思想史脈

一　平準化と固有化の相反ベクトル

本章では井上毅《いのうえこわし》という法制官僚が、どのような「学知」に基づいて国民国家としての日本を構想していったのかを考えてみたいと思います。ただ、「学知」という言葉は、まだあまり一般的には使われていませんが、学術と技術を合わせた知識として考えて戴ければよいかと思います。例えば法律の場合ですと、単なる法律の知識だけでは社会的に機能しませんから、その知識を立法技術としてどうやってつくっていくかとか、それを行政や司法の分野でいかに運用していくかという問題があります。あるいは国家経営の基盤となる地図を作成するについても、学問と技術とが不可分のものとして必要になります。つまり、狭い学問に限られない知識の総体を捉えていきたいという志向を示すものとして、「学知」という概念を使いたいと思います。

そこでまず、二つのことを前提にさせていただきます。第一に、近代日本国家ひいてはその起点となった明治維新の二面性といいますか、そこに二つの側面があったということです。一つは王政復古、それは神武創業とも言われたわけですが、そうした歴史的遡及の側面と、もう一つは文明開化や欧化主義という言葉に象徴される欧米を継受する同時代的な側面です。

つまり明治維新においては、神武の創業に向けて時間的に遡っていくという、一つの大きなベクトルがあります。しかし同時に文明開化などは、当時の欧米世界の文明と同化するために水平的に、あるいは空間的に横に繋がりながら生活様式を含めた国家体制の変革を図るというもう一つの大きなベクトルが作用していました。この時間的な遡及は、一方で言いますと、他の政治社会と異なる日本固有のものとはいったい何なのかということの探求にもなりますから「固有化」という志向性を持ちます。他方、空間的波及による「平準化」という側面は、欧米が近代につくり出しました国家体制や政治のあり方を模倣しなければならない力が作用するものでもあります。なぜそうしなければならなかったのか、につきましては後ほど申し上げますが、そういう二つの方向性があったわけです。

しかしながら、日本の明治の人々は、欧米化＝近代化という枠組みに決してとらわれてはいませんでした。近代化というのは果たして欧米化なのか。欧米でない世界が、近代をどのようにつくっていくべきなのか。井上毅にとどまらず、福沢諭吉にせよ中江兆民にせよ、明治期の人々は非欧米世界にある自分たちが総体としての世界の中でどういう文明史的ないし知的な役割を果たし得るのかということを必死に考え続けており、決して欧米化することだけが近代化と考えたわけではありませんでした。私が欧米の文明を継受したことを普遍化といわず敢えて平準化というのは、それが未来永劫まで普遍性をもつかどうかは不明であり、きわめて長いタイムスパンを取れば、一時的な浸透力をもった文明として欧米化＝近代化があったにすぎないということになるとも考えているからです。いずれにいたしましても、固有化と平準化は、全く相反するベクトルなわけです。その相反するベクトルの中で、大きく分ければ、国史・国文・国制から成る国学という学知[1]というものが、生まれてきます。要するに、日本の近代国家形成においては国学という学知が生まれ、展開する必然的な契機が否応なく孕《はら》まれていたということになります。

さらに、王政復古と文明開化の相反的両立という問題は、別の視点からみますと、祭政一致かそれとも政教分離かという対抗関係にもなるわけです。神武創業や王政復古というのは、祭政一致を目指すわけですが、文明開化は政教分離を目指すわけですから、これも全く相反するものであります。さらに王政復古は天皇の親政、天皇がみずから政治をとるということを目標にしますが、他方、欧米の国家体制というのは、主権や民主制との関係で権力分立制や立憲議会制をどのように取り込むかという選択を迫ってきます。日本における近代国家形成とはこのような二つの相反するベクトルの要請の中で動き、そのダイナミクスの中で変動していったことを、まず確認しておかなければなりません。

言い換えれば、こうした全く相容れないような方向性をもった課題をいかに解決していくのかという難題が日本の近代国家形成に課せられており、それらにいかに対処してきたのかという過程が近代日本史を形作ってきたということになります。

それでは、そもそも近代国家の形成というときの近代国家とは何なのかを、一言でどう要約するかということになりますと、私はそれを国民国家の形成だと言いかえていいと思います。つまり国家というものが、王侯や貴族が家の財産としてもつ国家ではなくて、国民全体がその国家の所有者として支えていくのだというのが、近代の国家のあり方です。それがネーションステートである国民国家という考え方です。

そのときに考えなければならないのは、国民国家の形成には国民形成と国民国家という、全く違った二つの次元があるということです。

国民形成とは、国民としての意識の内面化という問題です。日本は島国国家として、古来一つの国家であったと思われがちですが、明治維新直前には二六〇にもおよぶ藩に分かれていました。福沢諭吉の『旧藩情』は、江戸時代の藩の事情というものを分析した著作ですが、そこでは中津藩という小さな藩でさえ、身分や職業によっていかに権利や教育などが異なり、風俗習慣そして言葉そのものさえ全く違っていたかを指摘しています。そこでは職業や身分が違っていれば言葉遣いも違っていたため家の中にいて、窓の外で話をしている人がどういう身分や職業の人かさえわかる状態にあったというのです。つまり日本全体でそれぞれの藩に分かれているだけではなくて、一つの藩の中においても、それぞれ細分化されていたのです。

そうした情況を福沢は「日本国中幾千万の人類は各《おのおの》幾千万個の箱の中に閉《とざ》され、又幾千万個の墻壁《しょうへき》に隔てられるが如くにして、寸分も動くを得ず」（『文明論之概略』巻五）と表現していました。

そういう中で、国民として一つのアイデンティティを持たせるにはどうしたらいいのか。これも容易に達成できない課題です。そういう課題を追求しなければならなかったわけです。

それから国家形成というのは、機構として、あるいはガバメントとしての国家を作るということです。ここには中央・地方制度や徴税機構や軍隊などの組織化も含まれます。そこでの、国家のあり方というのは決して一つではないわけです。ヨーロッパでも、さまざまな形態の国家がありました。フランスは帝政から王政へ、あるいは共和制へと転々と変わりましたし、ドイツの場合にはプロイセンをはじめ、それぞれが憲法をもったラントという多数の邦が存在していましたから、それらを連邦制として構成するか、中央集権的な国家として統合していくのかが課題として立ちはだかっていたわけです。

こうして機構としての国家の形成という側面と、それから国民に国民としての自意識を持たせるための形成という、この二つが近代国家の形成においては重要だったわけです。なぜこの二つを分けて考えるかといいますと、例えば一九六〇年の「アフリカの年」以降、アフリカでは多くの国家が独立しましたが、旧植民地における国家機構を受け継ぐことができた国家形成は比較的容易でした。しかし、様々な部族が旧植民地による線引きによって強制的に一つの国家機構に帰属させられたことによって対立が生じることにもなりました。つまり自分がその国に属しているという帰属感を持つのは、実は大変に困難なことでもあるわけです。さまざまな部族があったり、空間的にも離れていれば、全く見も知らない人が実は同じ国民であると意識するのは、なかなか難しいわけです。例えば私たちは同じ日本人だといいますが、北海道の人と沖縄の人とは一生出会うこともないかもしれません。にも拘わらず、同じ日本という国土に住む国民だという意識を持つように教育されています。そういう意識を持たせるためにどうすればいいのか。例えばそれは地図の作成と授業による空間意識の注入であったり、国語としての共通語の普及などのさまざまな努力がなくては達成できないわけですが、それには時間もかかります。

要するに、王政復古と文明開化、それから国民形成と国家形成という二つの課題となる軸があり、それぞれを縦軸、横軸にして考えると、日本の近代国家の形成の特質等がわかってくるのではないかと、私には思えるわけです。

なお、文明開化といいますと、単に明治初年の、ちょんまげを断髪して散切り頭にかえたり、洋服にかえたりする風俗の変化のことと思われるかもしれませんが、これは次に述べますように国際法とも密接に係わっています。そして、何よりも精神的な欧米への平準化というものを伴っています。あるいは生活意識にも及ぶ西洋化、ウエスタナイゼーションというものを伴っていたわけです。日本浪漫派の保《やす》田與重郎《だよじゅうろう》は、「文明開化の論理の終焉について」(『文学の立場』古今書院、一九四〇年、所収)という論文で、日本の近代は文明開化の論理というものが一貫して続いてきていると批判しています。保田によれば共産主義思想の受容に至るまで、日本は文明開化という理論を疑うこともないままに欧米文明や思想を受容し、それに従うという模倣性が習性となって流されてきたのであり、今こそ、その論理を終わらせなければならないと力説していました。それは「近代の終焉」を訴えるものでしたが、そのような意味で近代日本史を解釈いたしますと、戦後に至るまでは、あるいは現在においてもなお日本は文明開化の論理に従って動いてきているとも言えるのかもしれません。もちろん、それを否定する論理として「近代の超克」などが唱えられましたが、そもそも「超克」するに足るほどの「近代」が日本にあったのかという反問にさらされることにもなりました。

二　国民国家形成における泰西主義と啓蒙主義

さて、その近代国家の形成におきまして、日本は決して自らの意志で自由に国民国家をつくることができたわけではありません。それはなぜかと言いますと、明治国家は江戸幕府が結んだ条約を引き継ぎました。引き継がなければ、国際法上の国家として承認されなかったからです。ですから明治国家がまず直面したことは、主権国家としての独立という問題です。それは国際法上において不平等条約から自由になることでした。

それではどうやったら自由になれるのかということです。そこで出てくるのが、文明開化の論理なのです。それは当時の国際法においては、文明国標準主義によって条約締結の方式が差別化されていたことによります。これはヨーロッパが文明国と考える国とは主権国家と認定して対等な条約を結びますが、文明国と考えない未開や野蛮の国については、対等条約を結ばないというものです。

日本の場合には、未開とみなされたことから、不平等条約の対象となります。日本に対しては領事裁判権を設け、貿易における関税の自主権を奪うことによって、いわば一人前とみなされない人を後見するような権利を欧米がもつという条件の下で日本は条約を結ばされたわけです。他方、野蛮なときにはどうなるかと言えば、野蛮な人は人間とはみなされませんから、そこには人間が住んでいないということになります。そのため、人が住んでいるにもかかわらず、そこは所有者のいない無主地とみなされます。そして、無主の地には先占の法理が働きまして、先にそれを占領した者が所有権を主張できるとされました。この論理によって、欧米は世界に植民地をつくっていったわけです。

もちろんこれは非欧米世界の人の眼からみれば、欧米の身勝手な論理です。しかし、その文明国標準に従わなければ、日本は条約改正が不可能だったわけです。その文明国標準とはファミリー・オブ・ネーションズと言われていたように、キリスト教諸国間の一体性を示すための基準だったわけです。そして、文明開化というのは、単なる風俗現象ではなく、その基準に達するための努力でもあったわけです。日本が欧米から文明国と認められるためには、風俗・習慣から変えて欧米的な生活様式や価値意識における文明化＝欧米化したと認定される必要性がありました。しかも、それは欧米が期待するようなものでなければならなかったのです。

そして、条約改正のためには日本の法典整備が要請されます。それは欧米人が日本と交易したり日本と往来するときに不安や危険なく行動できる保証が必要となるからです。そこで法典整備をどのような基準で進めるのかが問題となります。それがウエスタン・プリンシプル、泰西主義といわれたもので、ヨーロッパの法典と同じような内容の形式や体裁を持っていなければ、法典とは認められないわけです。ですから法典調査会等で、日本がつくった法典で基準をクリアできているのかを照会し、否定されたら訂正しなければならなくなります。ただし、これは実際におこなわれることはありませんでした。

陸羯南《くがかつなん》というジャーナリストは、新聞『日本』を創刊し、国民主義・日本主義の立場から表層的な欧化主義政策を採る政治を批判した人ですが、当時の国際法は、真の国際法ではなく、ヨーロッパ・ファミリーの法、家法に過ぎないと看破していました。そして、そのことを確認したうえで、ヨーロッパの家法だからとして全否定するのではなくて、ヨーロッパの法観念や法体系に非ヨーロッパ的世界の考え方や理念を、どう組み込んで行けばいいのか、それを日本が率先して提示していくべきだと主張しました。

いずれにしましても、こうした文明国標準主義や泰西主義によれば、法典もそうでしたし、生活様式そのものも変わっていかなければならないという外圧が働いていたのです。なんと理不尽なという気がしますが、グローバル化だ、国際化だと日々叫ばれている中で、心の中では納得もしていないのにグローバル化に適合しなかったら生き残っていけないという強制力が働いている現状が思い合わされます。そのような中で国学の位置づけが必要となります。そうした泰西主義が要請される中で、日本の学問がその出発点において何をしなければならなかったかといえば、先ずは欧米の学問を受け入れることによって、その学問体系に従って日本の大学や制度をつくっていくことになるわけです。

その最初の段階において主導的な役割を担ったのが、明六社に集った人々でした。これは森有礼が首唱し、福沢諭吉や西周《にしあまね》、津田真道《つだまみち》といった人たちが中心でしたが、当時の欧米における学術を最先端で受けとめた人たちでした。森有礼はアメリカ、イギリスに留学していましたし、西周や津田真道は一八六二年に初めてオランダのライデン大学に留学しています。人文・社会科学系で最初に留学し、現在の国際法や統計学などの社会科学に相当する学知を持ち帰って立法や行政に応用していきます。さらに、西や津田はカント哲学やコントの社会学などを学んできて紹介することになります。

そういう人たちが、どのように自分たちの学知を位置づけるかといえば旧社会を否定するために、幕藩体制を支えた学知を、攻撃することになります。そして従来の学知が社会的に力を持っていれば持っているほど、激しく攻撃しなければなりませんでした。そこでやり玉に上がったのが儒学であり、仏教であり、そして国学だったわけです。

国学では、島崎藤村の『夜明け前』に描かれていますように平田派の国学が、神武創業や尊皇攘夷思想を全国津々浦々に普及させるほどの浸透力を草莽や民草と呼ばれた人々の間に持っていました。儒学は主に武士階級が学んだもので、農工商の階層には広く普及していたとは言えません。ところが国学は、地方の神官や知識人あるいはその教えを受けた村の指導者層などを通じて草の根レベルにおいて非常に大きな力を持っていましたから、その考え方を変えていかなければ日本は変わらないと明六社社員たちは考えました。さらに明六社の人々は、政教分離が思想の自由や近代国家の宗教政策における前提であると考えていましたから、祭政一致や神道の国教化を唱えるような国学は、最も排撃しなければならない対象だったわけです。

何よりも広く国民をとらえていた国学や国学的発想を否定し、自らが学んできた国家のあり方に沿った学知を普及しなければ国民形成の思想としての主導力を発揮しえないわけです。『明六雑誌』に載った多くの論説では、皇学者流とか国学者流という言い方で、国学を信じている人たちは頑迷固陋であって、いにしえのことしか知らない、そして現在のことに無関心で排外的な態度を取るといった批判を加えています。さらに国学者の多くが天皇崇拝、あるいは復古神道への信仰ということを説いたわけですが、それに対しても国学は国民の心を奴隷化するものだと激しく非難します。

つまり、実態が不明な古代への回帰や、神胤《しんいん》に信従することを教える国学では国民の自立を妨げ、近代国家の国民にはなりえないとみたわけです。国民形成という考え方を採れば国民が自分の共有物として国家を持っているはずですから、それぞれの個人が、自分が国家を支えるという意識を持っていなければなりません。誰かに頼るのではなくて、自分が主体となって国を作るという意識を持たなければいけないと考えます。有名な福沢諭吉の『学問のすゝめ』にありますように、「一身独立して一国独立する」わけです。国民一人一人が経済的にも、そして精神的にも自立しなければ、一国の独立は危ういと考えますから、当然それを否定していると思われる国学に対する批判というのは、否応なく強まることになります。

そして、宗教と学問を分離するという考え方も、国学批判の重要な契機となって入ってきます。たとえば西周は、オーギュスト・コントの実証主義に学びましたが、それによりますと、学問は三つの段階を経て発展してくるわけです。最初は神学的な段階です。つまり学問が神学と一体化していたような学問と宗教が未分化な段階です。次は形而上学的段階です。そこでは神話から離れて自らの理性的思惟や知的直観によって世界を捉える段階です。そして最後の段階で実証主義の段階に至ります。知識の対象を経験的事実に求め、自然科学的方法に範を取るものです。西周らは日本の学問も実証主義段階の学問にならなければならないと考えました。要するに、実証主義という方法を採ることが学問としての発展を意味し、国民国家の形成もそれに基づいておこなわれなければならないと考え、それ以前の学知のあり方を否定しました。そうした考え方からしますと、まさに国学というのは神学的段階の学問であり、儒教は形而上学の典型となります。事実、儒教では「形而上（形より上なるもの）これを道といい、形而下（形より下なるもの）これを器という」（『易経』）として道を追求してきたわけです。ですから日本の学問も国学の神学的段階、儒教の形而上学段階を超えて実証主義段階の学問に入らなければならないと考えます。

こうして実証主義段階の学問を導入することが課題とされたわけですが、それでは実証主義とは何かと言いますと、それは一種のサイエンティズム、科学主義なのです。つまり自然科学をモデルにしたような学問のあり方でした。その実証主義と科学主義を示す学知が「実学」として表象されたものです。福沢諭吉が『学問のすゝめ』において、「古来、世間の儒者・和学者などが申すよう」な学知は「さまであがめ貴《とうと》むべきにあらず」、「されば今、かかる実なき学問はまず次にし、もっぱら勤むべきは人間普通に近き実学なり」と儒学や国学を排したのは、その典型的な事例です。儒学や国学は、福沢にとって国民形成を阻害する無用な「虚学」ということになります。そして、福沢は、実学に「サイヤンス」とルビを振っています。日本に必要な学知とは、実学＝Science に他ならず、それが独立心を生むというのです。その考えは一貫していて晩年の『福翁自伝』でも「東洋の儒教主義と西洋の文明主義と比較してみるに、東洋になきものは有形において教理学と、無形において独立心と、この二点である」と述べています。

確かに宣長の学問である古道学や国学などにおきましては、例えば『うひ山ぶみ』等を含めまして、歌の道ですとか、古道の道ですとか、幾つかの「科」、つまり学問の分科が学びの課程としてありますが、しかし国学そのものは、一つの体系なのです。決してそれぞれに分けては考えられない学問です。ところがヨーロッパの学問は、一物一科に分けて、細密にそれを追求していく、実証的に解明していくわけです。その「科」という言葉は「枝」という意味です。つまり総体ではないのです。そこから分かれたものを一つずつ分析していって、それを今度は帰納的に体系化することによって学問という一つの樹ができるという考え方です。

しかし日本の場合には、西周もそれを目指して努力したのですが、体系化そのものは時代的制限もあってうまくいきませんでした。結局、日本の学問は「科」学主義、それぞれの一科、専門分科に分かれていくという学問の細分化という方向をたどってきたわけです。そういう学問のあり方そのものが、今、問題になっている気がします。それぞれの専攻分野を個別に分けて深く探究するのですが、それによって細分科された分野に専念して、全体を見ないような学問のあり方ですね。他方、国学はそういう全体を見る学問として、みずからを志向していたわけですが、その国学も皮肉なことに次第に国史、国文、国法とか、それぞれの分野に分かれていくことによって、みずからの科学性を高めることを要求されてしまうわけです。なお、言うまでもないかと思いますが、本居宣長らの古文献研究も実証主義に基づくものであり、幽冥界《ゆうめいかい》などの他界観を究明したからといってそのこと自体が神学的であったことにはならないはずです。

他方、国学は、国民の多数に普及する力も秘めていました。そのことの一つの証明になるかと思うのですが、例えば国学の固陋性や神国としての優越性を説く自国中心主義の虚妄性を鋭く批判した加藤弘之も実は国学の力を知っておりましたから、自分が書く文章においても、「デゴザル」とか「ジャ」という文体も使っています。これは平田派の講義本の中にある言葉遣いです。もともとこの語法は蘭学においてオランダ語を翻訳する際に使われていた「ニテアル」とか「デアル」という文章を取りいれてできた文体だったといわれています。そのことからもわかりますように、平田派の国学は蘭学にも強い関心をもち積極的に採り入れていく態度をもっており、蘭学の言葉遣いや概念についても用いるべきは摂取して人々に伝えようとしたわけです。

啓蒙というのは自分の志向していることをどう相手に伝え、説得するかというコミュニケーション技術でもありますから、当然に伝達力をもった文体とか言葉遣いが必要になったわけです。そういう次元でも、平田派の国学は人々を捉える力を持っていたことがわかります。

しかし、明治期になりますと、国学はその総体性ゆえに科学として認められなくなり、広く普及していたゆえに逆に新しさを感じられることのない陳腐なものとみなされてしまいます。それに対していかなる対応がありえたのでしょうか。非常に乱暴なまとめ方をいたしますと、明治啓蒙主義における科学主義に対抗するために、国学は独自の総合性や体系性を捨てることによって専門分科していくことを余儀なくされました。先ほど言いましたように、明治啓蒙主義も本当はそういう分科主義と言いますか、専門分科だけではなくて、体系化することも目指していました。しかし、欧米の最新の研究を取り入れていくことを最優先する成果主義や社会の多様化・複雑化に対処しなければならないという要請もあって、対象に応じて細胞分裂のように歯止めなく細分化していくことになり、日本なら日本を総体として見るというような学問が成立しなくなってしまったわけです。そういう中で、学際性が主張され、現在では文理融合などのスローガンの下で、文科と理科の学知の総合性を回復するためのさまざまな試みが必要となっているわけです。

三　国家形成と国学知の領域

以上のことを押さえたうえで、次の問題に入ります。文明国標準主義による国家形成を迫られる中で、国学というもの、国学の知識がいかなる機能を果たしたかということです。ここではあえて国学知といいますが、国学は決して宗教的な祝詞を読んだり、神典といいますか、日本の古典を読むだけの学問ではありません。当然それは祭祀つまりお祭りをすることにも係わりますが、そのお祭りは農業にかかわっていますから、農業技術を教えることなども含んでいました。平田派が全国に普及していったのは、当然そういう実学的な側面があったからです。単に知識だけではなくて、生産における技術知といいますか、生活における生活知といいますか、そういう生活や地域に根ざした知識や技術を伝えたわけです。だからこそ人々をとらえる力をもったはずです。試験に通るための知識として、試験を終えたら忘れられる知識とは異なった機能をもっていた学知であったといえます。

そういう意味で広く国学知という言葉を使いますと、その中には古文献の読解による各地の歴史ですとか、山陵志などの地誌といった領域もカバーしていました。現在の言葉でいえば、それは地域生活に根ざしたフィールドワークに当たるものです。現場に行って対象を計測したり、あるいは絵図に書いたりすることによって確認していたわけですから、空間に対する知識でもあります。そうした国学知がどのような形で明治国家の形成に寄与したかと言いますと、まずは天皇の侍講や師傅《しふ》つまり先生としての役割を果たしました。つまり天皇に、近代の国家や君主のあり方とはどういうものなのかを教えるものです。この役割については儒学者の元田永孚《もとだながざね》などだけが注目されてきましたが、皇学ということですから国学系統の人からも出ていました。福羽美静《ふくばびせい》、國學院で非常に重要な役割を果たした佐佐木高行、藤波言忠《ふじなみことただ》のような人も挙げられます。藤波は福羽に学びましたが、ウィーンに派遣されてシュタイン（Stein, Lorenz von）に学び、その講義を藤波の解釈を通して天皇に伝えました。その時、国家を人体にたとえ天皇を頭部として描いて図解しています。そういう形で、天皇の国民国家形成における役割を教授する点で非常に大きな役割を果たしたと思います。

さらに元田や佐佐木などは天皇親政運動を起こします。天皇みずからが政治を執るという王政復古の大号令に従うならば、当然それを制度化することが維新の精神にも沿うことであると考えたわけです。井上毅にもそういう発想があり、井上の天皇親政論、あるいは天皇内閣論と言われるものです。大日本帝国憲法では、天皇は主権者ではありましたが大臣の輔弼《ほひつ》を受ける、つまりある行為をすべきか否かについて国務大臣や宮内大臣・内大臣に、さらに統帥権に関しては参謀総長・軍令部総長の進言を受ける存在となりました。しかしながら、天皇の権力が内閣によって制約されることを警戒した井上は天皇が内閣に列席して自ら政治的決定に加わるシステムを想定していました。もちろんこのような考え方は、天皇親裁主義になり、場合によっては天皇が政治的責任を負わざるをえないことになってしまいますから最終的には採用されませんでした。

次に国学知の二番目の機能としましては、立法者あるいは法制官僚といいますか、国学知をもって国家の形成に携わるということが挙げられます。福羽美静は国憲取調委員や元老院議官を務めています。また、元老院の憲法起草過程においては日本史に詳しい国学者であった横山由清《よこやまよしきよ》が非常に大きな役割を果たしています。横山は元老院設置以前にも立法機関であった左院で国憲草稿取調掛として憲法調査に携わっていました。

言うまでもなく、天皇を統治者とする国家制度を作るためには、古代以来の天皇制のあり方がどうであったのかを知らなければならないはずです。また、商法などは商業取引の上で現状に応じて適正な立法が要請されますが、民法の立法には困難が伴います。家督の相続であったり、家族関係のあり方などの次元の問題につきましては、日本の習慣や各地での相異などを明らかにしなければ、立法できないわけです。ですから国学者が天皇や民法の旧慣やその歴史的根拠などを調べ、それをまとめ上げるという役割を担わざるをえなかったわけです。つまり先ほど泰西主義、ウエスタン・プリンシプルが法典編纂には要求されると言いましたが、しかしその要求の中でも、どうしても欧米の法令に平準化できない部分が慣習法の領域にはあるわけですから、そこに国学知が要請される意義がありました。

これに関しては明治二二年（一八八九）に起きた民法典論争で何が問題となったのかを考えるとわかりやすいかと思います。問題となったのはボアソナード（Boissonade, G. E.）というフランス人のお雇い外国人法学者が顧問となってボアソナード法典とも言われた民法典草案です。もちろん、ボアソナード法典とは言いながら日本の習慣法を無視していたわけではありませんから、相続とか物権の部分には日本の国有性に配慮していたのですが、その内容は天賦人権説に基づくもので日本の旧慣や社会の人倫を破壊するものであるとの批判が出ます。そして、この論争の中で良く知られていますように、穂積八束《ほづみやつか》は「民法出て忠孝亡ぶ」というスローガンを掲げました。ヨーロッパ型の民法をつくってしまえば忠孝という日本の美点が亡んでしまうのだという、強烈なアジテーションを出します。それによって民法典は施行延期となり、新たに明治民法が編纂されて男女不平等な権利規定や戸主権や家督相続制などの家長を中心とする家制度が法定化されました。そして、その家長のトップに天皇を位置づける家族国家観が形成されることになります。

また、福羽美静や横山由清が関与した元老院の国憲按も、岩倉具視や伊藤博文、そして井上毅などがヨーロッパの法律を取り集めてまとめただけであって、日本の固有の国体に一顧だにしていないという批判を出したことによって、葬り去られていました。このように国民国家における国家の形成を進めていくうえで、日本という固有の政治社会や民俗がいかなる歴史や特質を持っているのかを調べるためには、やはり国学知が不可欠であり国学者の立法への参与が必要とされたわけです。横山の他にも小中《こなか》村清矩《むらきよのり》という明治期の国学界をリードした人は「皇嗣例」という天皇の後継ぎについての事例を丹念に調べあげてまとめたり、「女帝考」、すなわち女帝を立てることの是非や効用についての参考資料となる先例を網羅的に調べ上げて、それらが憲法草案起草の参考にされるといったことがおこなわれたわけです。

　さらに三番目の国学知の機能は、そういった国家としての制度のあり方の正統性根拠をどこに求め、どのように国民に納得させていくのかということに係わります。言うまでもなく、国家をつくっていく場合には、さまざまな制度があり、ヨーロッパでもフランスのような共和制もあれば、イギリスのような立憲君主制もあれば、ドイツのような帝政もあります。それらと天皇制国家をどのように対比して、正統性をもつと弁証できるかが問題となります。そこでは文明国標準主義との整合性も問題となります。

そのいずれを模範国として採用するかということは、その学問を学んだ人にとっては死活問題だったといえます。その模範国に従って学知を継受する過程で日本の特異な大学制度や講座制が形作られていきます。日本の大学形成に関しては、欧米の学知を取りいれるための蕃書調所や洋学所を前身とする国立の東京大学の他に、各国の大学に学んで帰国した留学生や官僚たちが作った私立法律学校などがあったことを指摘しておきました（→一八〜二〇頁）。

　しかし、見逃してならないのは、儒学や国学などを教授する大学制度の問題です。いかに文明国標準主義や泰西主義を受け入れることが必要だったとはいえ、江戸時代以来の学知をいかに継承していくのかということも重要な課題でした。何よりも王政復古を制度化し、その正統性を明らかにしていくためにも、国学知をもった人材の育成が焦眉の課題となりました。

　そのため、明治元年（一八六八）には、京都に漢学所と皇学所がいち早く設立されましたが、そこでは「国体を弁じ、名分を正すべき事」、「漢土・西洋の学は、共に皇道の羽翼たるべき事」などが目的として定められました。国体を明らかにするためには、中国や西洋の学知も補助として採り入れる必要があるとされたのです。しかし、皇学派は漢学派を排除することを主張し、皇学のみの大学を設立する運動を進めます。

他方、それまで幕府の下で形成された学知を継承するために、東京では旧幕時代の教育機関であった昌平校を中心に開成・医学両校を総称して「大学校」が明治二年（一八六九）八月に設立されました。ここに皇学派が拠点を置く京都に大学を置くか、儒学と洋学を継承した東京に大学を置くかについての対立が生じます。さらに、「大学校」でも学神祭をおこなうにあたり、儒教の孔子に代えて、日本神話で多面的に配慮できる知恵の神とされる八心思兼命《やごころおもいかねのかみ》を祭ったことから漢学派と皇学派との抗争が激化することになりました。

こうした混乱した状況を収拾するため、明治三年（一八七〇）に大学規則が定められ、京都は「大学校代」となり、その後は中学校として改編されて京都府学となります。また、「大学校」は、大学本校と大学南校（旧・開成学校）と大学東校（旧・医学校）を改められましたが、大学本校における漢学・皇学派と洋学派との対立が激しくなったことから大学本校の廃止が決定し、ここに大学南校・東校で洋学が教授されることになりました。そして、明治一〇年（一八七七）に東京開成学校（南校の後身）と東京医学校（東校の後身）とを併せて理学・法学・文学・医学の四学部からなる東京大学が設立されました。文学部には和漢文学科が設置されましたが、その比重は欧米の学知に対してきわめて低いものでした。

このように皇学＝国学を教える高等教育機関は衰退していくことになります。これを憂慮した山《やま》田《だ》顕《あき》義《よし》や国文学者の松野勇雄《まつのいさお》、矢野玄道《やのはるみち》らによって、明治一五年（一八八二）、それまで神道の人材育成にあたっていた神道事務局生徒寮を受け継ぐ形で皇典講究所が設立されます。皇典講究所は、皇典研究と神職養成を目的に掲げ、皇典すなわち日本の古典である国典を研究して日本固有の国体の意義や旧儀古式を教えることになります。皇典講究所は京都や大阪など三府四〇県に分所を設置し、神官育成と国学の普及にもあたります。また、設立に奔走した松野は、神道事務局生徒寮などで落合直文や池辺義象《いけべよしかた》（一時、小中村姓）などを教え、皇典講究所では明治二二年（一八八九）から『皇典講究所講演』を刊行しています。

このように国典研究の体制が整備されていく中、私立法律学校では欧米諸国の法制についての研究と教育が普及することを懸念し、外国法はあくまでも参照するにとどめ、日本の法制を中心に教育すべきだとの声が挙がります。そして、明治二二年（一八九九）二月一一日に大日本帝国憲法が発布されると、日本に固有な法典の研究・教育機関として、日本法律学校の設立計画が、当時の皇典講究所所長で司法大臣でもあった山田顕義や金子堅太郎・宮崎道三郎などの法学者を中心に進められます。東京帝国大学教授であった宮崎らは当時のドイツ法制史研究における歴史法学派の研究手法にも学びながら、日本の法制は日本固有の国体・民情・文化・慣習に基づいて制定されるべきであり、日本古来の法制・慣習を見直して立法や法改正をおこなう必要があることを訴えていきます。日本法律学校は、設立者の一人で大日本帝国憲法の起草にもあたった金子堅太郎を校長として、明治二三年（一八九〇）九月に皇典講究所内で開校し、その後、明治三六年（一九〇三）に日本大学と改称されて今日に至っています。

他方、明治二三年（一九〇三）には、皇典講究所内にも国史・国文・国法を教授するために國學院が設立されます。山田顕義による設立趣意書では国学研究の目的を、「我が国民の国家観念を湧出する源泉となし、皇祖皇宗の謨訓《ぼくん》に基き、固有の倫理綱常を闡明《せんめい》し、且つ、支那・泰西の道義説を採択し、以て之を補充し、以て国民の方向を一にし、古今一貫君民離るべからざる情義を維持せんとす」と掲げていました。ここでは国民観念の基盤に皇祖皇宗の遺訓による日本固有の倫理観を置き、それを国民に涵養するために国学研究が不可欠であることが強調されています。これは教育勅語の思想とも通底しているものです。これは教育勅語を起草した井上毅が、國學院設立趣意書の修正にあたっていたことから、井上の思想が反映したものと思われます。井上は皇典講究所や國學院を発展させることが君民一致の原理に立つ日本法制を普及していくうえで重要な意義をもつとの認識をもっていました。國學院では、内《ない》藤耻叟《とうちそう》、井上頼圀《いのうえよりくに》、三上参次らが国史を、黒川真頼《くろかわまより》、木村正辞《きむらまさこと》、物集見高《もずめたかみ》、本居豊頴《もとおりとよかい》、落合直文らが国文を、小中村清矩、有賀長雄、池辺義象が国法を、それぞれ教鞭をとるなど、国学知の結集が図られました。國學院は明治三九年（一九〇六）に私立國學院大学と改称し、現在に至っています。

こうして国学知に関する研究・教育機関の整備が民間で進められるなか、欧米の学知の受け入れを課題としていた東京大学文学部にも古典講習科が明治一五年（一八八二）に付置されることになります。その設置にあたっては、明治初年には国学批判の急先鋒であった加藤弘之が、自由民権運動が準拠するイギリス学やフランス学などに対抗する意味合いもこめて推進役を果たすことになります。加藤とともに東京大学における古典講習科に設置において重要な役割を果たした小中村清矩は古典講習科の開業演説案において、現在、それぞれの役所において、故事典故つまり日本の古いことを知っているような人を集めており、国学知が国家の制度をつくるための実際的必要性を満たしているという事実があることを指摘しています。そして、その人事的需要を考えれば今後は元老院や参事院――これは憲法制定に備えて法令、制度の整備にあたり、明治一八年の内閣制度設置に伴い内閣法制局に継承された法律機関です——に国学を学んだ人が入っていくことは必然的趨勢であり、そうした人的補給機関としての国学知を教授する古典講習科が生まれる意義があることを強調していました。そのような形で、欧米の学知にだけ目を向けてきた東京大学にも古典講習科が設けられ、そこから池辺義象や落合直文や萩野由之など明治期の国学を担う人々が輩出することになります。そして、これらの人々が卒業後には國學院大學で授業や研究を担当していくことになっていったのです。ただ、国書科と漢書科での生徒募集は二回にとどまり、国書科は明治二〇年に、漢書科は明治二一年をもって廃止されてしまいます。

ここで省みて考えてみますと、国家の法制や法令の典拠が人々に受け入れられ、遵守されていくためには、それがなぜ正しく、それ以外のものではいけないのかを説明する原理や論理が要求されます。そうでなければ、それは単に権力者が恣意的に与えたものにすぎないことになりますから、正当化するための根拠が必要となります。国家の制度をつくるにあたっては幾つかの正当化根拠があり得ます。一つは歴史的な正統性です。つまりそれは歴史的に古来からあったのだという言い方ですが、それを否定することは一般には困難を伴います。次は合法的な正統性です。これは法律として正しいのだから、きちんと守らなければならないという理由づけになります。それからもう一つカリスマ的な正統性と言われるものがあります。つまり、権威をもつと認められる人、例えばナポレオンなり天皇なりが命じたから、尊重され実行される正当性があるのだという説得方法があります。それを踏まえれば、国学知が重要視されたのは、主として歴史的正統性やカリスマ的正統性を担保し、加えて合法的正統性にも資する機能をもちえたからだといえると思われます。

先に挙げた福羽美静、横山由清、黒川真頼そして佐藤誠実《さとうのぶざね》は元老院に務め、旧典を集めて法律をつくるための資料を整理して歴史的正統化および合法的正統化に寄与することになります。そして、天皇制を制度化するために皇位継承や皇室不動産や系図に関する史料などの収集・分類が進められます。横山は『旧典類纂皇位継承篇』『旧典類纂田制篇』などをまとめ、黒川と『語彙』『纂輯御系図』を共編しています。また、木村正辞は、司法省で『憲法志料』を編輯しています。憲法制定の資料とするために古来の法典を集め、その歴史的意味を考査する作業を担当したわけです。

さらに『大政紀要』という歴史書の編纂作業が岩倉具視の建白によって明治一六年（一八八三）に着手されます。これは憲法調査のためにヨーロッパに赴いた伊藤博文がシュタインなど外国人法学者を日本に招聘して憲法編纂に当たらせるという考えをもっていたことに対し、明治天皇も懸念を抱いていたことが一因となっています。すなわち、ヨーロッパから日本の歴史や現状を知らない法律家を連れてきて、国家の性格を規定する法律をつくるということへの疑念があったのです。また、日本の状況を見ていると、東京大学法学部でもフランス法からドイツ法へと準拠法が変わるなど日本の特有性が失われてしまうのではないか、また国家形成において明確な基軸がないのではないかとの危惧を文部卿の福岡孝《ふくおかたか》弟《ちか》に明治天皇が示したともいわれています。岩倉具視なども同様の危機感を持っていましたので、ヨーロッパから招聘する法律のアドバイザーであるお雇い外国人に日本の歴史、その中でも大政すなわち天皇の施政を中心とした歴史を学ばせるための歴史書として『大政紀要』の編纂が決定されました。稿本の一部は天理大学図書館などに架蔵されていますが、この歴史書編纂においても参事院議官の福羽美静、元老院議官の西周を中心に小中村清矩や加部巌夫《かべいわお》などの国文学者そして井上毅の推薦によって木村弦雄《きむらつるお》が加わるなど国学知が動員されることになります。この編纂事業は未完に終わりましたが神武天皇の即位とともに天壌無窮《てんじょうむきゅう》・万世一系の皇統によって君臣の名分が確定したことが明記されるなど、その後の皇国史観の前提となっています。ただ、ここでは儒教的な名分論も色濃く反映されていました。井上毅は明治憲法やその解説を起草するときに、この『大政紀要』を参照しています。国家形成のための準拠事例を知るためにも、歴史の編纂における国学知が有用性を実際にもっていたのです。

さらに、明治一七年（一八八四）、宮内省に御系譜並びに帝室一切の記録を編修するなどの目的で設置された図書寮《ずしょりょう》でも国家形成のための知識の集積が進められます。ここでは小中村清矩や矢野玄道、井上頼圀、池辺義象などの国学者が立法やコンメンタールをおこなうための文献調査をまとめ上げていきます。例えば池辺が調査した「皇家古礼考」の中には、即位礼や大嘗祭などの事例が集められ、皇室典範やそのコンメンタール、注釈書の中でここで整理された知識が生かされています。

また伊藤博文の私著として出されましたが、実際には井上毅が書いた大日本帝国憲法や皇室典範の逐条解説書である『憲法義解《けんぽうぎかい》』をご覧戴くと、『日本書紀』、『古事記』、『令義解』、『江家次第』、『播磨風土記』そして『万葉集』、『続日本紀』、『延喜式』などの国典から丁寧にその根拠が引用されていますが、ほとんどが図書寮などに集った国学者の調査に基づいて、日本の国家としての固有性を論証しようとしたものだったのです。

大日本帝国憲法はヨーロッパとりわけドイツ諸邦の憲法典や憲法理論を積極的に摂取したものでしたが、それだけではなく日本古来の法令や国典に根拠を求めながら、要請される泰西主義立法との調和を図っていこうとするものでもあったわけです。時間的遡及による固有性の提示という課題と、その当時の欧米の法制や学知との平準化を図りながら、憲法体制をつくっていく過程において、国学者や国学知の果たした役割はきわめて重要なものであったことに改めて注意を促したいと思います。

さらに、日本の歴史を研究するときに不可欠な日本最大の百科史料全書である『古事類苑《こじるいえん》』は、和装本で全千巻という大部なものですが、これは明治一二年（一八七九）に西村茂樹の建議によって大政官修史局において編修が始まり、草稿が文部省に移ったまま中絶していました。しかし、明治二三年（一八九〇）から皇典講究所に委託され、さらに明治二八年（一八九五）神宮司庁に引き継がれましたが、皇典講究所や國學院のメンバーが引き続き編修員を担当したことによって三五年の歳月を費やして完成しました。『古事類苑』は、明治以前の制度、文物をはじめ社会百般の事項を部門別に分類し、二万余の項目を立てて関連する史料を整理したものです。この明治期の国学者による一大編修事業は、日本という国民国家が欧米との差違を認識するためのアイデンティティ確立にとって重要な意義をもったものといえます。

ちなみに、池辺義象という人は女性の教育にも非常に熱心で、女性を集めた歴史の講習会などを精力的に開きました。また、明治神宮の創建について最初に建言をしたのも、池辺でした。

四　国民形成と国学知の機能

そこで次には国民形成に関して、国学知がいかなる機能を果たしたのかという問題について考えてみたいと思います。この次元における国学知は、日本の国民であるという意識を内面化するための教化の学として機能しますが、その典型として挙げられるのが、明治三年から始まる大教宣布運動といわれるものです。改めて確認しておきますと、神武創業を掲げて出発した明治国家は、その正統性を弁証するために神祇事務局や神祇官を設置しました。そして、明治二年（一八六九）には宣教使を設けて国民教化に着手します。さらに、明治三年には「大教宣布の詔」を発し、惟神《かんながら》の道の宣揚と国家神道を核心とすることを示して、大教宣布運動に着手します。その機関として東京に大教院が、各府県に一つの中教院が、そして全国の神社や寺院に小教院が置かれることになります。

この運動については辞典では「天皇崇拝中心の神道教義布教を目指して、一八七〇年（明治三）に始まった国民教化運動。七二年教部省設置に伴い組織的に推進し、七五年大教院の廃止により挫折した」などと説明され、その本質は「天皇崇拝中心の神道教義の布教」にあるとみなされています。あるいは、「明治維新政府が祭政一致・国体強化の一環として、展開した国民教化政策。神道精神の高揚を目的としたが、仏教側の反対などで挫折した」といった説明にあるように、神道精神による祭政一致の国民教化運動とも捉えられています。

確かに、大教宣布運動では「敬神愛国の旨を体すべきこと」、「天理人道を明らかにすべきこと」、「皇上を奉戴し朝旨を遵守せしむべきこと」といった「三条の教憲」、あるいは「三条の教則」という方針が前面に打ち出されましたから、天皇崇拝と神社信仰を基軸とする近代天皇制国家の宗教的・政治的イデオロギーを集約し、それを国民に強要したように見えます。

しかし、それはやや表面的な見方ではないでしょうか。三つの教則を、具体的にいかにして教えたのか、という実態こそが問題です。「天理人道を明らかにする」といった、きわめて抽象的な「三条の教憲」をいかにすれば国民に納得させることができるのか、ということが実際には問題になるはずです。「三条の教憲」を理解させるには、結局、具体的な事例や問題を取り上げて講話を重ねていくしかありません。そうした具体的なテーマが「十一兼題」や「十一則」さらには、「十七兼題」などと言われるものです。これは教化を担当する教導職に任じられるための採用試験問題でもあり、このテーマに従って国民を教え導いていくことを要請したものです。その際、どのような話が実際になされたのかについては、現在、各地の寺院や神社などでの調査が進み、次第にわかってきています。「十一兼題」では、

「人魂不死の説」「愛国の説」などの他に、「父子の説」や「夫婦の説」などもあり、決して神道のことや天皇のことだけに限定して教え込もうとしていたわけでありません。「十七兼題」では、万国公法つまり国際法とはいかなるものでどう守るか、刑法や民法の意味は何か、世界の情勢はどうなっているのかなどについても教えることになっています。

「兼題」というのはあくまでテーマですから、例えば世界の情勢なら世界の情勢について教える国学者あるいは神官が、自分でそのテーマを地域の人々にわかりやすくするために、自由に講話をつくることになります。テーマに従って事例を挙げてわかりやすい話をつくるのですが、例えば静岡県における講話筆記を見ますと、普仏戦争とナポレオン三世の事歴を説明したり、ビスマルクがどのようにドイツを統一していったのかということが書かれています。それらは正確な情報ばかりとは言えませんが、世界的な知識を吸収しながら、国民としてのあり方を文字の読めない人々にもわかるような言葉で伝えようとしたのが、この運動の一面としてあったのではないかと私は考えています。

確かに、大教院や中教院、小教院といわれる組織は寺院や神社に置かれましたし、神道的な方針に沿った教え方であったことは否定できません。また、この運動に対して、ヨーロッパを視察した浄土真宗の島地黙雷《しまじもくらい》が「政教異なる固《もと》より混淆《こんこう》すべからず、政は人事なり、形を制するのみ、而して邦域を局《しき》れるなり」として政治が個人の内面の問題である宗教に介入することに反対を表明します。そして、明治八年（一八七五）に大教院を解散に追いこんだことは、日本における信教の自由と政教分離の問題を考えるうえで重要な意義をもっています。そのことに深く注意を払いながら、万国公法についての考え方や世界情勢の捉え方などが実際に人々のところにどのように届いたのかを、きちんと押さえていくことが重要ではないかと思われます。

さらにまた、ナショナリズムは排外的なものとして暴発する危険性がありますが、国民国家をつくっていく初期の段階におきましては、やはり必要な要因であったことも認めざるをえない部分があるように思えます。すなわち、一生自分の村から出ることもない人が殆どであり、藩を自らのクニと考えていた人々を、いかにして内部的な闘争を起こさずに統合していくのか、つまり戦争や内戦を起こさずに一つの国家として統合していくのかは、けっして容易な課題ではないはずです。日本の場合には西南戦争で内戦は終わりましたが、世界の各地で内戦が起きています。そのようなエスニシティや地域間の対立などを武力によってではなく、意識の改変によっていかに調和していくのかも明治国家にとってきわめて重要な課題であったはずです。その課題に対処するための国民運動として大教宣布運動が推進され、国民教化のために資した学知の役割は決して一面的に否定する必要はないように思われますが、いかがでしょうか。問題はそれが他民族に対する優越性を主張し、排他的に発現する学知に転化しやすいことにあります。他を貶《おとし》めて、自らを誇るという心性が共生を妨げるのは明らかなことです。そして、二一世紀になって、むしろ自国中心主義、自民族中心主義が世界的に蔓延しつつあるのは、自傷行為・自殺行為というしかありません。こうした危険性に留意したうえで、月並みな言い方になりますが、歴史的な事象については複眼的に、それが行き過ぎた部分と、それが果たした役割との、プラス・マイナスの双方を見なければいけないのではないかと思っております。

そうした双面性は、学知の制度化にも現れています。東京大学文学部に古典講習科を附設した加藤弘之は、日本におけるドイツ学の先駆者としてブルンチュリー（Bluntschli, J. K.）の『国法汎論』という憲法体系あるいは国法体系についての著作を明治天皇に進講した人で、同時に国学を排撃した急先鋒でした。ところが東京大学の綜理になった加藤が考えたことは、日本の大学でありながら日本のことを教えないことが、本当の大学のあり方だろうかということでした。日本で唯一の国立大学である以上、外国のことだけではなく、日本についての学知も蓄え、教授する場でなければならないというのは当然の要請のはずです。

そういう中で、日本の古典というもの、あるいは日本の思想においてもう一つの柱となってきた儒教についても研究・教授する専門機関が必要ではないかということになります。ただし、これは文明開化の思潮の中においては、容易に受け入れられる考え方ではありませんでしたので講座としては設置することはできず、古典講習科という特設の附属機関をつくって、そこで国書とともに漢書を教えることになったのです。東京大学で東洋史や東洋哲学を担当することになる人や國學院で漢文を教えた人々もここで中村正直、三嶋中洲、島田重礼などから漢学そして東洋史を学んでいます。

他方、ほぼ時を同じくして設立された皇典講究所でも「皇典」を「講究」するという言い方をしたのは、やはり政教分離、教学分離という文明開化の論理を一つには強く意識していたことの現れだと思われます。名前そのものに神道などの宗教的な意味合いを持たせるのではなくて、あくまでも学問の研究であるということを表明する形で国文・国典の研究に重点を置いていたわけです。こうして山田顕義や加藤弘之などの本来は欧米派と見られていた人々も、明治一四年政変によって憲法制定の期限が定まった時点から、国学知の制度化の必要性を認識して古典講習科や皇典講究所などを設けていったのです。

皇典講究所の設置目的としては、国体を講明し道徳を涵養するが掲げられ、そのために文学と作業の二部を置くとされています。私はこれまで国学知という言い方をしてきましたが、皇典講究所では単に学問を教えるだけではなく、作業も重要なその学知の一半とみていたわけです。つまり祭祀をおこなうなどの身体を使うことも実は学知の中に含めていたと思われます。私が単に学術とか学問、あるいは国学とか国文とか言わずに敢えて国学知というのは、そうした総体としての国学のあり方に注目しなければならないと思うからなのです。具体的には文学部においては、修身、歴史、法令、文章の四科があり、作業部では礼式と音楽と体操の三科を教えることになっていますが、国学とはこうした七科によって一体をなすものであり、頭脳のみならず身体すべてで学ぶものとみなされていたことが窺われます。

さらに、皇典講究所では国典や国文などの日本語文献を学ぶことに限定したわけではなく、入学試験には「唐宋八家文」など漢文の白文読法が課せられていました。全く返り点をつけていない漢文に、返り点をつけて読み下すことも国学を学ぶ基礎と考えられていたわけです。また、作文の試験もありましたが、そこでは和文の漢訳や漢文の和訳も課しており、漢文と国文の相互作用を考えながら教えようとしていました。

他方、政教分離の原則に適応するために、神道は宗教ではない、非宗教であることを一方で要求されましたから、神道は民族の古習であるとして扱う必要があり、作業部における礼式や音楽なども神職部で教えられることになります。國學院で神道部が設けられたのは昭和四年（一九二九）になってからです。東京帝国大学文学部でも神道講座が設置されたのは、大正九年（一九二〇）でした。

ところで、國學院では国史、国文、国法を講究することを設立趣旨に掲げたのですが、問題は国史、国文、国法を勉強するとして、一体何を学べばいいかということでした。実際に学ぶべき対象や方法がなければ、教授も教育もできませんから、その教材や教授法をどのように整備するのかが問題となってきます。

こうした日本における学問の制度化において重要な機能を果たしたものとして、現在の日本学士院の前身にあたる東京学士会院という機関がありました。そして、国学者の福羽美静もその会員でした。会員の多くが洋学者でしたが福羽は津和野派の国学者として学識が認められており、そこで日本文典の編纂を建議しています。フランスのアカデミーにしろ、各国のナショナルアカデミーにおいては自国の歴史や文学作品の編纂あるいは国語辞典の編集などを重要な職務として遂行しているわけです。それらが未整備であれば、国家や国民の同一性の基盤もできず、あるいは国民国家に係わる学知の発展も期待できないため、それを課題としていたわけです。

今日では日本文典を編纂するといってもその必要性を実感することはできませんが、日本文典編纂とはどういうことかといいますと、例えば中野目徹さんと私は『明六雑誌』を岩波文庫として校訂したのですが、そこには句読点も打っていない文章があり、さらに段落分けさえしていない文章があります。また、漢字仮名遣いも人それぞれで統一性がないわけです。日本の文章は、明治時代になり、翻訳調の文体をはじめ様々な書き方が噴き出て混乱することになりました。そのため、いかなる表記の方法で書き、どういう区切り方をし、いかに句読点を打つのかという基準もなく個々人の好みによって書かれていました。その実態を認識していたからこそ、福羽は、まず模範となるような句読点を打ち、段落分けした、編纂した文章の事例集や歴史書を作り、日本文を学ぶための基礎になるような文集をつくるべきだと提言したわけです。もちろん、辞典の編纂も想定されていたことでしょう。いずれにしても、これが日本語の規範だとして国民が典拠としうるような文章、それらの多くは古典でもあるはずですが、それらを整備し編纂して国民に示すことが緊急で必須の事業であると提起していたのです。そこでは文典編纂に当たる主要な人員として、和学者、これもあえて国学者ではなく和学者と呼ぶ和歌、和文、その他本邦の言語ならびに古典に詳しい人々を集めて作業に着手すべきだと提言したのです。

國學院では、松野勇雄を中心として国文法に関する研究書の編纂も進められましたが、その先駆けとなったのが東京学士会院における福羽の日本文典編纂の提議だったわけです。これに賛同した西周も、国学のための文章の整備にあたる結社をつくるべきだと提案していました。

このように、国学知は国民形成と国家形成の両面において大きな役割を果たしてきたのです。なお、皇学・和学・古学・本学・本教学などの呼称は明治末年には使われなくなり、国学という呼び方が一般化していきました。このことは当該の学知が国民国家の形成という課題と密接に関連していたことを示すものとも思われます。

五　井上毅における国学知の位相

ところで、そのような国学知の制度化に、陰になり日向になって支えたのが、國學院大学に寄託されている「梧陰文庫」の旧蔵者である井上毅です。日本の国民国家形成を実質的に担った法制官僚・井上毅がどのような思考方法をもっていたかということは、日本の近代国家のあり方を考える際にはきわめて重要な論点となります。その井上が日本の明治初年からのあり方をどのように見ていたかについては、井上が中国の新聞にそう書いてあったとして引用しているのですが、「狂うがごとし」というのです。あたかも正気を失った人のごとく、ただただ欧米の文物を採り入れることに狂奔してきたのではないかという批判的な見方をしている、そうした東アジアからの評価に注意を払っていました。当然に井上も同じ見方をしていたはずです。

つまり日本の近代国家のあり方が、常に一方的に傾斜して均衡感覚を失ってしまうのではないか、また日本人の言動が軽躁《けいそう》に流れていないかと危惧していたわけです。例えば、幕藩体制から一転して文明開化へ、大正デモクラシーから軍部独走体制へ、皇国史観から戦後民主主義へ、時代も次元も違うとはいえ、一方の極から他方の極へと振り子のように極端に揺れ動き、スローガンに酔ったように同調圧力が働く、ある種の日本の国民性があることは否定できないようです。そのような国民性のあり方に対して、井上は常に警戒心を持っていました。そのため井上は反時代的な天の邪鬼性といいますか、時勢が奔流のごとく一方向に流れているときに、そうでない立場に立とうとするのです。極論や昂揚した思潮に対して警戒心を抱き、それに対して違う方向や選択のための代案を出すことを自らに課していきます。

幕末に開国論が非常に盛んになってくると、開国論の唱道者であった横井小楠《よこいしょうなん》に対して強い反発を示し、反対の立場で発論をおこなう。自由民権運動が高まった時には、その象徴とみなされた大隈重信や福沢諭吉に対して反論を提起し、議会を即時開設せよという考え方に対して反対の論陣を張ります。さらに欧化主義による日本の全面的な欧米への平準化が時代の主潮になると、あえて国体といったもの、あるいは日本の固有性を強調して、そこに井上が極端な議論に陶酔しているとみた国民を引き戻してこようとするわけです。そのようなスタンスを持ち続けました。

このように、その時代の大勢となった流れとなった思潮に対して、常に疑いの目を向ける。そしてそれと違う、もう一つのあり方を提示するのです。単に批判するだけなら簡単です。そうではなくて井上の場合には、常に反対をしたときにはそれに対して自分はこういう立場があると思うという代案を提示していきました。さらに、そのときにも代案は決して一つではないのです。例えば、こういう立場に立てば、A、B、Cという三つの選択肢がありますと提示します。そして、この三つの選択肢のときに、Aをとったら、こういう弊害が起こるかもしれません、しかしこういう利点があります。Bであればこのような弊害があり、他方でこういう利点がありますといったように、それぞれがもたらすはずの利害や損益などの両面を見据えながら、そこから生まれてくる社会のあり方を見通しながら、提案をしていくわけです。井上の事蹟については、「明治国家形成のグランドデザイナー」という言い方もされていますが、井上は日本の国家のあり方のある種の方向性を常に転換点において見直し、方向付けを与える転轍手《ポイントマン》ともいえる存在であったように思われます。

井上は熊本の出身ですが、その県民性を評して、「肥後もっこす」という評言があります。反骨精神あるいは天の邪鬼の精神かもしれません。もちろん、そのように熊本の風土性や県民性に帰することは意味がありません。ただ、井上はある制度や政策の採否に関して、「果たしてそれが最善・最適なのか」と当然とみなされていることが本当なのかどうかを検討し、それと反対の議論がなぜ成立しないのかと熟慮する思考方法が身についていたようです。そういう思考回路をたどることによって、誰もが疑うこともなく信じ込んでいることの問題点を摘出し、さらにオルタナティブを考えることができるわけですが、そういう発想方法を取っていたことは明らかです。

もちろんこういう思考態度は、やはり保守的な考え方に傾きますし、主流にはなりえません。ですから、井上についてはマイナスの評価がつきまとってきました。服部之総《はっとりしそう》という戦後のマルクス主義史観の代表的な歴史研究者は、「陰沈たる才器」と井上を評しました。陰険で沈鬱な人柄ながらも、才能の人ということでしょう。非常に才能があってすぐれているが何を考えているのかわからない人間であり、政権の裏側で画策を続けたことを指しているのでしょう。これは井上の評価として、その特質の一面を言い当てていることは否定できません。

井上の肖像写真（図1）を、そういう目で見ますと、知的な趣《おもむき》がありますが、暗い表情をしているように見えます、これは自分は常に劣勢の側に身を置いていると思っていることも関係しているのでしょう。大勢となっている議論の側から敢えて身を離すことを自らに課しているわけですから、自分はマイノリティーだと思わざるをえない。そうしますと、やはり憂い顔、暗い表情になるのかもしれません。もちろん井上の一種、悲壮感が漂った風貌は、肺疾などいくつかの持病がありましたから、そのせいでもありますが、やはりその容貌は井上自身が一貫して自分の生き方に満足していなかったことを象徴しているように私には思えてならないわけです。井上は伊藤博文が挙げた様々な業績を支え、大きな貢献をしたのですが、最後には「自分は伊藤公に身を誤られたかもしれない」という言い方をしています。自分が伊藤に尽くしてきたことは、本当に良かったのだろうかということを、人生の最後に悩むのですが、そういう人が存在したことによって近代日本国家が形成されたことも事実なのです。

井上が詠んだ歌で私が最も興味をひかれるものに「外《と》つ国の　千種の糸を　かせきあげて　大和錦におらましものを」というものがあります。この歌の「大和錦」の「大和」というところは「日本」と、「おらましものを」を「織りなさばやな」と書いたりした短冊もあり、少しずつちょっと印象が違ったりします。ここで井上が何を歌っているのかといいますと、外国のさまざまなものを全部集めてきて、それを材料にして大和錦、日本固有の織物として織り上げるのだということです。すなわち、明治憲法や皇室典範をはじめとする多くの法令や制度は、井上毅がそういう志向をもって起草したものなのです。決して日本だけのものではなくて、世界のものを見渡しながら、その中からすべての材料を揃え、つぶさに検討した上

図1　井上毅『憲政五十年史・画譜』より

で、日本の国情や歴史に適合したものだけを自分の基準で選択して最上の法律や国制をつくっていくという志向を自らに課したものと解釈されます。

芳賀矢一が作詞した國學院大学の校歌の中にも、「外つ国々の　長きを採りて　我が短きを　補ふ世にも　いかで忘れむ　もとつ教は　いよゝみがかむ　もとつ心は」とありますが、これも「外つ国の千種の糸をかせきあげて」という井上毅の志向に通じるものであろうかと推測しています。この井上の歌は池辺（小中村）義象と萩野由之が刊行した『日本制度通』にも題辞として使われ、井上と交わった国学者の間でも共有されていったと思われますが、何よりも井上自身がそれを座右の銘としたのです。その精神を井上は、「各国の長を採酌するも、而も我が国体の美を失はず」というような表現でも書き残していたわけです。

日本の近代の学問、あるいは大学制度は、欧米のある国家を模範にしながら、つくられてきました。しかし、井上の場合には、国別の学問というのではなく、和漢洋の学知というものを、井上毅という一つの脳髄の中に押し込めることによって、新しいコスモス、新しい学知の世界をつくり上げようとしたのであろうかと思います。

そのような志向をもっていましたから、自らはフランス法やドイツ法を重視しながらも、国典講究を重視して日本の歴史書や文章を学ばなければいけないと思ったのでしょう。それを端的に表現したのが、『皇典講究所講演』の第一号に掲載された「国典講究ニ関スル演説」です。そこでは「国典は国家の政事の為めに必要である、並びに国民の教育の為めに必要である、而して宗教のために必要で無い、また一の政党の論拠材料の為めに必要では無い」と断言しているのです。国典の研究は、国家形成や国民形成の基盤として不可欠なものとならざるをえない。しかしそれ自体を宗教信仰の対象のように崇めたり、国内での政敵を打倒するための闘争の材料にしてはならないと言っているのです。

井上は、ヨーロッパにおける宗教戦争の悲惨さを学んで知っておりましたから、常に欧米における宗教的寛容、トレランスということも強く認識し、日本でもそれを受け入れるべきだと考えていました。信教の自由と政教分離は近代国家が守るべき原則であると確信していました。教育勅語を起草しながら、井上は決して宗教的な託宣のようなものとして天皇が強要することはできないと断言しています。国民の内面を権力が支配してはならないというのが、井上の信念でした。だからこそ大臣の副署のない天皇個人の勅語として出したわけですが、残念ながら一旦渙発された教育勅語は神聖化されてしまうことになり、内村鑑三の不敬事件などを引き起こすことになっていきます。おそらく、そうなることも予想し、危惧していたはずです。

さて実は、今読みますと驚愕的あるいは衝撃的とも言える文章が、先ほど挙げた文章の後に続くのです。つまり、そのように国典が必要だということの意味をもし反対側の効果という点から考えるとどうなるかということになるのですが、一つの国の人民の愛国心を摩滅せしめようとしたら、どうすれば一番効果的かと考えます。そこで、その国の人民が自らの国の歴史を読むことを妨げ、および本国の国語を忘れさせるためには、他の国語を教え込むということが、巧みなる策略であるというのです。このことは井上毅が執筆の構想をしておりました『皇国言』という本の目次では、より端的にこう書かれております。「他国を占領するには先つその国語を変化せしむること兵略の要訣なる事」と言っています。

これを読みますと、私たちはすぐに朝鮮や台湾における日本統治下での日本語教育を思い起こします。そして、ある意味で井上の悪魔的とでも言えるような認識と言いますか、デモーニッシュなまでの透徹したものの考え方に、ある意味でたじろいでしまうのですが、しかし井上は、そのようにして他国を占領しろと言っているのでは決してないのです。そういうことが起こるかもしれないから、国民国家の形成途上にある今の段階では国民に国語と歴史を教えなければいけないのだと強調していたのです。つまり井上は、他国を侵略することを考えたのではなく、事態は全く逆で、日本が欧米のみならず中国などから侵略され、植民地化されて、日本語を奪われてしまうかもしれないという危機感を持っていたのです。井上は、日清戦争の終結を待たずに死にました。井上は日本の存亡にかかわると考えていた日清戦争の結果を見ずに死んでしまう自らの運命を、身もだえするように怨んで逝ってしまいましたから、日本が植民地をもつといったことは到底思っていませんでした。

このことを、私はなぜ確信を持って言えるかといいますと、それは大日本帝国憲法の起草の過程において明らかだからです。大日本帝国憲法には領土の規定がないのです。他の国の憲法には規定したものも少なくありませんが、大日本帝国憲法にはありません。しかし井上は、最初はその草案の中に領土規定を置いていたのです。ではそのとき何を想定していたかというと、この大八洲という国土を減らすことはない、あるいはこれはそのままに保持するということを、わざわざ強調しており、拡張することなど一切想定していなかったのです。自分たちの国土をどうやって守るかということしか、考えていなかったのです。

それに対して、ドイツ人法律顧問のロエスレルなどが、日本の国土は将来どうなるかわからないのだから、憲法に規定することは問題だという意見を出したこともあって、結局、大日本帝国憲法からは領土の規定は消えてしまったのです。他方、その後に問題になるのは、台湾を領有したときです。台湾を領有したときに、憲法が台湾に適用されるのかされないのかが重大な政治問題となり、さらに韓国併合のときに朝鮮に適用するのかどうかが問題になってくるのはそういう背景があったからなのです。

いずれにしましても、井上の場合にはあくまでも国語である日本語というものこそが、国家の独立と国民のアイデンティティを示す、最も枢要な指標になると考えたわけです。先ほど触れた『皇国言』の目次の第一番目に挙げておりますのは、「一国に於る言語はその建国の本質にして国の独立に密着な関係を有する事」ということでした。これはもちろん現在の研究者などからは言語ナショナリズムとして批判されている思想ですが、しかしそういう考え方が対外的な独立に危機感を抱いていた明治期の日本人を捉えていたことは否定できません。

私自身の記憶でも、アルフォンス・ドーデ（Daudet, Alphonse）の『最後の授業』を国語の授業で習いました。『月曜物語』という小説集の中の一編である『最後の授業』は、普仏戦争の敗北によってアルザスの人々が明日からフランス語の授業を受けられなくなってしまうという物語で、授業の最後でアメル先生が「フランス万歳！」を黒板に書いて終わるというものです。『最後の授業』は明治二二年（一八八九）に森鷗外によってドイツ語から初めて翻訳されました。その後、多くの翻訳も出て、日本を訪れた留学生を通じて、中国でも翻訳されて普及します。しかしながら、小説は小説であってフィクションにすぎません。パリに住むドーデがつくった話なのです。

この小説は母国語が話せなくなることの悲哀を感じさせるものとして、東アジア世界でも読まれ、一九五一年生まれの私も授業で習い、感動しました。しかし、アルザスに住む人々にとってフランス語は母国語ではありませんでした。アルザスではアレマン語とライン＝フランク語というゲルマン方言にあたる言葉が使われていたのですが、こうしたフィクションを通じて言葉こそが国民国家との同一性を示すものとして一九八〇年代の日本でも教材となっていたのです。

こうした思想は言語ナショナリズムそのものに違いないのですが、国民形成過程においては、言葉・

言語というものが持っていた意味合いは、現時点で考えるよりもはるかに大きかったということを、やはり考えておかなければいけないのではないかと思います。そして、そのことを日本国内では教えながら、他の民族から自国語を奪い、日本語を強制した言語感覚を矛盾とも考えないところに、言語ナショナリズムが容易に陥る罠があります。井上毅は明治二六年（一八九三）に文部大臣になりますが実業教育とともに国語教育を重要視しました。井上毅の文政下では英、数、国、漢といわれる四教科が主要科目として重視されました。

さて、そのような井上でありましたが、私が「法制官僚」という言葉をつくって考えているように、井上は立法を通じて国民国家を形成していくことを構想しました。そのとき最も恐れたのは、政党政治、議会政治でした。政党や議会の方針は、その時々の世論あるいは多数の意見としての衆論によって大きく動くことを前提としています。しかし、それでは国家の永続的安定は図れないというのが、井上の考え方でした。

日本の立憲政治を考えるとき、政党と議会の関係よりも官僚と内閣の関係が問題となります。戦後でも官僚政治や官僚内閣からの脱皮ということが論じられてきました。しかし、その官僚内閣制の方向性を示したのも井上でした。井上は、私利私欲で動かされる政党や政治家に不信感をもち、官僚が国家の永続性に責任をもつことを課します。もちろん議会あるいは政党によってさまざまな国民の意見を反映するのは重要ですし、それを無視しろと主張したのではありません。しかし政党や政治家はその時々の国民に、おもねって人気をとったりすることもありますし、政党は存廃を繰り返しますから、そういう浮動的なものではなくて一貫した視点と責任をもって、長いタイムスパンで官僚が国家を支えなければいけないのだと考えたのです。もちろん官僚は国民によって選抜されるわけではなく、その資格認定は学知、つまり学問や知識によってなされます。その学知は日本のみならず世界の情勢に通じていなくてはなりません。

しかし、同時に井上が強く要求したのは、官僚は清廉潔白でなければいけないということでした。井上自身の家は障子も破れて非常に粗末であり、あるのは本だけで、本当に貧乏書生の家のようであったそうですが、井上は、自分がそうであったように金銭や栄達に淡泊であることを官僚に要求したのです。それを井上の言葉では、徳義と表現しました。官僚は自らが徳義を持ったときに、初めて政党や議会に対してバランスを取って公平な議論ができるということなのです。もちろん井上の時代におきましても、すべての官僚がそういった気概とか気風を共有したわけではありませんでしたから、そこでも井上は孤立した立場でした。しかし、少なくとも天下りや栄達を目的に保身に明け暮れるような官僚とは全く違う官僚と官僚制のあり方をめざしていたのです。

このことはさらに、もう一つの日本の政治の特色に目を向けさせることになります。ドイツの公法学者オットー・マイヤー（Mayer, Otto）は「憲法が変わっても、行政法は変わらない」という問題点を指摘していますが、それは日本にも当てはまります。大日本帝国憲法から日本国憲法に変わっても、実はその官僚制のあり方や精神は変わることなく続いてきた側面があるのです。ですから、明治維新から一五〇年を経て官僚制あるいは内閣と官僚の関係、あるいは国民世論と官僚制の関係を改めてどのように構成していくのかが問われる必要があるように思われるのです。もちろん、井上は国民に奉仕するような官僚制を考えたわけではありません。おそらく井上にとって重要だったのは、天皇と官僚との関係であったと思われます。そして、内閣制を立案する中で、官僚に職分として天皇の国家に尽くすこと、そして決して個人としての栄華や利得を求めないという徳義を要求したのです。

さらに井上は国際関係においても現在の憲法につながるような考え方をしていました。当時の国際法では、戦争は国家主権の発動として認められていましたから、違法はありませんでした。交戦権こそが主権という概念にとって最も重要な機能でした。宣戦布告を要するといった主権発動の要件は、日露戦争の後のハーグ会議などで決まりますが、戦争そのものは違法ではなかったのです。しかし、第一次世界大戦以後、国際連盟規約や一九二八年の不戦条約などによって、戦争そのものが違法になっていったわけです。

井上は日清戦争の終結前に亡くなりましたが、国際紛争を解決するために戦争を起こすというのは、政治力の無能を示すだけで非常にばかげたことだと考えていました。そして、それを自国の権利の実現と見るような考え方、そして戦争がすなわち開化だというような考え方を、兵をもてあそび戦いを好む者の口実に過ぎないとして鋭く退けます。そのことを「公法論の極意は戦争を止むるに在《あ》り、縦令《たとい》、全く止むるを能はずとも、止むるの点に近づくるに在り」という、ブルンチュリーの理論を引いて強調していたのです。戦争を起こすことは自由だ、主権の自由だというけれども、しかしそれが生命の危機にさらされる国民にとって幸福でないことは明らかなわけですから、そうであれば、どのようにして戦争をやめる方向に法律や憲法を整えていくのかということを、井上は追求しようとしたのです。もちろんこれは実現しませんでしたが、こうした国際法の新たなあり方についても考えていました。

ブルンチュリーは、国際社会のあるべき姿として世界政府論を主張しましたが、日本の衆議院も世界政府を目指しています。戦後六〇年の決議の中では政府が「あらゆる戦争の回避、世界連邦実現への道の探究」など最大限の努力をすべきだと明記してあるのです。日本の憲法には以上のように断続した面と持続している面がありますが、そのことは歴史を見ないでは現在の私たちの立ち位置も見失ってしまうということを示唆しているのではないでしょうか。

それでは井上は一体、その生涯をかけて何を目指したのでしょうか。

要約して言えば、井上は非西洋世界、非キリスト教世界において、独自の文明国家としての日本の存在理由を世界にいかに示していくのかということを追求したと、私は思っております。これは、井上毅が政治思想上の敵対者として鋭く批判しました福沢諭吉も言っていることです。欧米の学者は欧米のことしか知らないが、日本の知識人は日本やアジアのことを知り、そして世界のことを知りうる立場にある。これは欧米の学者にない優位な視座にあるということです。そして福沢は、日本の知識人と国民の人類史上における重要な課題は、「文明の始造」にあるとみたのです。つまりヨーロッパの文明を受け入れつつ、アジアや日本の文明を改めていくことによって日本は初めて世界に新しい文明をつくり提供していくことができる、優位な「時と所」に立っているし、文明史的な課題を背負っているのだというのです。同じく陸羯南も、先に触れたようにヨーロッパの国際法を世界の人々が納得してそこに入れるような国際法に変えていかなければいけないのだということを主張しました。

これらの考え方は決して欧化主義に対する反動、あるいは排他的な国粋主義の強弁でなかったと私は思います。こうしたナショナリズムのあり方を健全なナショナリズムと言えるかどうかは別としまして、少なくともそれが単に隣国になめられてたまるかといった、いじましいナショナリズムでなかったことは確かです。そういったある種の世界性をもったナショナリズムがあり得たのだと、そしてそれを明治の人々は追求したのだと私は思っております。

そして、井上毅という人がもしいなかったなら、あるいはもし井上が国学というものと出会うことがなかったなら、一体、明治憲法はどういうものになったかと考えますと、おそらくそれは世界各国の憲法を焼き直して並べただけの憲法になった可能性が、極めて大きいように思えます。その是非は厳密に論じることが必要ですが、少なくとも明治憲法を内実に沿って分析するために、国学知というものがもった意味合いを理解しなければならないと私は思っています。そして、その取捨選択の過程が刻まれた文書群としての國學院大學所蔵「梧陰文庫」が国民国家・日本の歴史にとって、貴重な宝庫であるかということも明らかになろうかと思います。

六　国学知の特性と意義――ナショナリティの探求

それでは国学知とは何なのかということを確認しておきますと、国学知というのは、対抗学知だと私は思っています。ドイツ語で言いますと、Opposition Wissenshaft にあたるかと思いますが、その本質は何かに対して自己を確立するための学問あるいは考え方なのです。

賀茂真淵や本居宣長などの国学は、言うまでもなく漢学や仏教学に対抗するものです。儒教や仏教の学知や世界観に対するある種の抵抗です。対峙です。日本国民の中に浸透している儒教や仏教の考え方に対抗して、それは固有のものではないとして国学という考え方は立ちあがるわけです。あるいは平田篤胤の国学も、蘭学・洋学に対する、あるいは儒仏の学に対する対抗でもあります。しかし、これは決して漢学や仏学や儒学、蘭学や洋学を直接的に排斥するものではありません。何よりも本居宣長は、堀景山という儒学者から学んでいました。そして、伊藤仁斎の古義学、荻生徂徠の古文辞学派、それらはまた清朝の考証学派の学問に通じるものですが、その学問方法論を吸収したうえで宣長は『古事記』を読み直すわけです。ですから対抗はしますが、それを全てやみくもに排斥するのではなくて、その方法論に学ぶべきところがあれば学び取り、そのルールに則って、つまり同じ土俵の上に立って、それを論破するための議論をするところから出発したのです。

私はそれが国学知というものの、そもそものあり方であったと思っております。決して国学とは偏狭で排他的、独善的なものではなかったはずです。そしてこのようなある種の寛容性や包容性は、国学のみならず日本文化、日本思想の特質でもあったはずです。そうでなければ神道のみならず仏教、儒教そしてキリスト教、さらにはイスラーム教まで、どうして日本で共存できるのでしょうか。そしてその中で決して自分を失わずに他を入れ、調和して独自の文化を創出していくところに日本文化と国学知の懐の深さがあったと思います。しかし国体明徴運動などによって、国学というものが非常に偏狭で排他的な主張と結びつけて考えられてしまいました。そして今日にいたるまでそういう考え方が続いているのは、まことに残念なことですし、私は、国学知の本来のあり方とは、全く違うことになってしまっているのではないかと懸念しています。

このことは何を意味しているのかと言いますと、自己というものは元来あったにしても、自分の姿を知るためには他者が必要だということです。自分がこうあるということは、他者という鏡があってはじめてわかるのです。そして私があるから、他者がわかるのです。そのため国学の場合には、常に相手方との自分の違いを言うわけです。ものごとの感じ方、対象の捉え方としての「漢心（からごころ）」というものはどういうものなのか。それに対して「大和心」とはどういうことなのかということを考えるのです。

小中村清矩は、東京大学綜理の加藤弘之に宛てた意見書で、和書講習科という名前で、学科名で設置が進められていたことに疑義を呈し、それに反対しました。なぜかというと、和と称するのは、中国から日本を称した「倭」というものを書き改めたものであって、わが国固有の名称ではないのだということです。近世において、和学、国学などと称したのも、漢学、西洋学に対する名号にすぎないというのです。ですから、この学知を日本の大学で創成していくためには、何かに対抗してつくるというのではなくて、日本の古書に基づいて、わが国の故事の顚末でありますとか、言辞の変遷等を正確に見きわめていくためにおこなう研究でなければならず、そうであるとするならば和学や国学という言い方をすべきではないと論じます。そして、古書あるいは古典の講習という学科名にすべきではないかと提案したわけです。実は、こうした考え方はそもそも賀茂真淵や本居宣長らの発想と全く同じものでした。国学とか和学とかいうのは、結局それは自分の言ったことではなくて、他称なのだというわけです。外から見て人が名づけていることであり、人から与えられた名称で自分の学問をする必要はないのだという、そういう考え方でした。しかしながら、そのことは他のことを顧みず、古来の典籍のみを学べば良いと主張したものではありません。

何よりも、自己の学知の固有性を問い返すことは、決して夜郎自大の自己中心主義ではなく、新たな自己認識に繫がるはずです。つまり自分が対抗しつつ、自分が一体何なのかという、自分の立場、スタンスをきちんとそこで見きわめるということです。他との違いの中でこそしか、それはわかりませんから、他との違いで見る。もちろん自分のことは自分が一番知っていると思うかもしれませんが、自分のことが一番わからないのも自分です。ですから他との比較の中で、自分の位置というものをきちんと見ていく必要があるわけです。

同時に、他者を知ることとみずからを知ることは表裏一体ですが、自分が、私がこういう者であることを、あるいは日本がこういうものであることを、アイデンティティとして確立するためには、他の人もそう認めてくれなかったら、実は安定しないのです。自分が言っているだけではなくて、相手もそういうものだということを認めてくれるものでなければ、アイデンティティとしては確立しません。

ただ日本の国学知は、近代学知との邂逅の中で、対抗するだけでなく同化せざるをえなかったために、科学化ないし学問分科という方向を受け入れることによって自己確立を図ってきました。國學院の場合も、国史、国文、国法となっていきました。さらにその中で芳賀矢一は留学から帰った最初の國學院同窓会で「国学とは何ぞや」という講演をしていますが、そこでは日本の国学は日本の文献学である、日本のフィロロジーであると規定しています。これを日本人は国学と名づけたのであって、西洋の文献について「科学としての文献学」が成立するならば、日本の国学もまた立派に科学として成立するはずだと主張します。つまりアウグスト・ベック（Böckh, August）という、ドイツの文献学者の方法論に従って科学としての文献学を取り込むべきだと言うのです。

もちろん私はこのことを否定的に申し上げているわけではなくて、当然それは必要な段階ではあるのです。具体的には書誌的な確定を経て、本文を校訂する、そして注釈をつける、さらには送り仮名や句読点をつけるといった作業を、きちんと重ねていくことも重要なことでした。日本思想史学の基盤を提示した東北大学の村岡典嗣なども、実はこの文献学として日本の国学を捉え直し、そこからもう一度思想史研究の方法論として体系化しようとしたのです。

そうした方法論の提唱とともに、芳賀矢一は、国学知の対象として日本人の独自性というものを確立するために、国民性の探求という分野を追求します。そして、『国民性十論』を著します。もちろん国民性論そのものは全く新規なものではなく、西周などは明治八年段階で『国民気風論』、ナショナル・キャラクター論などを書いていました。しかし、学問的な著作としてまとめられたものとしては、これが最初です。これは国民性という視角から日本人の心の持続性と変化というものの様相を見きわめていくという試みでした。芳賀矢一は日本の国民性の特徴を、忠君愛国、あるいは祖先を尊び家名を重んずる、草木を愛し自然を喜ぶなどの十項目に分けました。こうした国民性論もまた中国で継受されていきます。中国に輸入されて、梁啓超などはこの分類に習いつつ、「国民十大元気論」(『清議報』一八九九年)や「論中国国民之品格」(『新民叢報』一九〇三年)などの論説で中国人と日本人の違いを明確化しようとしました。日本で nationality の訳語として作られた「国民性」という言葉を中国で普及させたのも梁啓超でした。これも他者を対比の対象として自己を確定していく作業でした。

さらに、松野勇雄は明治二〇年(一八八七)に『日本文学』という雑誌を創刊します。それが後に、『国文学』になり、そして『國學院雑誌』につながっていきます。松野はこれらの雑誌において「国文学は、国の性質や品位を示している」と主張します。国文学こそが、人柄と同じように国柄を示している、という考え方を提示します。文学とは、単に文学作品を研究するだけではなくて、その文学にあらわれたものの中から、日本人の国民性や国柄を明らかにするための学問であるとみるわけですから、日本文学史は国民精神史として構想されていたことになります。そこではまた文学史の理解を通して、国民が自国を愛護する観念を涵養することになると主張したのです。

そして、そのためにどういうことをしたかといいますと、東京大学古典講習科を卒業し、國學院で教えていた落合直文、池辺義象、萩野由之などによって、『日本文学全書』が編纂・公刊されることになります。今日からはおよそ想像しにくいかもしれませんが、明治中期においては日本の文学を読もうとしても、文献が手に入らなかったのです。日本の古典などそもそも読むに価しないというのが当時の思潮でした。そうした思潮を改めていくためには、日本の古典として読むに価する文学作品を選別して、整えた文章として活字化しなければなりませんでした。『日本文学全書』二四巻は、そうした思潮の中で苦心してまとめられたものでした。さらには『中等教育日本文典』を出版して、日本の古典を復刻することによって、日本人の思想や心の反映としての文学を研究するための材料を提供しようとしたのです。

津田左右吉《つだそうきち》の『文学に現はれたる我が国民思想の研究』という本があります。大変に長大で貴重な業績ですが、こうした著述が可能となったのも日本古典の編纂が進められたからでした。ただ、津田は基本的に当時の大正デモクラシー時代の価値観をもって「生活本位」の視点から国民思想の歴史的展開を跡づけようとしましたが、日本文学そのものに密着して、その発生と展開を分析してはいません。もちろん、だからこそ明解で評価できるという立場もありえるでしょう。他方、津田の研究とは逆に、折口《おりぐち》信夫《しのぶ》の文学・芸能史は非常に難解でわかりにくいのですが、文学の発生を祝祭や呪言など心性の奥底にあるものの中に日本人の精神性を探求しようとしています。しかしながら、折口信夫の文章はきわめて多層的な書き方になっていますので深層に達するのは容易ではありません。ただ、少なくとも折口学的なアプローチから日本の国柄や国民性を解明する必要があるとは思います。

七　国学知から空間学知へ

終わりになりますが、今ここに三つの文章を並べてみます。

- 「神典国典に拠て国体を弁《わきま》へ兼而《かねて》漢籍を講明し実学実用を成を以て要とす」（「大学校規則」明治二年六月）

・「文明の化は、術芸に立ち、道徳に成る。術芸は新なるを尚び、道徳は変らざるを要す。新なる者は進み易く、変わらざる者は競ひ難し」（「皇典講究所設立告文」明治一五年九月）

・「自国の為に力を尽すは、世界の為に力を尽すなり、民種の特色を発揚するは人類の化育を裨補《ひほ》するなり、護国と博愛と奚《なん》ぞ撞着すること有らん」（三宅雪嶺『真善美日本人』明治二四年）

これらの三つの文章からは、最初に挙げておきました歴史的遡及と同時代的継受、国有化と平準化という相反するベクトルの下で推移した明治の国学知の流れが鮮やかに示されているかと思われます。しかし同時に、私は学問を、実学や虚学といった分け方にすること自体の不毛さも一方で感じます。決して学問は何か社会のために役立つとか、実用に役立つだけが、その機能ではないはずです。アインシュタインなども研究の拠点としたアメリカのプリンストン高等研究所のモットーは「無用の用」だとみなされています。無用だと思われる研究に一心不乱に没入することこそが研究の神髄であり、それが高等研究だというわけです。残念ながら日本の大学は、今や大学業績評価などで厳しい査定にさらされランキングの上下に一喜一憂していますから、そういう悠長なことを言っていられる時代ではないのでしょう。しかしそのような学知のあり方を問い直すことも、大きな転換点に立っている今こそ不可避の課題となっているはずだと思われます。

いずれにしましても、明治期に整えられた日本の国学知は、その後、留学生などを通じて東アジア各地のそれぞれの国学知の形成に大きな影響を与えました。これまで見てきたことからも明らかなように、国学知というものも実は国際的な相互的影響なしには成立しなかったのです。ただ戦前の国家神道とそれにつながる国学という言葉の中に、内実は知られないままに、いわば敬して遠ざけるという雰囲気が日本国内でも東アジアでもあることも、否定できないように感じています。私は、そもそも国学知とは自己省察、自分の反省の学問としてあるべきだと思っています。あるいは自己探求の学問だと思っています。つまり、この日本列島に住んできた民族や国家とは何だったのか。またその歴史や伝統を受けて、今そして将来において私たちが一体何をすべきなのか――それを知るということは、実は国学知だけの課題ではない広がりをもっているはずです。

今、私たちはグローバリゼーションの荒波を受けて、瞬時にして地球の裏側にもメールが届くような社会に住んでいます。そしてそこでは人と人のつながり方も、国境を越えて大きく変わってきております。そうであればこそ、グローバリズムの時代において、固有の文化や生活様式とは何であるのかが、同時に問題となるはずです。スローライフや地産地消といった運動が起こり、グローカリゼーションという言葉にも注意が向けられています。グローバリゼーションと表裏一体となってローカリゼーション、それぞれの土地や空間の持っている固有性の探求が必要になってきているのです。そして私はさらにローカルなものの連環としてのリージョンを考えるリーローカリゼーションを追求するリーローカロジイ（環地方学）という学知を追求する必要性も痛感しています。グローバリゼーションの中でどこにも文化的特性がなくなる、のっぺらぼうの世界ができることが、決していいことだとは思いません。それぞれの人が個性を持つように、それぞれの地域が、それぞれの個性を維持し、発信していくべきでしょう。そしてそれが決してひとりよがりにならずに、世界に向けて新たな文化や文明をつくるための、いわば基盤となるものを提供するための契機となるべきです。

そうした時代にあって、もはや他者を排斥し、自己の伝統を墨守するためだけの国学知というものはあり得ません。日本という歴史的空間の固有性の探求を単に自己の学知、自己探求の学知にとどめることなく、それを国際的に発信していく学知として構成していくことこそが、二一世紀における国学知の課題であろうと私は思っています。

そして、それはナショナルな学としての国学知から、ローカルとリージョナル、ローカルとグローバル、リージョナルとグローバルといった多層的な空間関係の中における個人と社会のあり方を考える空間学知として構想されることになるのではないでしょうか。

（1）国民や国家の固有性をいかに論理的に構成して、学知として体系化していったかについては、拙稿「近代日本における国民国家形成の諸相――ナショナリズムの学と大衆演芸」（『近代日本の知と政治』木鐸社、一九八五年、所収）および「国民国家・日本の発現――ナショナリティの立論構成をめぐって」（『人文学報』第六七号、一九九〇年）で検討していますので、ここでは省かせていただきます。

第一一章　井上毅の国際認識と外政への志向

一　井上毅の人となりと世評

井上毅については、変わった人だという風評が生前にはあったそうです。面談をする場合でも、一切時候の挨拶などはしない、そういう話をしている暇はない、自分には時間がないからすぐ本題に入ってくれというように、単刀直入に入ることを常としたといわれております。そのことが一面ではやや偏屈な人間であるという印象を与えたとともに、他方で合理的で理知的な人となりを形づくった、というように受けとられたともいわれています。そうした世評があったということだけを前置きにして、井上毅のような非凡な人を凡人の私が見習っても仕方がないのですが、すぐに本題に入らせていただきます。

井上毅については、毀誉褒貶《きよほうへん》さまざまな論評がなされてきました。しかし、多くの人にとって井上という人が何をした人なのかは、不明なままであろうかと思われます。これについては当然のことながら明治憲法が不磨の大典として、欽定憲法として与えられた以上、それをだれかがつくったかといった人為性をうかがわせることは、避けるべきことだとして秘匿《ひとく》されたこと、また、教育勅語も、天皇が自ら出して、大臣の副署もない形式をとっている以上、臣下たる井上らが作成したことは、隠されざるを得なかったということの結果であるともいえるかと思います。

しかし、井上の一般的な評価が決して高くなかったとはいいながら、それでは井上その人の事績が、全く無視され、知られなかったかといえば、もちろんそうではありません。同郷・熊本のジャーナリスト徳富蘇峰は、井上の逝去後に、主宰しておりました『国民新聞』に、井上の評伝を書きますが、その中で井上＝彼について次のように評しています。

彼は大久保〔利通〕公に採られ、岩倉〔具視〕公に知られ、伊藤〔博文〕伯に用いらる。……明治政府の法律制度、一として殆《ほと》んど彼の参画せざるものなく、其の詔勅、誥文《こうぶん》、一つとして殆んど彼が草案に出でざるものなし。……天下若《も》し制法者として、伊藤伯の勲功を認むる者あらば、其の一半は彼の翼賛の力に出づるを忘る可らず。特に大日本帝国憲法の制定に於て、最もその然《しか》るを見る。

ここには「明治国家の制作者」、「近代国家の設計者」、「明治国家のグランドデザイナー」などと呼ばれているような、井上毅の明治国家における寄与の一面が、やや文飾を交えてではありますが、鮮やかに切り取られていると思われます。

しかし、徳富蘇峰による井上評価の力点は、実はその先にあります。蘇峰いわく、

彼は政法者のみにあらず、彼の眼と手とは活《い》ける政機〔政治の機微〕に向けて動けり。彼は明治

政府の廟謨《びょうぼ》〔朝廷の政治的方針〕に、浅からざる関係を有せり。彼は自ら動かざるも、その高官大僚を動かして、自個の意見を貫けり。……是れその昭々〔明らかなもの〕たるもの、若しその冥々《めいめい》〔わからないもの〕たるものを挙げば、或は黒幕宰相にして、一種の大江広元たるの看《かん》なき能はず。

と評しています。大江広元とは、鎌倉幕府の草創期、源頼朝に招かれて、公文所《くもんじょ》（後の政所《まんどころ》）の別当となり、地頭・守護等を置いて、鎌倉幕府の基礎を築き、二代将軍・頼家を廃して北条氏との合議体制を作り、さらに承久の乱では方策を講じて乱後に北条氏の独裁体制の確立に尽力した人です。そうした人と同じような黒幕宰相、つまり表面には出てこないけれども、事実上は政治を動かし、新たな政治体制を創った人間として井上を捉えているわけです。英語でいえば「マスター・マインド」という表現が適切かとも思われます。偉大な知能をもって表面に立たないながらも、政治的策謀や制度設計に当たったという点で、歴史的な意義は鎌倉幕府における大江広元と、明治政府における井上毅は同じなのだというのが蘇峰の見方だったわけです。

しかし、もちろんこの「黒幕」という言葉は、「ビハインド・ザ・シーンズ」ないし「ビハインド・ザ・カーテン」とも表現されるように、権力者の背後にあって謀《はかりごと》をめぐらす人という意味で、どこか陰険なイメージがつきまとうことも否めない事実です。そうしたイメージが普及した理由を推測しますと、井上は宿痾《しゅくあ》であった肺疾と闘った人ですから、その表情もどこかいわば鋭角的で、眼光鋭く、どこか影があるといったイメージをもってこれまで語られてきたという点もあろうかと思います。「陰沈たる鬼才の属僚」あるいは「影の立役者」といったイメージが一方で広がっていたことも事実のようです。

しかしながら、たとえ井上が黒幕宰相であったとしても、その政治的な活動の場において、井上が私利私欲を求めたことはなかったと思います。その清廉潔白さは、井上の政敵であった尾崎行雄や社会主義者の人たちからさえ、評価されていました。井上はまさに漢学書生のような、質素さで書籍の中に埋もれて暮らしていたといわれていますが、自らは学者として一生を送ることを望んでいた人物であったということを、まず確認しておきたいと思います。

にもかかわらず、「一つとして法制に参画せざるものなし」といわれたその彼の眼と手は「生ける政機」に向けて、動き続けました。それでは、病身をおして、井上が求め続けた明治国家のあり方とは、いったいどういったものであったのでしょうか。

二　外政への志向と対清交渉

それは、「日本を主権国家、国民国家として統合し、自立させるという一点にあった」と私は思っています。ところで、主権国家、国民国家としての自立といっても、そこにはさまざまな問題が孕《はら》まれています。対内的問題としては、廃藩置県にみられるような中間的団体の廃止と統合、あるいは徴税権・財政権の集中、さらに国民軍の創設などの課題があります。これを「対内的主権」の確立といっていいかと思いますが、それに対して、一方では「対外的主権」の確立という課題が重要になってきます。そしてこの内政と外政とは、決して二つのものではなくて、相互が複雑に絡み合って一体となり、メダルの表と裏をなすようなものです。

その内政と外交に井上は、非常に深く関わったと思います。これまで井上の事績を問題にする場合には、明治憲法を初めとして、国内における法制の整備、あるいはそこで生じた政策課題や政争の処理というものに、焦点が当てられてきました。そこで私はあえて、その井上が外交的なもの、あるいは外政に対してどういう働きをしたのか、それが国内的なものにどういうふうに跳ね返ってきたのかということを、ここでは少し考えてみたいと思います。

井上が出仕した明治国家は旧幕府が結んだ「不平等条約」を、そのまま引き継いでいました。そうしなければ明治政府は、国家としての継続性を承認されないという、国際法上の問題があったからです。そのように不平等条約によって手枷《てかせ》、足枷をかけられて、その解消なしには主権国家としての自立があり得ないという中で明治国家は出発し、井上はそこに奉職したわけです。

さらに、いったん道を誤れば、日本が植民地化されないという保証は、明治の前半期までどこにもありませんでした。

日本の地図を思い浮かべていただきたいのですが、日本を地図の中心におきますと、北にはロシアがあり、西には中国、朝鮮があります。東には太平洋を距ててアメリカがあり、南にはフィリピンや台湾そしてインドシナなどの東南アジアが位置しています。井上が在世中には、明治一六年(一八八三)のフエ条約によってフランスがベトナムを保護国化し、翌年の清仏戦争によって清朝はベトナムに対する宗主権を放棄しています。そして、日本の近代はこの四つの方向においてすべて戦争をしてきたわけです。ロシア(ソ連)、中国、そして東南アジアにおける英・仏とオランダ、そしてアメリカであります。そういう形でしか日本の進む道があり得なかったかどうかは考える余地がありますが、少なくとも事実として日本は四方に敵対者をもちました。これは松岡洋右の国際連盟脱退のときの言葉を借りていえば、まさに日本は十字架の上にかかっていたといえるかもしれません。東西南北で諸勢力がクロスする中にあって、その四方向にどう対処していくか。しかも日本は決して清朝に比べて軍事的・経済的に優勢であったわけでもありませんし、朝鮮に対して優位であったかどうかも不明でした。そういう中で主権国家として確立していくための要件は何かといえば、まず国境を画定し、次に不平等条約を改正して、完全な主権国家として自立するということでしかなかったはずです。

以上のことを前提にして考えますと、井上が果たすべき課題がいかなるものであったかは明らかであろうかと思います。もちろん井上は、明治国家の法制度の形成に最も深くあずかりましたし、そのことで評価を得たわけです。しかし、官僚としての出発点において井上は自らが負うべき職責を法制とは考えていなかったようです。井上は自分がやるべき仕事は、外交と拓植にあると考えていたといわれています。これは大正二年（一九一三）に熊本で出版された、平田信治編『元田・井上両先生事蹟講演録』の中で講演者の小早川秀雄は、井上毅が明治七、八年ごろに故郷の友人に宛てた手紙を挙げたあとで次のように論じています。

先生〔井上毅〕が外交舞台をもって、自個功名の場と期せられしもの、想うに薩長人士の藩閥的勢力は、藩閥以外の人を容《い》るるの余地少なからしめしを以て、先生はその一等地を抜きし新智識により、これを他の外交壇上に用ひて、手腕を揮《ふる》はんとされしものなるべし。……先生は対清、対韓の国際関係に就《つ》き、大いに尽力されたる事あるも、その淵博《えんぱく》なる学識は他にこれを用ふべきの地ありて、ついに先生をして専門外交家たるに至らしめざりしは、たとい藩閥の夤縁《いんえん》なきも、先生のごとき大人物の時代の必要上、これを見逃すべからざるものありしに依るを識るべし。

さらに、これはまたあとで触れる論点になりますが、次のように付け加えています。

しかも拓殖の事に就いては、先生は終始深き注意を払ひ、北海道開拓の事のごときは、これが経営に熱心なる研究を為し居られしと云ふ。

このような評価が、熊本の井上をよく知る人の間ではなされていたわけです。ここには薩長土肥の以外の人が、夤縁なきこと、つまり有力者の縁故によって出世できなかった中で、新知識をもって政府に立つときの困難さということが指摘されています。そして、井上ほどの才識をもった人であっても、決して容易に台閣に列することできなかったという、明治前期の状況が述べられています。その中で井上が、どこに活躍の場を求めようとしたのかということが窺われるかと思います。事実、木下犀潭《きのしたさいたん》門下の四天王として井上らとともに称された竹添進一郎は外交官として朝鮮公使を務め、その後は漢学者として東京大学の教授になっています。おそらく、井上も本来は竹添と同じような経歴を重ねることが、その資質においてふさわしかったのかもしれません。

それはともあれ、井上についていえば、その才幹を揮う最初の契機となったのが明治七年（一八七四）の台湾出兵に関する清朝との外交交渉に際し、大久保利通に随行したときだといわれています。大久保との関係については、諸説がありまして、必ずしもそのときが最初かどうかわかりません。ただ、ともかく井上の知謀は、この台湾出兵事件における北京での外交交渉において遺憾なく発揮されました。そのため、井上が外交を自らの職責と考えていたことには十分な事実の裏付けがあり、こうした交渉の中で井上は自分が外交官として、とりわけ中国や朝鮮に対する外交官としての可能性を見出したように私は推測しております。そのことは、明治七年だけではなくて、明治一三年（一八八〇）から一四年にかけて、「改約分島」交渉というものがおこなわれる中でも確認できるかと思われます。

これは清朝との間で、明治一二年（一八七九）に日本が琉球藩を沖縄県としたことによって関係が悪化したことを受けておこなわれたものです。日本は日清修好条規の改正において日本が他の諸外国と同じように、中国で内地通商権を得る「改約」の交換条件として、沖縄の宮古・八重山諸島を中国に領土として譲り渡すという「分島」とをセットとする提案をしました。これは、何よりも中国との国境確定交渉として重要な意義をもちます。中国は琉球王朝が永年にわたって中国と冊封関係にあったとして、日本による沖縄県の設置に強く抗議していました。そのため、日本政府は交渉が行きづまったとき、アメリカ前大統領グラントの示唆を受けて宮古・八重山諸島を中国側領土とすることで問題の解決を図ろうとしたのです。ただ琉球王朝は一八五四年七月に琉米修好条約をアメリカと、一八五五年一一月に琉仏修好条約をフランスと結んでいました。そして、そのことを日本政府が容認すると明治九年まで答えているなど、日本側にも不利な歴史があることも井上は認識していました。

その交渉に関して井上は、伊藤博文に宛てて手紙を出して、そこでも、「この度外交上に召し遣わされ候こと、不肖身に余り栄耀《えいよう》の至り、この節こそ応分の報効をいたし、知己の思いを眩《むな》しくせずと存じこみ候」（明治一四年三月二一日）と記していました。つまり伊藤博文に宛てて、この日本の主権確定にかかわる難しい外交交渉に、あえて自分を用いてくれたことに感謝し、期待に違わず交渉で成果をあげたいといっているわけです。井上は明治一三年四月から翌年三月まで二回にわたって北京に派遣され、宍戸《しし ど》環《たまき》公使を支えて終始交渉をリードします。そして、ロシアとの国境紛争に苦慮していた清朝側を説得して妥結の運びとなりました。しかし、清朝側が無期延期したことによって事実上、白紙に戻ります。そして、日清戦争後に台湾が日本領となったことから琉球の日本への帰属が確定したとみなされることになります。分島案を井上に指示したのは伊藤博文や西郷従道などでしたが、そこには今日に至るまで日本政府が取り続けている沖縄へのまなざしの兆しがうかがえます。

このほかにも、井上は明治八年の江華島事件で談判関係の文書を起草し、明治一五年の壬午事変、それから明治一七年から一八年にかけての甲申事変の収拾交渉のために朝鮮に渡っていますし、先の小早川秀雄講演で「先生は対清、対韓の国際関係に大いに尽力された」とあるのは、こうした外交交渉にあたったことを指していると思われます。

そしてまた、このように井上が中国、朝鮮との外交交渉に係わらざるを得なかったのは、日本が主権国家として自立していくという課題にとって、どうしてもクリアしなければならない第一義的な課題がそこにあったからです。それはいうまでもなく、「国境線の確定」という問題です。一六四八年のウェストファリア条約に基づいてつくられてきた近代国際社会の中で、主権国家として認められるための最低限の条件は自らの主権のおよぶ範囲を隣国との間で調整し、領域国家として主権を確定することでした。

ところが、開国以後の日本はそうした国際法の体系に入っていましたが、実際に日本が交渉しなければならなかった中国や朝鮮は、全く違う国際体系原理の中で動いていました。中国や朝鮮は、中華体制ともよばれる冊封体制をとっていました。これは宗藩体制とも宗属体制ともいわれますが、要するに、中国という国家を宗主国として、周囲の国家が朝貢をする体制です。朝貢に対しては回賜があり、一方的に上納金を巻き上げるといった性質のものではありません。むしろ中国が周囲の国家や民族に文明的恩恵を与えるのですが、そうした朝貢をすることによって、朝貢者は中国の皇帝から国王として認められます。そして、国王に冊じられると中国の王朝が使っている暦あるいは服制などを遵奉しなければなりません。「正朔《せいさく》＝暦」を奉じる、服属することは、天子の統治に服従して臣下となることを意味していました。琉球王朝も清朝から冊封を受け、同時に薩摩藩を介して徳川幕府にも進貢するという両属状態にありました。そのため、清朝は日本が一方的に琉球を沖縄県として自らの領土としたことに反発し、明治一三年からの改約分島交渉がおこなわれたわけです。他方で、琉球には清朝への帰属を願う人々もいて、ここに国際条約体制と冊封体制との対立という問題が東アジア世界で生じていました。

さらに日本は明治初年には、服制も洋服に変え、そして暦も大陰暦から太陽暦に変えています。ですから当時の中国や朝鮮は日本を、「洋賊の前導」とみなしておりました。つまり、日本は中華文明体制の中から、狂ったごとくに跳び出て西欧社会の体制に列し、欧米の夷狄の仲間になっただけでなく、欧米という洋賊を東アジアに導き入れる手先になったと中国などからは見えていたわけです。

そのような二つの国際体系の拮抗関係の中にあって、日本は冊封体制の国家と国際法的な秩序の双方に対応していかなければならないというジレンマに立たされることになります。この事態は、日本が体験したことのない外交交渉であり、手探りで進むしかありませんでした。その五里霧中の外交に、漢学の才に優れ、そして最新の法制を学んでいた井上が、この任を天職と考えたのも当然であったのかもしれません。

こうした問題に携わることによって、井上は明治七年の台湾出兵後の外交交渉の中で、ボアソナードとお互いに相知り、相許し合って、お互いにその知識を啓発し合うという関係になっていきます。近代日本の最初の海外派兵であった台湾出兵は明治四年に台湾に漂着した宮古島の船員殺害事件をめぐって、事件から時を経ておこなわれたものであり、政府も駐日アメリカ・イギリス公使の反対を受けて派兵中止も決定していました。しかし、西郷従道が独断で出兵してしまったため、政府もやむなく追認したものでした。その背景には、廃藩置県によって発生した武士の失業者や征韓論をめぐる政府の分裂などの国内の政治的危機のはけ口を、対外出兵に求めたことも否定できません。しかし、清国が日本の出兵を認め、遭難民に見舞金を支払うことを条件として日本が撤兵したことによって事件は落着しました。この台湾出兵後の外交交渉において、償金の支払いを得て撤兵するアイディアを生み出したのは井上であったといわれています。それはボアソナードの意見からヒントを得て、井上が提示した考え方です。「両便の辨法《べんぽう》」といわれたものですが、両国双方に都合の良い解決方法を見い出して、暗礁にのりあげた外交交渉に決着をつけようという解決策が案出されたわけです。

そして、清朝が償金を支払い、しかもその「互換条款」の中で、「台湾生蕃、曾《かつ》て日本国の属民等をもって妄《みだ》りに害を加う」とした文言に着目して、清朝が琉球が日本の属地であると認めたという解釈をボアソナードは引き出します。以後の日本政府による琉球処分等は、この考え方に沿って進められていくことになります。ただし、清朝はあくまで琉球は中国の属国であるとして、賠償問題と帰属問題を分けて考えていました。そして、ボアソナードの名誉のために申しておきますと、ボアソナードは琉球が清朝に対して行ってきた朝貢や福州に設けられていた琉球館を廃止することを提言しましたが、それは一方的にではなくて、あくまでも前もって清朝と話合いながら、善隣関係の維持に留意すべきであると主張していました。しかし、日本政府は、こうしたボアソナードの意見を参考にしながらも、具体的にはボアソナードの助言に従わず、明治八年（一八七五）七月に琉球藩に対して清国との冊封と朝貢関係を廃止し、明治年号を使用することを命じます。これに対して琉球側は清との朝貢関係を継続する意向を示し、清朝も日本の朝貢禁止命令に抗議するなど決着はつきませんでした。そのため明治一二年に松《まつ》田道之《だみちゆき》が処分官として約六〇〇人の警官や兵士を従えて首里城に入り、朝貢を続けていた琉球藩王の尚泰《しょうたい》を東京へ移住させ、沖縄県を設置するという琉球処分を断行していくことになります。

この間、井上がいかに台湾、琉球問題の解決に腐心をしていたかは、「梧陰文庫」中に「台湾琉球始末」という大部の史料が残されていることからも窺われます。井上は一貫してこの問題に自らが責任を負うという意識をもっていたように思えます。

このように井上は自らが対清関係の処理の最前線に立ち、外交交渉でのタフ・ネゴシエーターとしての手腕を発揮しました。しかし、井上が改約分島交渉を進めたということは、井上が考えていた国民国家の質がどういうものであったのかということも、問題になるはずです。宮古・八重山諸島を中国に譲り渡して、日本の中国における通商権の拡張をめざしたその政策を決定したのは井上自身ではありませんが、それに反対しつづけたわけでもありません。他方、日本の沖縄県設置という処置に対しては、清朝政府内には琉球に出兵するという強硬意見もありましたから、武力衝突を避けるためには何らかの妥協点を見つけ出す必要があったことも考え入れなければならないでしょう。

なお、つけ加えておきますと、井上は北海道に関しては、多年にわたって対応策の研究を怠りませんでした。北海道開拓のためには潤沢な資金を注ぎ込んで、開拓をしていくことが、国民全体の幸福につながるという見解を示しています。明治二五年一二月、『北海道意見』を東邦協会から発刊しましたが、そこでは「北海道を開拓するは、日本国民の義務たり。又、宇内の大勢に対する我帝国の政略上の義務たり。地を開発し、文明を公布するは、宇内の間に独立する国民の一大義務として各国の先を争ふて着手する所なり」と主張していました。

歴史学界では沖縄と北海道を日本の近代がどうとらえてきたのかが、大きなテーマになっていますが、井上は自らがその双方に責めを負って、その問題を処理していこうとしていたといえるかと思います。それはもちろん、沖縄と北海道が国民国家・日本のフロンティアとして、中国とロシアに対峙する重要な前線として位置づけられていたからに他なりません。

三　宗藩関係と朝鮮中立化構想

さて、東アジア国際秩序の問題として、先に琉球問題を取り上げましたが、日清対立の焦点は、言うまでもなく、朝鮮にありました。征韓論から始まり台湾出兵の翌年、明治八年（一八七五）には朝鮮西南海岸で示威行動をおこなっていた日本軍艦・雲揚と江華島守備兵との間で交戦に至ります（江華島事件）。以後、日本と朝鮮の間、そして朝鮮をめぐる日本と清国の間の抗争は、次第に熾烈化していき、ついに日清戦争に至ります。ここにはもちろん中国側からする朝鮮の重要性があります。一八一八年に清朝が出した「嘉慶会典」では、朝鮮は一年四貢（一年に四回の朝貢）、琉球は二年に一貢と規定されています。清朝にとっては朝貢・冊封体制を維持し、自らの宗主国としての立場を守るためには、朝鮮を最も重視し、その関係を守らせざるを得ないということになるわけです。これは国家間の対等という観念とは異なり、皇帝が四囲の藩屛を従えて天下を支配する中華体制において、中国が朝鮮を失なうことは冊封体制そのものの崩壊につながるため、中国は朝鮮への干渉を強めていくことになります。日本の側も、山県有朋などは朝鮮半島の支配権さえ押えれば、琉球問題も「自然に消滅して痕なきに至る」と考えていました。そのように琉球と朝鮮の問題は非常に密接に連鎖していたわけです。

こうした中・朝間の冊封藩関係を前提に、それを切り崩して欧米的な国際秩序に組み替えられないかという模索の中で、日本は壬午事変や甲申事変などに関与していきます。その際、いかなる国際法の知識が駆使されたかにつきましては、國學院大學日本文化研究所編『近代日本法制史料集』の第八巻にボアソナードの、五巻と七巻にはロエスレルの答議書が多数掲げており、貴重な史料となっています。その論点は非常に多岐にわたっていますが、要するに日本が明治九年に清朝の媒介によって朝鮮と日朝修好条規という条約を結んだわけではない。そうである以上、中国が主張しているような冊封体制、そして朝鮮が清朝の藩属、属国であるという議論は、国際法上は認められるものではなく、名目に捉われず独立国として対処していけばいいというのが、お雇い外国人のヨーロッパの法制知識からするアドバイスでした。このことは次第に日本でも理解され、福沢諭吉も「朝鮮属邦論は到底支那一家の私言たるに止まり、当時の国際法上に釐毫《りごう》も力なきことは、彼れ政府と雖《いえど》も自ら十分に合点し居たるや疑なきなり」(『福澤諭吉全集』第八巻五一三頁)と主張していました。

このように日本は次第に清朝がとっていた冊封体制を掘り崩すような形で、国際法をテコとして東アジア国際関係の再編成を進めていくようになります。しかし、外交とはあくまで相手があっておこなわれるものですから、日本側が冊封論は「中国一家の私言」にすぎないとして否定すればするほど当然に清朝の側も、強くそれに反発をせざるを得なくなって、より頑なまでに中朝関係を宗主国と藩属国とみなす宗藩関係の強化に向かいます。金玉均などが日本公使館の守備隊の支援を受けて起こしたクーデターである甲申政変が失敗すると、天津条約によって日清両国は朝鮮から撤兵しましたが、実際は日清戦争まで清国が日本を排して強い影響力をもつことになります。一八八五年、袁世凱が駐箚《ちゅうさつ》朝鮮総理交渉通商事宜として漢城(ソウル)に赴任して、外交や内政全般を指導して「朝鮮の王」と呼ばれるほどに強い指揮体制をとっていったのです。

このような朝鮮をめぐる日清間のヘゲモニー争いは、日清戦争に至りますが、こうした日清間のもつれにもつれた関係を解きほぐそうと努力したのもまた井上であったように私には思われます。井上は、朝鮮をベルギーやスイスのような中立国にするという構想も提示したのです。

井上の朝鮮論と言うと、一般には山県有朋首相の第一回帝国議会での施政方針演説を代草した際の「利益線」、「主権線」という言葉が有名で、さらに利益線、主権線という言葉が、後の生命線というような考え方を連想させることもあってか、何か井上が朝鮮への侵略主義を表明したというようにイメージされていますが、決して井上はそのように考えたわけではありませんでした。むしろ井上はロシアに対抗するために、日本と清朝との間で生じている小手先の争いを止めることを主張します。井上はそれを「目前のやきもち喧嘩」と呼びます。そして、朝鮮をめぐって日本と中国がおこなっているような争いはやめて、中国が驚くような遠大の長策を出すべきであり、それによって東アジア世界を安定させて協同して欧米の進出に備えるというアイディアを提起しています。

この考え方は、日本と清朝、そしてイギリス、アメリカ、ドイツの五カ国の承認によって、朝鮮を永世中立国にし、ロシアの南下を共同して防ぐという構想です。

この議論は日本の民間でも、一時期受け入れられましたし、朝鮮でも金玉均《きんぎょくきん》のほか、朝鮮駐在ドイツ副領事ブドラーも清・日・ロの承認の下で朝鮮の永世中立国化を提唱します。また、欧米での留学・巡訪から帰国した兪吉濬《ゆきつしゅん》は『中立論』を著わし、朝鮮と清・日・英・仏・ロがともに参加する中立条約の締結を主張しました。日本政府もイギリスなどに働き掛けましたが、遺憾ながら日本の当時の外交実力では、それを実現することはできませんでした。また、清朝も、この提案が朝鮮における中国の勢力をそぐための画策であるとして受け入れませんでした。

余談になりますが、井上たちの、こうした構想が一九世紀のうちに達成されていたならば、その後の東アジアが巻き込まれたような、そして今日の朝鮮半島が置かれているような事態は、避けられていたかもしれません。また、安重根が旅順の監獄で構想したような旅順中立地帯化・東洋平和会構想も三〇年前に実現していたかもしれません（→二六七頁）。もちろん、これは歴史のイフであり、何の意味のない繰り言にすぎませんが、そういうような考え方をもって、井上が外交に当たっていたことを、お伝えしておきたかったということです。なお、この永世中立国構想についてもボアソナードのベルギーについての論文「恒守局外中立新論」（『近代日本法制史料集』第八巻所収）などが参考にされていたと思料されます。

四　主体的思考と選択的思考

このように井上は、東アジアの国際関係に対して、非常に強い関心を持ち、さまざまな構想を考え続けましたが、日本の外交課題として、より切実であったのは、不平等条約の撤廃という問題でした。そしてその問題こそ、井上が官僚として一生をかけておこなった日本の国家の整備と、国民形成に関わり、それが日本の対外的主権確立のために最も重要な仕事であったと思えます。なぜならば、当時の国際法の中で日本が主権国家として認められるためのミニマムな条件は文明国標準に適合することでした。井上が「狂えるごとし」として中国の論評を紹介したような、明治初年に生活全般から始まる文明開化も決して伊達や酔狂で進めたわけではなく、生活全般の欧米化を進めない限り、条約改正はできないという事実が、当時の国際法の条件としてあったためだったのです。

さらに国際法的に条約改正を達成するための、もう一つの実質的条件としまして、立法における「泰西主義」、すなわち欧米法の基準に従って行わなければならないという要求がありました。そのためにこそ井上は、ボアソナード、ロエスレルを初めとする多くのお雇い外国人に対して問議を出し続けたわけですし、欧米で注目されるべき法学者の理論に注意を払い、シュタイン、ブルンチュリー、モーリス・ブロック、イェーリングといったさまざまな人の著作の翻訳を参照しながら、眼前の政策課題や法律問題に対応していったわけです。これらの翻訳は「梧陰文庫」に大量に残されていますが「内閣文庫」の中にも「翻訳彙編」として膨大な量のヨーロッパの法制についての翻訳が架蔵されています。こうした翻訳を通じて初めて泰西主義による立法が進んでいくことになります。

しかし、そのことを前提にしたうえで、あえてここでは井上の明治国家への寄与ということを、それと全く逆の面に見てみたいと思います。実はこの点こそ井上が当時の世界ないし国際関係をどのようにみていたか、そしてその中で日本をどのように位置付けようとしたかという問題に、密接に関わっていると思われるからです。

井上は明治政府に出仕する以前、二二歳のとき、熊本の沼山津《ねやまず》に閑居していた横井小楠を訪ねています。当時、横井は実学派、井上は学校党といわれる対立する立場にありましたが、二人は、国家がどうあるべきかについて問答を交わしています。横井小楠は儒教に基づくユニバーサリズム、人類の普遍性を主張した人です。すなわち、民族が異なっていても、基盤となる道徳は相通じているはずであり、それを誰もが尊重し、武力に訴えることがなければ、世界はいつか天下一家になるとして、「万国一体、四海兄弟」説を唱えます。それに対して井上は、激しく反発しています。そこで井上は、「国土の区別格別にて、各々その風俗・人質も同じからず、言語・礼法も同じからず、教法・宗旨も同じからず、立国の基本も同じからず」という、いわば「四不同説」とでも名づけるべき説を唱えるわけです。小楠も、そうした現実を決して無視していたわけではありませんが、その現実を克服していくことにこそ思想の存在意義があると考えていたのです。それに対し、井上はそうではなく、国家や社会というものはそれぞれの固有の特性があり、それに基づかなければ国際社会というのはむしろ成りゆかないのだという考えを、若い日から強調していたということになります。

もちろんこれはどちらが正しいか否かというレベルの問題でないと私は思いますが、ともかく井上は、それぞれの個性を持った国家、あるいはそれぞれの個性をもった民族や社会というものが存立することによって、世界における文明は豊かになるという国際認識をもっていたのだと思います。このような考え方は、陸羯南や三宅雪嶺《みやけせつれい》などの考え方に近いように思われますが、そうした認識があればこそ、明治七年、ヨーロッパから帰った直後に、『欧州模倣ヲ非トスル説』を書くことになったと思います。その中でジェレミー・ベンサム（Bentham, Jeremy）の言葉を引きながら、「国家の法制は善良なりとて、これを他邦に移すべからず。みなその人民のためにその幸福を与えるものにあらず」と述べ、ヨーロッパの法制がいかに優れているとしても、それをどんな国に与えてもいいというわけではなく、それは決して国民の幸福にはつながらないという自説を展開しています。さらに「ああ、僅々《きんきん》たる法制の一部、尚《なお》且然《かつしか》り、いわんや我邦を挙《あげ》て彼が為すところに倣《なら》ふをや。豈《あに》危ふからざらんや」として、法制のみならず文明の摂取においても、その主体的な選択を重視すべきことを切言していました。私は井上の思考の中にある、この「主体的思考」と「選択的思考」こそ、井上が法制官僚として状況に流されることなく、その職責を果たすうえで重要な「重石《おもし》」になっていたと考えています。

彼はその後も、「各国の長を斟酌《しんしゃく》するも、而も我国の国体の美を失わず」ということを力説しますし、それから「法を議する者、まさに努めて国俗・習慣を考へ、慎重してもって参酌すべし。俄《にわか》に他国に仮り、固有の旧制を紛更《ふんこう》すべからず」というような法形成の基準について論じ続けています。こうした思考方法は、ドイツの歴史法学派の思想、ゲルマニステンの思考に近いと思われます。フランス法学から出発した井上がドイツ法学に出会ったときに、欣喜雀躍したという逸話が伝えられていますが、それはおそらく若い日から抱いてきた自らの夢にめぐり逢ったということではなかったでしょうか。井上はそうした原理に従って、日本の国家としての骨格を組み上げていったわけです。

もちろん、条約改正を達成するには民族や歴史の、固有性を主張するだけでは不可能です。事実、井上はボアソナードの自然法的な発想法にも非常に強くひかれていますし、例えば、拷問廃止を推進したり、五爵位の設定や華族制の創設に対しては強く反対しています。人間の平等に反するとして、反対したわけです。

そして、考えてみますと、普遍性といい、固有性といい、必ずしも自明なものではないはずです。そうした中で井上が、日本の固有性として国体というものに傾斜していったことも、ある意味では致し方なかったのかもしれません。井上はもともと普遍性に従うとしていた刑法においても、後になりますと、「刑法は国法中の最も重要なる者にして、憲法に次ぎ、また憲法を左右する者なり。故に刑法は必ず建国の体と相合することを要すべし」として、国体の毀損《きそん》を最も重科とする刑法草案を起草していくことになります。

また、大日本帝国憲法の第一条にある、「万世一系」という規定に対して、ロエスレルはそれは予測のつかない将来の事にも係わるものであり、正確を期しがたいとして難色を示しましたが、井上や伊藤はそれを押し切っていきます。そして自ら起草にかかわった憲法について、明治二三年に著した「古言」(『梧陰蔭存稿』に「言霊」と改題して所収)において「我が国の憲法は、ヨーロッパの憲法の写しにあらずして、即ち遠つ御祖《みおや》の不文憲法の今日に発達したるなり」と記していました。

この議論に対して、かつて同じ時期、フランスに留学していた西園寺公望《さいおんじきんもち》は、立命館大学の「西園寺文庫」に収められている『梧陰存稿』への書き入れ本の中で、「人を欺き己を欺くの語」と書き、さらに井上の議論を「野狐禅《やこぜん》」あるいは「幼稚」と評しております。「野狐禅」とは禅宗の用語で、悟ってもいないのにいかにも悟ったふりをして人を欺き、奇異な言動をするという意味です。そしてさらに「通例特性と名づくるものは、一国に在《あり》ても、一人に在ても、大抵はその短処なり、その僻処《へきしょ》なり、殊に今日教育家の吾邦の特性など喋々《ちょうちょう》する所は、多くは識者をして眉に皺せしむ、これ思はざるべからず」と記し、末尾に「余この書を読んで甚だ失望す。梧陰撤底の見解なく、学問なきを自白せり、梧陰遂に一種の偽君子たるを免れず」との酷評を下しています。

この、一国の特性は短所でもあるというのは、国粋保存主義運動が起こり、その思想が中国に入って国故整理運動などが進められた際、魯迅が発した「国粋とは国醜《こくしゅう》だ」という批判と同軌のものでもあります。実は魯迅も最初はその運動に加わっていましたが、次第に一国の特性というものは短所でもあり、それに固執することは不毛だと考えるに至ったわけです。

確かにその通りだと思います。しかし、他方でこうも思うわけです。それは、国民国家というものがナショナリティの固有性に基づくという要請をもって発生し、発展してきた、その出自そのものに実は起因しているものであって、固有性の尊重ということを唱えること自体、決して井上毅一人が責めを負うべきものではないのではないか、ということです。問題は、その固有性の根源をどこに求めるか、にあります。そして、井上の思考方法の真骨頂であったはずの「選択的思考」は、どうして打ち捨てられてしまったのか。「主体的思考」とは、ついに唯我独尊主義に陥らざるをえないのか――といった問題です。

ヨーロッパで法学を学んだ井上は当初、固有性よりは普遍性を重視せざるをえませんでした。憲法というものは決して聖徳太子の十七条のようなものでも、貞永式目のようなものでも、それから律令格式のようなものでもないということを、岩倉具視をはじめとする顕官たちに説いて、「憲法というものは権力者が自ら縛られる法である」ということを理解させ、その憲法思想の普及と制定への気運を進めたのも井上でした。ですから主権国家を形成するための立憲主義的な問題に関しては、井上は当然のことながら普遍的なものに従っていましたが、同時にすべて欧米の立法が十全であるとも思っていませんでした。それはロエスレルなどお雇い外国人にとっても同じであり、ロエスレルは「日本民法編纂方法ニ関スル意見書」の中で、民法というものは泰西主義従わなければならないとしても、それにすべて従う必要はなく、自らの社会の基準や民情を生かさない限りは、国民が法に遵うこともなければ、幸福にならないことなどを説いています。

こうした意見が、立法政策をめぐっていかなる対立を生むかといえば、ボアソナードが編纂した民法典への批判となっていくわけです。ボアソナードが起草をリードした「民法典」は、井上がその将来を嘱望してドイツに送った穂積八束《ほずみやつか》らの反対を受けて、民法典論争を喚び起こします。穂積はそこでボアソナード民法典を「民法出でて忠孝亡《ほろ》ぶ」という有名なスローガンで攻撃します。結局、ボアソナードの民法典は施行されず、ボアソナードは失意のうちに日本を去っていくことになります。まことに人事というものは、あざなえる縄のごとく錯雑としています。すなわち、一方のロエスレルの考え方は、他方でボアソナードの立法事業をいわば台無しにするというようなことにもなっていき、さらにはロエスレル編纂の商法典も同様の非難にさらされるに至ります。

ボアソナードの帰国に当たって井上は病床にありましたが、「ボアソナード君の帰国を送る詞」をしためて、その中でこう呼び掛けています。

余は君が曾て我が国を呼びて第二の本国と云へりしことを記憶す。余輩は将来に遠く君を海のあなたに慕ひ望むと同時に、君もまた長く第二の本国を忘れざることを知る。ボアソナード君よ、君の第二の本国が立法上及び諸般の事業に於いて、如何《いか》に発達するかを見て、幸いに余輩のために必要なる注意と勧告とを怠ることなかれ。

そう、まさしく井上がいみじくも述べたごとくに、一九九九年に完結をみた二〇巻の『近代日本法制史料集』（國學院大學日本文化研究所編）こそ、このように日本を第二の故国と見、そして自らはリビング・レファレンスとして、決してその決定に立ち入らず、あくまでも助言に徹するということをした人々が遺した理論的応酬の軌跡を示すものです。こうした日本の法制官僚とお雇い外国人法律家とが、時に鋭く対立し、あるいは、時に相互に啓発し合う議論の中から生まれたのが日本の近代国家であり、その法制でした。その足跡を示す史料をこうした史料集として残すことは、日本のために心血を注いでくれたお雇い外国人の先人たちに対する何よりの報恩の事業として、本来なら一大学の責任に委ねるのでなくて、日本国家が実は総力をかけてやるべきような事業であると私は思っております。

その是非は措くとしましても、ボアソナードが去った明治二八年（一八九五）三月八日から一週間後に、井上はその五三歳の生涯を終えました。井上は自らがその形成に全精力を注いだ国家が命運を賭して闘っている日清戦争の結末を知ることなく、「国家多事の日に際して蒲団《ふとん》の上に死す。かかる不埒者《ふらちもの》には黒葬礼こそ相当なれ」という激語を残して、逝きます。

徳富蘇峰はその死の模様について、「彼の死後一日、その屍体《したい》に皮下注射をなすや、医師矍然《かくぜん》として曰く、如何《いか》にも衰弱したるものかな、全身殆んど一滴の血をすら剰《あまら》さずと。彼はまことに国家のためにその汗血を絞り尽したる也」と記しています。そしてその職責を尽くした証しが、ほかならぬ「梧陰文庫」の膨大な史料として、日本国民に遺されているのです。

それでは井上毅がなした近代への貢献は、それに尽きたのでしょうか。

実は井上が死んだあとに、井上の東アジアにおける貢献は始まります。日清戦争に敗れた中国は、日本の国民国家形成をモデルにして、自らの近代国家を創り出すために留学生を送ります。公式には一八九六年の一三人から始まった日本留学は、ピーク時の一九〇五年段階では一万八千人を超える人々が日本に渡ってきたといわれています。そしてそのほとんどの人々が、日本の教育や法制を学ぶために訪れたわけです。そして日本法制にならって、清末のいわゆる新政改革が進められていきました。井上が条約改正交渉における外国人法官採用案に反対して著わした『内外臣民公私権考』なども中国語に訳されます。それから現在残っているもので、最も大部なものは、全八一巻、当時の日本の法制のすべてを中国語に翻訳したものがあります。

さらに日本からはお雇い外国人として、日本人が教習として中国に招聘されます。雲南や貴州といった内陸部にまで、日本の井上らがつくった法律を持って赴き、中国で設立された法学堂や法政学堂などで法学や立法技術を教えます。その教えを受けた留学生や学堂生たちの中から、新しい中国の立法や法学教育を担う人々が現れます。そして、中華文明世界の中心であった中国がそのように日本に学び始めたということは、当然のことながらベトナムや朝鮮などの知識人を刺激します。多くの留学生が日本の法制を学んで帰国し、自国の法制を整備し国民国家形成を担っていくことになります。不幸、朝鮮との間では植民地統治という問題があり、顕在的には残りませんでしたが、現在、中国で使われている法制や政治などの言葉の多くが、明治期につくられた翻訳語です。また、清国に継受された井上らが作った法令や法制は一部が中華民国に入り、それから満洲国にも入っていくという思想史脈を形作っていきます。

井上の生涯は五三歳で終わりました。

しかし、井上らがつくった法制はそれから半世紀、東アジア世界における法制の模範ともなり、あるいは全く逆に打倒すべき法制として存続しました。そして、天皇制官僚国家をめざして井上らが作った法制を乗り越えることこそ、井上の特性であった「主体的思考」と「選択的思考」を私たちが真に学び取る方途であるように思われるのです。

「主体的思考」でさえ容易《たやす》く、自慰的な自民族中心主義に足元をすくわれるという史実、そして井上ほどの才識をもってしても、そのトラップから逃れえなかったという史実こそ、私たちが井上の生涯から学び取るべき誡《いまし》めなのかもしれません。

第一二章　後ろを見る眼——歴史を学ぶということ

一　後ろから押す力

真理を求めて、眼を皿のようにして前方を遙か彼方《かなた》まで凝視する。しかし、それだけではどんなに真面目《まじめ》でも熱心でも見ることのできない境がある。それは後ろだ。自分の背後の力だ。自分は自分の独力で真理を求めて、ここまで歩んできたと思っていた。しかし、後ろから押しているものがある。振り向いて見ると驚く。ああ、自分の存在は、そのものに依存していたのだ。

これは倉田百三《くらたももぞう》の「後ろを見る眼」（『絶対的生活』先進社、一九三〇年。表記は適宜、改訂）の一節です。

倉田自身が、ここで述べているのは、行為から信仰へ、道徳から宗教の世界へと入っていく時に、自らが全く気づかなかった「後ろからの力」に突き飛ばされるように、飛躍に近い体験をしたということです。そこで、後ろから押していた力というのは、神といった存在のことを指しています。

しかし、私はそうした宗教体験とは全く違った意味で、まさに「背後からの力」に突き動かされてきたように思えます。

省みますと、私もまた、いつも前方に何かの真理があるように信じていたようです。しかし、今になって倉田の言葉が、違った意味合いをもって迫ってくるようになりました。つまり、いかに眼を皿のようにして前方を凝視しても見えない、何らかの真理は、「後ろ」にあり、それが「歴史」なのではないか、それを確かめるためには、やはり「後ろを見る眼」が必要ではないか、ということを改めて痛感するようになったということです。それを今さらめいて告白することは、愚といえば、愚の極みといえます。

ただ、それに加えて私が今、痛感していることは、人には誰も「後ろから押しているもの」があり、それは先人であったということです。私が何ものかを学ぶことができたとすれば、それは私より先に生まれた人々に、さまざまな考え方や生き方を示してもらったことに依っています。何よりも、ものごとを考えるための言葉や概念を受け継がなければ、何もできなかったはずです。

さらに、「後ろの眼」は、また違った意味でも、私たちの今、を凝視しているように思えています。それは、後代の人たちから差し向けられる眼差しです。

後世、私たちは「あの時代、あの地にいた人たちは、いったい何をし、何をしなかったのか?」ということを問われることになります。いや、問われないまでも、その眼差しを意識しないでは済まないはずです。例えば、原子力発電から生じる核のゴミを、私たちの世代は大量に後代の人々に押しつけます。どう処理したらいいのか、が分からないがままに。

当然に、後代の人たちは、その時、誰が、なぜ、そのようにしたのか、あるいはそれにどのように抗したのか、を問いつめることでしょう。そうした現時点では、存在はしていない後代の人々の眼としての「後ろの眼」や「後ろからの力」も感じ取って行動していかなければならないのではないか、と思われるのです。

そうした世代間の連鎖ともいうべき眼差しの交錯を意識すること、それを歴史意識というのかもしれません。しかし、ここでは「歴史意識とは何か」といった問題に深入りするのではなく、私自身が「歴史を学ぶ」ということ、あるいは「歴史に学ぶ」ということについて考えてきたことを簡単にまとめて、本書の結びに代えたいと思います。

予めお断りしておけば、歴史を学べば、これだけの「効用」があるといったことを語る資格は私にはありません。そもそも「効用」などは、その人の価値観によって全く異なるからです。ですから、ここで申し上げるのは、あくまでも私個人にとって「歴史を学ぶ」ということ、あるいは「歴史から学ぶ」ということをどのように考えてきたかということを概括するにとどまります。

二　様々な人生を自らの中へ

私にとって歴史を学ぶということは、単に過去に起きたことをより多く知ることに尽きるものではなかったと思います。歴史を学ぶ意義というよりも楽しみは、過去に生きてきた人々の様々な決断や葛藤、選択の基底や背後にあるものを見出し、それを智恵として自分の中に取り込むことによって自分の思考や決断の選択の幅を広げることにあると、私は考えてきました。

人の一生は長くて九〇年だとして、個人がその間に経験できることはきわめて限られています。しかし、歴史を学ぶことで、過去に生きてきた多くの人々の人生を自分の中に取り込み、蓄積することができるのではないか、と漠然と考えてきました。そうすることの中から、こうした事態に直面したら、自分ならどう判断しただろうか、別の選択もあったのではないか、同様のケースに出会った時に自分はどうしていけばいいかを考える糧とする——それが歴史を学ぶということだと思っています。ですから、歴史を決定された事実だとして固定的にみる必要はないように思います。「なぜその選択に落ち着いたのだろうか」、「こういうように動くこともできたのではないか」ということを常に考えながら歴史を見ることで、ある意味での疑似体験をできるところに歴史を学ぶ意義があるのではないでしょうか。

私は、主に近代日本とアジアの関わりをめぐる政治学・法政思想史を研究の対象としてきましたが、人間の社会には常に様々な権力闘争があり、人々の意志や欲望、嫉妬の感情が渦巻いています。理想や喜びもあれば、挫折や憤りや諦念もあります。そのため、一つひとつの決断や葛藤の背後には、読み取ることができればきわめて興味深い人間の営みがあるはずです。

そういった個々の選択の基底にあるもの、あるいは選択の過ちや失敗の積み重なりをどれだけ深く見ることができるか、どれだけ厚く自分の中に取り込むことができるか。その深さや厚みによって、人間や社会の見え方、考え方が違ってくるはずです。ですから、私自身、歴史を学ぶということは、じつは自分自身の目の達する深さ、思考の幅の広さが常に試されていることなのだと思っています。

もちろん歴史にはいろいろな見方、解釈の仕方が存在します。過去の同じ出来事や現象を見る場合でも、それをどう解釈するか、そこにどのような意味を見出すかは、その人の価値観や意識、関心などによって様々に変わってきます。歴史の解釈の仕方には、唯一の正解があるというわけではありません。ですから、歴史について考えたり議論したりする場合には、最初から自分の考えはこうだと押し付けるのではなく、相手はなぜそのように考えるのだろうか、とまずは考えてみることが必要となります。相手の認識を一度自分の中に取り込んでみるのです[1]。

もちろん、それは相手に同化するという意味ではありません。相手の考え方を自分の中に持ち込むことによって自分の認識を相対化し、自分の思考の幅を広げるということです。それは、過去に生きた人々の人生を自分の中に取り込んでみる場合も同じです。

ある一つの考え方だけでしか物事を見ることができないと、それが否定された時にすぐに行き詰まってしまいます。その意味では、私自身、成功した人よりも失敗した人や誤った政策選択の方に強く興味をひかれます。ただ、そうした歴史研究は、読者にとっても息苦しく、心踊るようなものになりえないのは当然なのかもしれません。

もちろん、どこまでできるかはわかりませんが、可能な限り、一つの見方だけにこだわるのではなく、自分とは違う考え方や生き方を自分の中にたくさん取り入れることによって、思考の幅が広がっていくのではないかと思います。そう努力することによって、生きる上での、緩やかな、たおやかさを少しでも身に付けることができるのではないかと思うのです。

今、「歴史戦争」などと勇ましく掲げて、自分と反対の見方を取ることを徹底的に叩くことが一部のメディアやネット上では流行のようですが、それが果たしてその人々の歴史認識や人生を豊かにしているのだろうか、と首を傾げざるをえません。

三　事実の断片を繋ぐ視点と空間認識

さて、歴史を研究する中で、私が時に驚きをもって感じることは、最初はバラバラで全く無関係に見える出来事や現象であっても、その基底や背後にあるものをたどっていくと、じつは互いに深く関連し繋がり合っていることがあるということです。そして、その小さな断片や部分を繋ぎ合わせることによって、いままで孤絶していると思われていた出来事や現象が異なる歴史的文脈の中で捉えられ、それまでは見えていなかった全体像が見えてくるように思われます。「真実は細部に宿る」というのは、否定できないようです。そして、このように出来事や現象の「繋がり」に着目して歴史を捉える視点を、私は「連鎖視点」と呼んでいます。その「連鎖視点」によって思想の水脈をたどる歴史記述が「思想史脈」ということになります。

連鎖視点とは、しかし、最初から繋がりを想定して物事を見るということではありません。そうではなくて、とにかく史料や現物に当たり、その中にある事実や決断の背景を一つひとつ追究していく中から、結果として、大きな歴史の流れが見えてくるのを待つということにすぎません。「地べた」をひたすら這い回っていると、不意に一挙に地平が広がって見えてくるという感覚なのですが、もちろんそれは未だ見えていない領野が広がっているということでもあります。ですから、一生気がつかないままに終わってしまう事実のつながりがあるのは必定だと思っています。

例えば、これまで一般的には、アジアの近代化は、欧米の思想や制度が直接、欧米からアジア諸国にもたらされたという、単線的な文脈の中で捉えられていました。欧米のチャレンジに対する、それぞれの国や民族のレスポンスがアジアの近代を生んだという見方です。また、明治日本の近代化についても、欧米の思想や制度がいかに日本に影響を与えたかという点に関心が向けられていました。しかし、実際にはその流れだけではなく、欧米から中国へ、そして中国から日本という流れが欧米から日本への流れと合流し、そして、今度は日本から中国をはじめとするアジア諸国へと繋がる、いわば日本を知の結節環とするもう一つの思想史脈があったことが見えてきます。

そのような思想史脈の流れをたどって行くと、近代アジアという空間も、また、近代日本とアジアの関わりも、従来とは違う複眼的・重層的な歴史の文脈で捉えることができるようになるのではないでしょうか。

このように、小さな事実の断片を一つひとつ丁寧に繋ぎ合わせて見ていくと、それまでは見えていなかった、大きな歴史の流れが見えてくることがあります。社会が見える、歴史が見える、というのは、そういう瞬間なのではないかと思います。

このように歴史を「繋がり」の連鎖として捉えるということは、取りも直さず、歴史を民族や国境などのボーダーを越える空間の繋がりとしてみるということを意味しているはずです。

歴史というと、時間の流れの問題だと思われがちですが、じつは、空間の広がりと繋がりの問題でもあると、私は考えています。

出来事や現象の「繋がり」に着目して、連鎖視点で歴史を捉えていくと、国境を超えたものの見方ができるようになるのではないでしょうか。何千キロと離れ、現在では国境で隔てられている国や地域が、歴史を遡ることにより、じつは何らかの意味で、ある形で繋がっていることが見えてくることがあるからです。

私たちは、どうしても、現在ある国境や地域の境を前提に物事を考えようとします。しかし、連鎖視点といった見方で歴史を見ていけば、もっと違う空間の取り方、考え方ができるはずなのです。繋がれば、広がります。繋がることで、いまある境に縛られることなく、より広い空間に立って物事を考えることができるのではないかと思います。

国境とは心の境です。自分がそこを境と思うか思わないか。その境を超えた時に全く違う展望が開けてきます。ですから、歴史を学ぶということは、じつは、より広く空間を捉えること、そして、境を超えた自由な物事の見方をすることなのではないかと思います。

私は、できることなら、あらゆる境を超えて人と人を繋いでいくためにこそ歴史を学びたいと思っています。そして、そのためにも、連鎖視点による歴史の見方、空間の捉え方が重要になってくると考えています。

四　歴史を受け継ぎ、伝え、応答する責任

私は一九八〇年代半ばから、現在まで、アジアの各地を歩いてきて、様々な国の人々に出会い、話を聞く機会に恵まれてきました。そこで強く感じることは、アジア各地の人々が、それぞれの方法で歴史を受け継ぎ、次代に伝えていくことを非常に大事にしているということです。

たとえば、マレーシアに行くと、中国系の若い世代の人たちの間に強いネットワークができています。その多くは二〇~三〇歳代の欧米留学経験者で、ビジネスマンも多くいます。そういう人たちが中心となって、地元の移民のお年寄りや知人などから話を聞き、過去の歴史や体験をまとめる活動を積極的に

行っています。そこでは、上の世代の人たちは、自分たちが体験してきたことを、下の世代に伝えなければいけないと強く思っています。また、下の世代の人たちは、先に生きてきた人の智恵を受け継ぐことが、自分たちがこの土地で生きていくための一番の力になると考えているのです。その人たちは、「伝えること」が先に生まれた者の責務であり、「受け継ぐこと」が後から生まれてきた者の責務であると言います。

また、シンガポールに行った時は、インド系の女性たちが中心となって、地元の人たちのオーラルヒストリー（口述史）を編集していました。文字だけでなく、ビデオで撮影して表情や話し方も残すというプロジェクトを続けているのだそうです。あるメンバーは、「ここで起きたことを子どもたちに伝えていくことは、母親として、自分たちの子どもがよりよく生きていくための智恵を授けることだ」と語ってくれました。様々な人種や民族が混じり合って生きている土地だからこそ、他の人々とどうやって付き合い、生きていくのかを知るために、歴史を学ぶことが大事になるというのです。

その他の国々でも同様の事例が多くあります。いずれも、過去の歴史を受け継ぎ、伝えながら、他の民族とのより良い付き合い、あるいは社会の中でのより良い人間関係を築こうとしているのです。一人の人間として生きていく上で、歴史を「知らない」ということでは済まされないのではないか――。自分の足でアジアを歩き、(2)人々と語り合っていると、そう感じられてなりません。

アジアの人々との話の中では、日本の戦争責任や歴史認識の問題にも話が及びます。その時に指摘されてきたことは、「歴史問題は、あなた方、戦後生まれの人たちの問題なのですよ」ということでした。つまり、それは戦争に直接関わった戦前・戦中世代の人たちだけの問題なのではなく、戦後世代の私たち自身が、いま、戦争をどう認識し、それをさらに次の世代にどのように伝えようとしているかという問題なのだ、ということです。

そうした指摘を受けて、私が改めて意識したことは、歴史を学ぶ上で最も重要なことは、歴史を自分自身の問題として捉えるということではないか、ということです。そしてその上で、歴史を受け継ぎ、次の世代に伝えていく責任が私たちにはあるのではないかということです。

私たちは、ややもすると、歴史とは他人がつくったもの、他人がやったことを知ることという、どこか傍観者的な立場で歴史を見てしまいがちです。私自身、これまで歴史を研究していながら、歴史を外側から見ていて、「自分も歴史の中で生きている」「自分が歴史をつくっている」という意識をあまり持っていなかったのではないかと反省することがあります。

しかしながら、本来、歴史というものは、自分と無関係のものではけっしてありません。私たちは社会の中で生きており、その中でおこなう決断や選択の一つひとつが歴史になっているはずなのです。ですから、私たち自身が歴史の担い手でもあるのです。そして、今、私たちがおこなったことは後代の人々に必ず何かの重荷を課すことになります。もちろん、私たちは死後にそれに対して応答することはできません。しかし、予めそれを想定して、応答責任を果たしていくことを心がける必要があるように思います。なぜ、こうした選択をしたのか、を検証できるようにキチンと資料を遺しておく責務があるはずです。史料を焼却・破棄したり、議会の会議録を勝手に改ざんすることが平然とおこなわれていることは、歴史に対する犯罪です。

自分たちが生きてきた時代の中で、自分たちが何を見て、何を感じ、何をどう決断したのか。また、何に失敗し、何を為さなかったのか。何を受け継ぎ、何を受け継がなかったのか――という生きた体験を、次の世代に伝えていく。そして、次の世代は、それを聞いて、自分ならどうするだろうか、別の選択もあったのではないかを問い、自らの思考の幅を広げていく。それが歴史を学ぶことの意義だと思います。

私たちは誰しも、歴史という時間の流れの中間ランナーなのだと思います。前のランナーからバトンを受け取り、次のランナーに渡していく存在としてあるのだと思います。

それは、政治を動かすとか、社会を変えるとかといった大袈裟なことを指すのではなく、先ずは自分が伝えることのできる範囲の中で、自分が生きた体験を何らかの形で伝えていく。その責務を果たすための一つの方法として歴史を学ぶということがあるのではないでしょうか。

「伝えなければ、伝わらない」はずなのです。

（1） 論文を書いたり物事を考えたりする場合に、私がいつも心がけていることがあります。それは、何らかの自分の考えが浮かんだ場合、一度、あえてその反対の立場に立ってみるということです。たとえば、自分がある史料を読んで「〜である」と思った時には、その反対の「〜でない」と考える立場で史料を読み直し、物事を考えてみるということです。それは、反証可能性を自らが試すということに他なりません。

（2） 歴史を勉強するためには、文献や資料を読むだけでなく、必ず現地に行くことが重要だと私は思って実践してきました。現地に行って、その場の空気や匂いを感じる。五感を使って歴史を学ぶことで、出来事や現象が起こった必然性や決断の背景、様々な繋がりを実感を持って理解することができるのではないでしょうか。たとえば、アジアについて論文を書くためには、アジアのどこかに実際に行く必要は必ずしもありません。日本で量産されているアジア論の多くが一歩も足を踏み入れたことがない人によって書かれているようです。もちろん、体験の有無は論の優劣とは直結するものではありません。ただ、「……について」というとき、それが対象を「めぐって（about）」であるのか、「接して（on）」であるのか、には本質的な次元の違いがあるように私には思われます。

あとがき

「校書掃塵《こうしょそうじん》」という言葉があります。

書物を比べ合わせて正誤や異同を調べることは、机の塵を払うようなもので何度やってもなお塵が残るように、誤りがなくならないという喩えとして使われたものです。現在では、「校書」を「校正」と解釈して、校正は何度やっても誤りが残るということで、「校正、畏《おそ》るべし」(『論語』の「後世、畏るべし」のもじり)と同じような意味で使われてもいます。

この言葉の真意が、二冊の本を書き改めていく中で、本当にわかったような気がしています。そもそも、当初の企画は、これまでの講演記録などで活字となっていたものを、一度まとめて一区切りをつけるということで五年ほど前に出発したものでした。しかし、まずどれを選ぶかであれかこれかという試行錯誤が続きました。最終的に講演録の中で、些かなりとも現時点で意味をもつものや、この際、収載書や紀要などの形式や紙数制限などによって割愛したり補訂すべきだと考えていたものを選び出すことになりました。

収載する講演録やインタビューが決まった段階で、すぐに作業が進むかと思いきや、そこからが「校書」の怖さを思い知ることになりました。もちろん、講演にあたっては自分なりに精一杯の準備をし、講演録などとして活字化にする際にも幾度かの校正をおこなって、誤字や典拠などを確認したはずでした。しかし、このシリーズに収めるために、読み直し始めると、そのまま転載する形では出せないという思いがしてきました。と言うよりも、既に活字になっているものをこの機会に直しておかなければ取り返しがつかない、という思いが募ってきたのです。その時点では、全力を出し切って対応していたはずでしたが、今となっては補訂すべき論点や異なった評価などが次々と出てきたのです。

結果的に、出版に至るまでに、まったくの書き下ろしになったり、形式そのものを全く変えたりするなどの作業を経て、当初の企画からは一変し、時間的にも大幅に遅れてしまいました。恐らく、しばらく経てば、また改めなければならない箇所が目についてくるはずです。まさに、「校書掃塵」は、果てしなく続いていくことになるのでしょう。

さて、私は最初に出していただいた本『法制官僚の時代——国家の設計と知の歴程』(木鐸社、一九八四年)の「あとがき」の最後に、「さあ、また前進だ!」と書きました。

しかし、それから三〇余年を経て、定年退職の時を迎えてみると、「いま、やっとスタートラインに立った」というような気がしています。

もちろん、いかなる短文であれ、講義・講演であれ、その時、その場においては、私は私なりに、もっているもの全てを注ぎ込んできたつもりです。逆に、その時点で調べた限りのことを詰め込み過ぎたこともあって、読者を斥け、聴く方に御迷惑をかけ続けてきたことも反省しています。

ただ、それらも今となっては、すべての事柄が、これから走り始めるための助走に過ぎなかったように思えてならないのです。それは長年勤めてきた職を退くという時期に、どなたもが捉えられる感傷のひとつなのかもしれません。いまさら、何ができるのだ、そんなことを考えること自体が、精神的老衰の哀れな徴候ではないか、という思いも一方では強くあります。しかし、やはり、やり残したことが多すぎる。いや、そもそもやり残すというほどの何事もやってはいないではないか、という思いが襲ってくるのです。

そうした思いは、この本をまとめていくなかで、いっそう強まってきました。あれも知らなかった、これにも気づいていなかった――ああ、いったい、自分は何をやってきたのだ。その確認と悔悟の繰返し――その結果を、ここに晒《さら》すことになりました。

もちろん、退職したからといって、なにか新しいことができるはずもありません。思想の海を、今日までがそうであったように明日からも、当《あ》て所《ど》もないままに、ただただ漂い続けていくだけのことです。しかし、少なくとも明日からは、小椋佳作詞の「愛しき日々」の歌詞を借りて書けば、「もう少し時がたおやかに過ぎて」ゆくようになることを願っています。

そして、明日からも今日までと同じように歩んでいけるように思えるのは、何よりも東京大学社会科学研究所助手から始まって、三九年の長きにわたって多くの師友に恵まれ、日々啓発を受け続けることができたことに負っています。また、国内外での講演会や市民セミナーなどで面識を得た方々から、様々なお話を伺うことができる邂逅《かいこう》に恵まれたことも大きな糧となりました。さらに、それぞれの職場における事務室や図書室の皆さまから最大限の御高配を戴いたことも忘れることはできません。

それらのすべての方々の御名前を挙げることは紙幅の関係でとても叶いませんが、ここに改めまして御礼申し上げる次第です。

皆さま、本当に有難うございました。

また、そのように研究生活を続けられてきた最大の僥倖は、妻・直子と方未・英恵の二人の娘の研究に対する理解に恵まれたことでした。何よりも、私の健康管理に細心な気配りを続けてくれた妻なくしては、今日まで、そして明日からも研究を続けるという意欲をもつこともできなかったはずです。家人に対して、改めて衷心から深謝したいと思います。今さらではありますが、方未と英恵に対してできなかったことを、これからは方未の娘である麻友子と佑実子、そして英恵の娘である理花にできればと思っています。

末尾になりますが、私の現在の心境を島崎藤村の「千曲川旅情の歌」の次の一節に託したいと思います。

昨日またかくてありけり
今日もまたかくてありなむ
この命なにを齷齪《あくせく》
明日をのみ思ひわづらふ

二〇一七年三月　退職を前にして

山室　信一

初出一覧（単行本収録にあたり大幅に加筆修正をほどこした）

Ⅰ　思想連鎖への道

第一章　史料に導かれて（「私の図書館巡歴と関西館――史料に導かれた連鎖視点への歩み」講演をもとに書きおろし）

第二章　満洲国が語りかけるもの（京都大学広報誌『紅萠』第一五号、二〇〇九年、京都大学総務部広報課、インタビュー・構成　木村滋）

Ⅱ　空間アジアと思想連鎖

第三章　夢の世に、夢を追って（原題「宮崎滔天『三十三年之夢』」石川九楊責任編集『文字』終刊号、二〇〇六年、京都精華大学文学文明研究所）

第四章　連鎖視点からみる辛亥革命と日本（『経済史研究』第一六号、二〇一二年、大阪経済大学日本経済史研究所）

第五章　空間アジアを生み出す力（今西淳子編『アジアの未来へ――私の提案（Toward the Future of Asia: My Proposal) vol. 1』二〇一四年、ジャパンブック）

第六章　東アジアにおける共同体と空間の位相（原題「東アジアにおける共同体と空間の位相――アジアからの問い返しという課題をめぐって」『環』（小特集　岡倉天心と21世紀のアジア）二〇〇八年夏、藤原書店）

Ⅲ　平和思想の史脈

第七章　日本の非暴力思想の史脈とその展開（原題「日本の非暴力思想の水脈とその展開」『東洋学術研究』第四九巻第一号、二〇一〇年、財団法人東洋哲学研究所）

第八章　安重根・未完の「東洋平和論」（原題「未完の『東洋平和論』――その思想水脈と可能性について」李泰鎮・安重根ハルピン学会編著『安重根と東洋平和論』勝村誠ほか訳、二〇一六年、日本評論社）

第九章　正岡子規・四百年後の夢（原題「二二世紀への提言　理想を紡ぎ出す力」『小日本』第一四号、二〇一三年春号、坂の上の

雲ミュージアム）

Ⅳ　学知と外政——井上毅の日本とアジア

第一〇章　日本の国民国家形成と国学知の思想史脈（原題「近代日本の国家形成と学知の意義」『國學院大學研究開発推進機構紀要』第二号、二〇一〇年二月）

第一一章　井上毅の国際認識と外政への志向（原題「井上毅の国際認識と外政への寄与」國學院大學日本文化研究所編『井上毅と梧陰文庫』二〇〇六年、汲古書院）

第一二章　後ろを見る眼（原題「歴史を学び思考をひろげる」『ＦＭＲ　富士通マネジメントレビュー』第二三〇号、二〇〇六年、株式会社富士通経営研修所）

人名索引

配列は，姓名を日本語読みした50音順をとり，本文のみから採った

ア　行

カ　行

サ　行

タ　行

ナ　行

ハ　行

マ　行

ヤ　行

ラ　行

ワ　行

著者略歴

山室信一（やまむろ・しんいち）

1951年熊本生まれ。東京大学法学部卒業。衆議院法制局参事、東京大学社会科学研究所助手、東北大学助教授などを経て、京都大学（人文科学研究所）名誉教授。法学博士。専攻は法政思想連鎖史。著書に『法制官僚の時代――国家の設計と知の歴程』（木鐸社、毎日出版文化賞）、『近代日本の知と政治――井上毅から大衆演芸まで』（木鐸社、1985）、『キメラ――満洲国の肖像』（中公新書、1993、増補版・2004、吉野作造賞）、『思想課題としてのアジア――基軸・連鎖・投企』（岩波書店、アジア太平洋賞特別賞）、『日露戦争の世紀――連鎖視点から見る日本と世界』（岩波書店、2005）、『憲法9条の思想水脈』（朝日選書、2007、司馬遼太郎賞）、『複合戦争と総力戦の断層』（人文書院、2011）など。

JIMBUN SHOIN Printed in Japan

ISBN 978-4-409-52065-9 C3021

近現代アジアをめぐる思想連鎖

アジアの思想史脈

――空間思想学の試み

二〇一七年四月二〇日　初版第一刷印刷

二〇一七年四月三〇日　初版第一刷発行

著者　山室信一

発行者　渡辺博史

発行所　人文書院

〒六一二-八四四七

京都市伏見区竹田西内畑町九

電話〇七五（六〇三）一三四四

振替〇一〇〇〇-八-一一〇三

印刷　㈱冨山房インターナショナル

製本　坂井製本所

装丁　上野かおる

乱丁・落丁本は送料小社負担にてお取替いたします。

http://www.jimbunshoin.co.jp/

山室信一著

近現代アジアをめぐる思想連鎖

アジアびとの風姿

――環地方学の試み

本体三四〇〇円

人びとの夢のありかは、アジアだった！

司馬遼太郎や徳富蘇峰、中国学の狩野直喜や台湾旧慣調査の岡松参太郎、電通創業者の光永星郎、諜報活動に従事した宗方小太郎や石光真清、日本人教習の中島裁之や中島半次郎など、アジア各地を自らの故郷と思い、生死の場としたあまたの人びとの軌跡が、ここに蘇る。日清・日露から台湾統治、韓国併合、満洲国建国の時代、これらの人びとは、近代のあるべき姿をどう思い描いたのか。閔妃暗殺事件、新聞発行、日本語教育など、深く歴史にかかわりながらも歴史の陰に埋もれた「アジアびと」の姿を描き出す。

山室信一著

レクチャー第一次世界大戦を考える

複合戦争と総力戦の断層

日本にとっての第一次世界大戦

本体一五〇〇円

表示価格は税抜 2017年4月現在